# 大学体育与体质健康

COLLEGE PHYSICAL EDUCATION AND PHYSICAL HEALTH

◎ 主　审　王云冰
◎ 主　编　王保金　刘长江
◎ 副主编　王小春　孙　蔚
◎ 编　委　龚建亭　邱宏军　张秋君
　　　　　黄　霞　韩骥磊　曲　强

西安交通大学出版社
XI'AN JIAOTONG UNIVERSITY PRESS

图书在版编目(CIP)数据

大学体育与体质健康 / 西安交通大学体育中心编.
—西安:西安交通大学出版社,2020.8(2022.7 重印)
ISBN 978 - 7 - 5693 - 1217 - 1

Ⅰ.①大…　Ⅱ.①西…　Ⅲ.①体育—高等学校—教材
②健康教育—高等学校—教材　Ⅳ.①G807.4②G647.9

中国版本图书馆 CIP 数据核字(2020)第 122845 号

书　　名　大学体育与体质健康
编　　者　西安交通大学体育中心
责任编辑　于睿哲

出版发行　西安交通大学出版社
　　　　　(西安市兴庆南路 1 号　邮政编码 710048)
网　　址　http://www.xjtupress.com
电　　话　(029)82668357　82667874(市场营销中心)
　　　　　(029)82668315(总编办)
传　　真　(029)82668280
印　　刷　西安五星印刷有限公司

开　　本　710mm×1000mm　1/16　印张　18.75　字数　320 千字
版次印次　2020 年 8 月第 1 版　2022 年 7 月第 3 次印刷
书　　号　ISBN 978 - 7 - 5693 - 1217 - 1
定　　价　59.00 元

如发现印装质量问题,请与本社市场营销中心联系调换。

订购热线:(029)82665248　(029)82667874
投稿热线:(029)82668284

# 编者的话

    大学体育是高等教育的重要组成部分，是培养德、智、体、美、劳全面发展的社会主义建设者和接班人的重要内容和途径。习近平在 2018 年全国教育大会上的重要讲话明确强调："要树立健康第一的教育理念，开齐开足体育课，帮助学生在体育锻炼中享受乐趣、增强体质、健全人格、锤炼意志"。为推进健康中国建设，提高人民健康水平，中共中央、国务院于 2016 年印发并实施《"健康中国 2030"规划纲要》，指出健康是促进人的全面发展的必然要求，是经济社会发展的基础条件，实现国民健康长寿是国家富强、民族振兴的重要标志，也是全国各族人民的共同愿望。《大学体育与体质健康》就是响应党中央和国家的号召，根据《学校体育工作条例》《全国普通高等学校体育课程教学指导纲要》及《国家学生体质健康标准》的要求编写而成。

    在教材编写过程中，2020 年初一场突如其来的新型冠状病毒肺炎给中国和世界人民带来了巨大的灾难。当疫情引发恐慌时，人们开始不断思索，为什么会有如此严重的疫情？为什么在疫情面前人会显得那么脆弱？当专家提出健康的身体才是应对疫情最根本的保障时，各种居家健身内容和锻炼方法流行于网络，人们幡然醒悟：在疫情面前，人自身的抵抗力才是抵御病毒最强大的力量，健康的体魄才是最强有力的抗疫后盾。疫情带给我们伤害的同时也带给我们警示，要关注生命、关爱健康，科学运动、持之以恒，从而弥补和完善思想认识和行为漏洞，使我们拥有更强的自身抵抗力，有效抵御外界病毒侵入我们的机体，以健康的身体开创我们的事业，以舒畅的心情拥抱美好的生活，奔向百花盛开、繁花似锦的春天！

    健康对于我们每个人如此重要，然而大多数学生对体质健康的相关知识知之甚少，更谈不上正确、科学、有效地维护和管理自己身体的健康。说起体育锻炼，对于大多数

学生看似清楚却是非常模糊的概念。有些学生觉得生活中吃得好就可以保障身体健康，或者觉得体育锻炼可以很容易地完成，有时间想起来去操场跑几圈完事，没必要长年累月地坚持；有些学生平时也坚持锻炼，但为什么身体的抵抗力并没有达到自己的期望？其实，体育锻炼并不像大家想得那么简单，每个人的健康状况、个体差异、生活环境、运动技能是不一样的；每个运动项目的功能、作用、适用人群，强度大小及锻炼效果也是不尽相同的。面对体育在每个个体身上表现出来的如此多的差异，想要达到好的锻炼效果，就必须因人而异，因地制宜地选择合适的项目、切合实际的条件、适合自己的锻炼强度等。体育锻炼的效能更不可能通过简单的练习就达到预期目标，体育锻炼需要专业的指导。

在此背景下，本教材编写组更注重目前大学体育教育和学生的实际情况，结合学生在校学习的环境和场景，突出学生的主体地位和健康主题，力争使所编写的教材既有新时代的特征，又符合当代大学生的切身实际，风格独到、特色鲜明。本教材的编写内容包括大学体育概述、大学生体质健康概述、大学生体育锻炼与体质健康、大学生体育锻炼与运动处方、《国家学生体质健康标准》测试内容与锻炼、大学生体育锻炼卫生指导与防护、大学生体育锻炼与营养七个章节，并与西安交通大学 2019 年已完成的《国家学生体质健康标准测试项目的锻炼方法》慕课（中国大学慕课 www.icourse163.org）相衔接，丰富了本教材的可读性和可视性，便于开展线上线下混合式教学。希望本教材能为当代大学生们展现一个内容丰富的体育锻炼世界，力图融体育知识学习与运动实践指导于一身，既传授学生体育知识的原理，又辅导学生进行锻炼与保健。我们坚信只要大学生们能认真地读完这本教材、看完这门慕课，就会觉得体育与原来自己想象的还真的不一样，对体育也有一个全新的认识。为此，我们愿将这本教材推荐给那些原本喜欢体育和原本不喜欢体育、原本知道体育和原本不知道体育的莘莘学子。

本教材编写工作完稿于新冠肺炎的疫情期间。参加编写的人员都是大学体育教学的一线骨干教师，他们既有较强的体育理论功底和业务能力，又有开拓创新的进取精神。所编写的内容充分体现了大学体育课程目标和内涵，能够帮助大学生学习和掌握科学的健身方法、提高运动技能和体育素养、培养体育意识和终身体育习惯、锻炼意志和增进健康水平。但本书仍有待完善之处，诚恳希望广大使用者批评指正，以便我们在今后的教学改革与实践中不断完善和提高。

编写组

2020 年 5 月

# 目 录

# 第 一 章

## 大学体育概述

## 本章导言

大学体育，是指普通高校组织实施的各项体育及相关活动，是以身体练习为主要手段，通过合理的体育教育和科学的体育锻炼，旨在促进大学生体质健康，帮助大学生学习体育知识、掌握体育技能、培养体育道德和提高体育素养的教育过程。那么体育是怎样产生的？大学体育都包含了哪些内容呢？

## 学习目标

通过本章节的学习，大学生能够掌握体育的概念和大学体育发展概况等相关知识，了解我国大学体育组织实施的各项体育项目及相关活动，并能为后面的课程学习奠定基础，具体实现以下学习目标：

1. 了解体育及大学体育的概念
2. 了解大学体育教育的理念
3. 掌握大学体育目的与任务的相关内容
4. 了解并掌握大学体育的组织形式

## 第 一 节
## 大学体育的概念

### 一、 体育的概念

#### （一）体育的起源

体育是人类文化的重要组成部分，是人类社会特有的一种文化现象，随着人类社会的产生和发展而逐渐发展和完善起来的。在人类社会发展的历史长河中，体育也像其他事物一样，经历了一个由萌生到发展的过程。从体育的发展历程来看，体育是人类在漫长的生活实践中，为满足人类自身生存和发展的需要而自主选择和创造的一种行为方式。其产生与发展，不仅受到当时社会、政治、经济发展需求的制约，也受到历史、文化、生活习惯、意识形态的影响和制约。

关于体育的起源目前主要有劳动起源说、教育起源说、游戏起源说、战争起源说、宗教起源说、疗疾起源说、模仿起源说以及精力过剩起源说等。不同的观点，都是从不同的角度来探索体育的起源。劳动起源说认为，人类的生活离不开劳动，而劳动又离不开走、跑、跳、投、攀爬等身体活动，劳动作为人类活动的最初形态，对体育的产生起着决定性的作用；教育起源说认为，远古的教育内容是比较简单的，也是直接为生产劳动服务的，况且原始的教育，使得人类原始体育的雏形得到延续和发展；游戏起源说认为，在人类社会初期，游戏是教育儿童的一种手段，而体育则是一种逐渐发展形成的特殊游戏形式；战争起源说认为，原始的军事战争是一种以基本活动技能为主的体力之争，人的体力因素是决定战争胜负的重要因素，因此，战争的需要促进了体育的起源和发展；宗教起源说认为，体育起源于古人对天、神的敬畏和崇拜，以及对祖先的怀念和

追思，这种庄严祭祀活动中的身体运动，也促进了体育的产生和发展；疗疾起源说认为，原始人有意识地用以改善自身健康的身体运动，不是产生于劳动之中，而是人们更好地适应环境生存和生活的需要；模仿起源说认为，体育起源于人们对外界事物或动物的模仿，进而形成了相应的各种体育活动；精力过剩起源说认为，体育源于人类精力过于旺盛而进行的消遣或发泄。作为一种古老的社会文化现象，体育是多方面因素长期相互作用的结果。生产劳动为体育的产生奠定了物质基础，战争、宗教祭祀、游戏、教育、疗疾等，促进了体育的丰富与发展。

因此，体育的出现是以人类的活动为前提，以人类体质的完善和心理的发展为条件，以人类社会的发展为基础，密切联系人类的生产劳动和生活实践。它反映了人类不仅有劳动、防卫的需要，也有思想感情、喜怒哀乐、交往的需求，由此构成了体育产生的内部动因。生产关系、消遣娱乐、教育活动、宗教祭祀等人类特有的关系或活动，互相联系、互相促进、互相推动、共同进化和发展，是体育产生、发展和延续的外部动因。

### （二）体育的概念

古希腊人盛行以养生健身为目的的实践活动。公元前 10 世纪前后的《荷马史诗》中就记载了大量的葬礼竞技和宴会竞技活动。公元前 5 世纪—前 4 世纪，希腊的哲学家、思想家和教育家柏拉图的《理想国》《对话》和亚里士多德的《政治学》都谈论了有关体育的问题，尽管体育在古希腊人的生活中有着重要地位，但是在古希腊文献中，有关体育的最基本术语也不过只有几个：如 athletics（竞技、运动）、training（训练、尚武教育）、gymnastics（体操、竞技教练）等。在这些术语中，"竞技"一词大约产生于公元前 10 世纪，"体操"一词产生于公元前 6 世纪—前 5 世纪。在古希腊的一些文献中，"体操"与"竞技"作为并列的两个概念来使用。当时的"体操"是一切健身运动的总称，也是当时教育的一个重要组成部分。

中国古代，没有"体育"一词，在奴隶社会萌生出的体育活动几乎都从属于其他活动。例如"射"被当作"礼教"与"礼治"的手段，"御""武舞""射猎""兵器操练"等，被当作军事操练和熟悉兵法、阵法的手段，这一阶段的体育，仅仅是体育的萌芽状态。封建社会的体育则逐渐形成了"养生之道"的体育"自觉意识"，对体育的目的和作用有了进一步认识，于是出现了一些与体育相类似的概念，如"养生""养形""导引"

"习武""劳动""运动"等。虽然从局部看，诸如武术、养生、导引、球戏、棋戏等体育活动也各自有其完整的体系，但还未出现一个可以概括所有体育活动的概念。

据世界体育资料记载，"体育"一词，最早是法国人于1760年在法国的报刊上论述儿童身体教育问题时使用的。1762年，卢梭出版了《爱弥儿》一书。他使用"体育"（education physique）一词来描述对爱弥儿进行身体的养护、培养和训练等身体教育过程。德国近代学校体育教育家古茨穆茨在1793年出版的《青年的体操》一书中，使用了"体育"和"属于教育的身体练习"等词语。19世纪以后，"体育"已成为专门术语出现在一些教育和体育著作中。从这里我们可以清楚地看到，"体育"一词最初的产生是源于"教育"一词，它最早的含义是指教育体系中的某一专门领域。

19世纪中叶，德国和瑞典的体操传入我国，随后清政府在颁布的第一个近代学制《奏定学堂章程》中开设"体操科"，在其兴办的"洋学堂"中设置了"体操课"。然而在清末中西文化碰撞、新旧势力交替的特定历史背景以及美国实用主义教育学说和现代学校体育理论的影响下，"体操"一词不能完全代替"体育"一词。因此，北洋政府于1922年颁布了《学校系统改革令》，即《壬戌学制》，次年公布了《新学制课程标准》，正式把"体操科"改为"体育课"。学校体育课的内容也由先前的普通体操、兵式体操改为田径、球类、徒手操、技巧运动和游戏等。此后，"体育"这个术语逐渐被国人接受，并在当时的教育界产生了广泛的影响。

"体育"的含义也有一个演化过程。它刚传入我国时，是指身体的教育，作为教育的一部分出现，是一种与维持和发展身体的各种活动有关联的教育过程，与国际上普遍用的"体育"（physical education）一词的含义是一致的。随着社会的进步和体育事业的不断发展，其目的和内容都大大超出了原来"体育"的范畴，体育的概念也出现了"广义"和"狭义"的解释。广义的"体育"是指根据人类社会生活的需要，依据人体生长发育、动作技能形成和机体机能提高的规律，以身体练习为基本手段，达到发展身体、增强体质、强身祛病、提高运动技术水平、丰富社会文化生活的一种有意识、有目的、有组织的社会活动的总称。包括学校体育、竞技体育和群众体育（娱乐体育、社会体育）三方面。学校体育（体育教育），是通过体育课程、课余体育训练、课外体育活动和课余体育竞赛来进行的，是学校里的一门课程或学科。学校体育是学校教育的重要组成部分，也是全民健身的基础。竞技体育，也称竞技运动，是在全面发展身体素质的

基础上，以最大限度地挖掘人在智力、体能、心理和运动能力方面的潜能，为取得优异的运动成绩而进行的科学系统的训练和竞赛。随着竞技体育水平的不断提高，为了应付日趋激烈的赛场竞争，各级各类的运动队都在采用先进的科学方法和手段进行训练，以探索人类运动的极限。群众体育，也称社会体育或娱乐体育，是以身体锻炼、养身保健和娱乐休闲为目的的社会大众体育活动。随着社会经济的不断发展，人民生活水平的不断提高，我国的群众体育发展迅猛。狭义的体育是指身体的教育，是一种与维持身体的各种活动有关联的教育过程，即体育教育或学校体育。体育的这一定义既说明了它的本质属性，又指明了它的归属范畴，同时也把自身从与其邻近或相似的社会现象中区别出来。但是，体育的概念并非是一成不变的，随着社会的发展和进步，对体育的认识也将不断发展。

### 二、 大学体育的概念

一般说来，中国近现代大学的起源是以 1898 年"京师大学堂"的成立为标志的。京师大学堂开办之初，体育课程就被确定了下来，由此，大学体育就主要以体育课程的形式出现在中国近现代大学之中。1903 年清政府颁布了《奏定学堂章程》，规定所有学校都设"体操科"；1923 年北洋政府公布了《新学制课程标准》，正式把"体操科"改为"体育课"，并逐步形成了我国高等学校体育（也称大学体育）。

大学体育与中国大学如影随形，走过了百余年的历史。在传统的体育理论或学校体育理论中，这种由大学组织实施的体育及相关活动主要是指面向普通大学生所进行的体育教育活动。"高校体育""大学体育""高等学校体育""普通高校体育"等都是常用的语词，虽然字面表达上有所不同，但是从其实际指称的对象而言，大都一样，并且经常交叉混用，因此，可以将"高校体育""大学体育""高等学校体育""普通高校体育"等这些基本表示同一事物和表达同一概念的词项统一称之为"大学体育"。

### （一）大学体育的概念

大学体育，有广义和狭义之分，狭义的大学体育，指的是对普通大学生进行的体育教育活动，是大学教育的组成部分，是学校体育的最后一个阶段。广义的大学体育，是

指普通高等学校组织实施的各项体育及相关活动，是大学生以身体练习为主要手段，通过合理的体育教育和科学的体育锻炼过程，旨在促进大学生身体健康，增强大学生身体素质，学习体育知识、技能，培养体育道德和提高体育素养的教育过程。主要包括体育教学、课余体育活动、课余体育训练和体育竞赛等。

大学体育是学校教育的重要组成部分，是实施素质教育和培养全面发展人才的重要途径。作为教育的重要组成部分，学校体育在增进学生身心健康，提高整体素质方面有不可替代的作用。中共中央、国务院印发的《关于深化教育改革 全面推进素质教育的决定》中明确指出："学校教育要树立健康第一的指导思想，切实加强体育工作"。因此，要充分认识大学体育在 21 世纪人才培养中的特殊价值，在全面推行素质教育的过程中，要切实贯彻"健康第一"的指导思想，积极发挥学校体育在促进学生身心健康发展中的重要作用，全面提高大学生身心健康水平。

### （二）大学体育的特征

（1）大学体育以学生为对象，进行健康运动的教育；以身体练习为基本手段，通过各种运动形式，对人的有机体的物质与能量代谢产生刺激和积极性影响。

（2）大学体育的运动过程是一个参与、实践的过程，更是一项经受运动考验，承受生理和心理负荷，引发生理机能和心理状态变化的健康运动。

（3）大学体育是针对青年学生健康状态进行"适应性反应"训练的典型，在特殊的人文环境、体育环境里宣传、锻炼人的身体和意志品质，是培养学生综合素质的突破口。

同时，体育还是一种健康向上的运动，具有顽强拼搏、团结奋进的行为特征，是校园精神文明建设的重要内容。

### （三）大学体育的地位

大学体育在整个学校教育过程中的地位是不可替代的。大学体育是学校教育的重要组成部分，是促进学生全面发展的重要手段。

1. 是培养全面发展高素质人才的需要

现代社会，科学技术突飞猛进，生产力高度发展，对人的素质（包括身体素质）以及人的全面发展提出了更高要求。我国正在进行社会主义文化建设，为了适应新世纪我

国经济腾飞和社会发展的需要，必须大规模培养新的各级各类有理想、有道德、有文化、守纪律、身心健康的合格人才。学校的根本任务是培养身心全面发展的人才，以适应社会发展的需要。作为高等教育重要组成部分的大学体育，必须与德育、智育、美育紧密配合，在培养新世纪人才中作出应有的贡献。

2. 是推动我国体育事业发展的需要

大学期间是人生的关键时期，是掌握体育知识、技术、技能，养成自觉锻炼身体习惯，培养体育意识与能力的重要阶段，也是奠定终身体育的关键时期。大学体育应贯彻"健康第一"的指导思想，全面提高大学生的健康水平。大学生形成良好的体育锻炼习惯和终身体育的思想意识，掌握体育知识与技能，提高运动能力，既是自身完善的需要，也为毕业后走入社会、推动我国群众体育发展创造了有利条件。同时大学还是培养我国体育后备人才、提高体育竞技水平的重要基地，为推动我国竞技体育作出了应有的贡献。

3. 是丰富校园课余文化生活的需要

大学生在紧张的学习生活中，需要文明、健康、和谐的课余文化生活，以适应身心健康发展的需要，体育不仅可为大学生的智力开发提供良好的物质保证，而且可以传播社会文化，提高大学生的文化素养，引导健康文明的生活。

4. 是促进大学精神形成的需要

大学是国家和民族的精神脊梁，建设誉为大学灵魂的"大学精神"是高等教育自身发展的需要，也是社会进步的需要。从著名大学的发展历程来看，大学体育与大学精神密不可分，大学精神的形成与发展蕴藏着体育人文精神的内涵，大学体育对大学精神的形成与凝聚有着积极的促进作用。如"北大精神""清华精神""南开精神""浙大精神""南大精神"等，这些极富影响力的大学精神的形成与发展，与大学体育人文精神这一载体密切相关。

## （四）大学体育的发展

清末民初，国民体质孱弱。基于此，1903 年，清政府以《奏定学堂章程》（"癸卯学制"）取代"壬寅学制"，正式决定开设"体操科"。1912 年 9 月，教育部接连颁布了《学校系统令》和"壬子癸丑学制"，两个文件强调：使学生体质强健且均衡发育，使学生遵守法纪和法规，使学生充满精力，教会学生与同伴的协同，要求全国学校开设体操

课，另外，强调体育场地设施"除突变，不作他用"。1929 年 4 月颁布的《国民体育法》第六条指出，"高中或高中以上相当之学校，均须以体育为必修课"，这些规定都促进了大学体育的发展。

中华人民共和国成立后，体育进入了新的重要发展时期。在继承、发扬革命根据地和解放区的体育传统，接收和改造旧体育的基础上，高校体育服务祖国和服务社会的价值凸显，体育服务社会和国家的自觉性得以提高。1952 年，教育部设立体育处，国家体育运动委员会（下称"国家体委"）设立群体司学校体育处。同年颁布《学校体育工作暂行规定》，在此规定中明确指出我国大学体育的基本目标是增强学生体质，促进学生身心均衡发展，使学生更好地学习，建设社会主义，保卫祖国。同年，毛泽东同志"发展体育运动，增强人民体质"的口号，也为高校体育工作奠定了基本价值导向。

1975 年 5 月开始，国家体委在全国特别是在大学推广施行《国家体育锻炼标准条例》，这些政策文件及措施在客观上对大学体育的开展起到了推动作用。1978 年 5 月 15 日至 22 日，在江苏省扬州市，教育部、国家体委联合召开了"扬州会议"，提出必须要从实际出发，切实重视高校体育工作；要求恢复学校体育工作，体育学科建制化，并以学科发展思路来教育学生。"扬州会议"后，《高等学校体育工作暂行规定》由国家体委和教育部联合颁布。其中对"高校体育工作评价标准、高校体育工作原则、高校体育教学任务、高校体育科研任务、高校体育后勤保障工作、体育教师队伍配备工作"等都做了相关规定。这为高校开展体育教育教学工作提供了法规和制度保障。针对大学体育内容、模式、方法和原则，教育部重新编订了《高等学校普通体育课教学大纲》，提出高校体育教学的目的是增强大学生的体质，强调高校体育教学的主要任务，是对大学生开展体育教育和形成大学生进行课外体育锻炼的习惯。

进入 21 世纪以后，普通高校体育呈现出新的发展趋势，大学体育更加注重人的全面发展。《全国普通高校学校体育课程教学指导纲要》指出："体育课程是大学生以身体练习为主要手段，通过合理的体育教学过程和科学的体育锻炼过程，达到增强体质、增进健康和提高体育素养为主要目标的公共必修课程；体育课程是寓促进身心和谐发展、思想品德教育、文化科学教育、生活与体育技能教育于身体活动并有机结合的教育过程"。

现阶段，我国大学体育还处在一个需要进一步开拓与创新的过程之中。体育工作者不仅需要引进并积极学习国外学校的体育教学思想和形式，还需要结合我国国情和各普通高

校的自身优势与特色，逐步建立具有中国特色的社会主义普通高校体育教学体系，通过体育教育的特殊功能来提高大学生的身体素质、心理素质及创新能力等多元化素质。

## 第 二 节
## 大学体育的教育理念及特征

教育理念可以被理解为人们长期以来形成的关于学校教育的观念。大学体育理念，主要是指关于高等学校教育中的体育课程的观念。学校体育课程在课程目标的设置、课程结构的设计、教学内容和教学方法的选择、课程的组织实施、课程的评价等各个环节都在贯彻落实学校体育课程的基本理念。不同的历史时期出现了不同的学校体育课程理念，这些学校体育课程理念是不同历史条件下的产物，伴随着不同的历史特征演变，从客观上反映当时社会政治、经济、文化教育等方面对学校体育的要求。

自我国第一个近代学制《奏定学堂章程》中开设"体操科"以来，学校体育指导思想历经军国民体育思想、自然主义体育思想、苏联体育教育思想、体质教育思想的更迭，到 20 世纪 80 年代中期以后逐渐形成了素质教育、终身体育和健康第一等教育理念多元化并存局面。

### 一、 大学体育的教育理念

#### （一）素质教育的教育理念

1. 素质教育的内涵

素质教育就是培育、提高全体受教育者综合素质的教育。它以促进人、社会、自然

的和谐发展为价值取向，以德、智、体、美、劳全面发展的合格公民为培养目标，以全面贯彻党和国家的教育方针为根本途径，以教育质量的全面提升为显著特征。它是在马克思主义人的全面发展学说的基础上，结合教育和社会发展的需要，把人的全面发展放在中心地位，注重人的整体素质的全面提高、个性发展以及创新精神和能力的提高，将个体的发展与社会发展统一起来。

2. 提出的背景

"素质"概念受到教育理论界关注始于 20 世纪 80 年代初。党的十一届三中全会后，党和国家的工作重心转移到社会主义现代化建设上来，社会、经济发展亟需提高全民素质和培养高素质的人才。1985 年 5 月，中共中央、国务院召开了改革开放以来的第一次全国教育工作会议，在会议颁布的《中共中央关于教育体制改革的决定》中指出，教育体制改革的根本目的是提高民族素质，多出人才、出好人才。20 世纪 80 年代中期，纠正片面追求升学率现象、全面提高学生素质的呼声日益高涨，教育理论界开展了关于教育思想的讨论。素质教育概念出现在 20 世纪 80 年代后期。原国家教委副主任柳斌同志于 1987 年在《努力提高基础教育的质量》一文中使用了"素质教育"一词。此后，有学者撰文从学理上探讨了素质教育问题。与素质教育同时出现的一个概念是"应试教育"。"应试教育"指那种脱离人的发展和社会发展的实际需要，单纯为应对考试争取高分，片面追求升学率，违背教育规律的一种教育训练活动。"应试教育"通常被打上引号，作为贬义词使用。这一阶段教育理论界主要从社会和人的发展需要出发讨论素质教育的意义，从马克思主义全面发展的理论层面探讨素质教育的理论基础，从素质教育与"应试教育"的关系角度分析素质教育的概念和内涵，从对素质的认识确定素质教育的内容。

1993 年 2 月，中共中央、国务院印发的《中国教育改革和发展纲要》中提出，中小学要由"应试教育"转向全面提高国民素质的轨道，面向全体学生，全面提高学生的思想道德、文化科学、劳动技能和身体心理素质，促进学生生动活泼地发展，办出各自的特色。这是中央文件中首次对素质教育作出的表述。1994 年 6 月，中共中央、国务院召开了第二次全国教育工作会议，李岚清同志在会议总结讲话中指出，基础教育必须从"应试教育"转到素质教育的轨道上来。这些都有力地推动了素质教育的研究与实施，使素质教育的发展进入到一个新阶段。素质教育是我国改革开放实践尤其是教育改革深

化与发展在教育理论和思想上的产物。素质教育是不断发展的概念，素质教育理论也在不断丰富。

1999 年 6 月，第三次全国教育工作会议召开。这次会议以素质教育为主题，把素质教育提高到事关国家发展大局的重要地位，素质教育被赋予新的时代使命。江泽民同志在会议讲话中指出："教育是知识创新、传播和应用的主要基地，也是培育创新精神和创新人才的重要摇篮。"会议作出了有关素质教育的一系列重大决策。中共中央、国务院《关于深化教育改革全面实施素质教育的决定》明确指出：实施素质教育，就是全面贯彻党的教育方针，以提高国民素质为根本宗旨，以培养学生的创新精神和实践能力为重点，造就"有理想、有道德、有文化、有纪律"的，德智体美等全面发展的社会主义事业建设者和接班人。这次会议推动素质教育进入了新的阶段。素质教育实施的领域更加广泛，贯穿于幼儿教育、基础教育、高等教育、成人教育、职业教育等各级各类教育，贯穿于学校教育、家庭教育和社会教育等各个方面。

### （二）终身体育的教育理念

#### 1. 终身体育的内涵

终身体育的教育理念，是指体育教学过程中以培养学生终身从事体育活动的能力和习惯为主导的一种体育教学思想。在体育教师的引导下，基于学生的体育需要，采取多种教学手段和方法激发学生体育锻炼兴趣，提高终身体育意识，养成终身体育运动习惯，使得青少年离开学校后仍能积极自觉地进行体育锻炼。终身体育要求受教育者不仅在学校（含学前家庭体育）时接受体育、增强体质、增进健康，而且形成了体育学习和锻炼的意识、习惯和能力，毕业后仍能坚持体育学习和锻炼，并得以终身受益。其含义包括两方面：一方面是指人从出生的时候起，一直到生命结束，在这一过程中不断学习体育知识，参加体育相关的运动锻炼，使体育慢慢变成生活中不可缺少的一项重要组成部分；另一方面是指人始终在终身体育思想的指导下，在人生的不同阶段和生活领域中参加体育活动的实践过程。

#### 2. 提出的背景

"终身教育思想"是法国教育学家保尔·朗格朗提出的，他于 20 世纪 60 年代出版

的《终身教育引论》中指出，"如果将学校体育的作用看成是无足轻重的事，不重视学校体育，那么学生进入成年阶段以后，体育活动就不存在了；如果把体育只看成是学校这一段的事，那么体育在教育中就变成'插曲'。"他认为，教育应该贯穿于人的一生，而不能仅限于人生的某个阶段。终身体育具有显著的连贯性、持续性、整体性，同时又具有阶段性和自主性等特点，所以这种教育指导思想很快为中西方很多国家所接受并确立其为学校教育的改革指导思想。

我国引进终身体育思想相对较晚。1987 年《全日制中学体育教学大纲》中提到的"掌握三基，以适应终身锻炼身体和生活娱乐的需要"，可视为终身体育思想最早在学校体育中的体现。

1995 年后，我国对群众体育、终身体育的研究进入一个新的阶段。1995 年全国人大八届三次会议通过的《政府工作报告》明确提出："体育工作要坚持群众体育和竞技体育协调发展的方针，把发展群众体育，推行全民健身计划，普遍增强人民体质作为重点"。以此为标志，我国体育事业进入了一个全面重视群众体育的新阶段。近年来，我国群众体育的迅猛发展，就是体育工作重心有所转移的具体体现。由于社会的变化和人民生活方式的改变，终身体育在中国进一步受到人们的重视，学校体育与终身体育的关系，学校体育对终身体育的作用、贡献等问题被广泛探讨。

随着对我国学校教育教学工作指导作用的深入，终身教育思想也逐渐成为学校体育工作的指导思想，终身体育思想随着终身教育在我国教育教学工作中的发展而发展，并在体育领域逐步建立起一个理论与实践相对完善的独立体系。1996 年《全日制普通高级中学体育教学大纲》明确将"提高学生的体育意识和能力，为终身体育奠定基础"作为教学目的之一。

大学体育教育是终身体育的重要阶段，是培养学生较强的体育意识和兴趣、树立终身体育锻炼的观念、养成终身体育锻炼的一技之长的关键时期，大学体育课程在课程性质、课程特性、课程理念、课程目标等多方面都体现了终身体育的教育理念。

新世纪体育课程改革在终身体育思想指导下，学校体育纵向将近期效应和长远效应相结合，横向要求与家庭体育和社会体育融为一体，对我国学校体育的理论与实践都产生了深远的影响。

**（三）"健康第一"的教育理念**

1. "健康第一"的内涵

"健康第一"的教育理念，要求学生在掌握体育基本技能和基础知识的同时，养成经常参加体育锻炼的习惯，培养积极参与体育锻炼的意识，真正实现德、智、体、美、劳全面发展的教育思想。世界卫生组织（WHO）对于健康明确指出：健康就是一种在身体上、精神上的完满状态，以及良好的适应力，而不仅仅是没有疾病和衰弱的状态。健康不仅仅是没有疾病，而且包括躯体健康、心理健康、社会适应良好和道德健康四个方面。由此来看，生理健康、心理健康以及社会适应良好和道德健康四方面构成了当前健康的整体概念。学校体育教学组织与管理均要以健康为出发点和落脚点，确保"健康第一"的思想落到实处，真正对学生的健康负起责任。新时期"健康第一"是多元化的体育思想，是贯彻"素质教育"指导方针的需要，是对科学发展观中"以人为本"核心价值观的直接体现。

2. 提出的背景

1951年8月中央政府政务院颁布《关于改善各级学校学生健康状况的决定》，明确指出"增进学生身体健康，乃是保证学生完成学习任务，并培养出有强健体魄的现代青年的重大任务之一"。由此"健康第一"作为学校体育工作指导思想正式确立。各级各类学校在此学校体育思想的指导下纷纷开展"健康教育"，将学校体育工作重点由过分注重技能学习转移到学生身体健康，将学生全面健康发展工作落到实处。

1999年中共中央、国务院《关于深化教育改革全面推进素质教育的决定》明确提出："健康体魄是青少年为祖国和人民服务的基本前提，是中华民族旺盛生命力的重要体现。学校教育要树立"健康第一"的指导思想，切实加强学校的体育工作，使学生掌握基本的运动技能，养成坚持体育锻炼的习惯。"该文件强调学校教育要树立"健康第一"的指导思想，它是学校体育对"素质教育"的呼唤，使之成为一种"多元化的、复合型的健康第一"体育思想，准确地反映了"以学生为本"的核心价值观。

2001年《体育与健康课程标准》（实验稿）明确提出"健康第一"的指导思想，并依据体育的功能和三维健康观划分了5个学习领域。2010年颁布的《国家中长期教育改革和发展规划纲要》提出"加强体育，牢固树立'健康第一'的思想"，较为明确地提出学校体育应坚持"健康第一"的指导思想。

此后，国家颁布的一系列关于教育方面的重要文件在论及学校体育时均明确强调要树立"健康第一"的指导思想。2019 年中共中央、国务院颁布的《关于深化教育教学改革全面提高义务教育质量的意见》指出："强化体育锻炼，坚持健康第一，实施学校体育固本行动"。因此，从最早的 2001 年版到 2017 年版的《体育与健康课程标准》均强调"健康第一"的指导思想。"健康第一"在新时代背景下被赋予了新的内涵与价值特征，成为引领新时代学校体育工作开展的指导性纲要。

### （四）立德树人的教育理念

1. 立德树人的内涵

"德为才之帅，才为德之资"，"德"始终是理想信念、思想行动的首领和统帅。立德树人，即为树立德业，培养人才。"立德"要立中华优秀传统美德、立社会主义道德、立社会主义核心价值观之德。"树人"要培养精通业务、善于学习、能在所在岗位发挥所长，勇于发现问题和解决问题、促进社会主义事业发展的人才；要培养守信用、讲原则、乐于奉献和团结的"德才兼备"的人才；要培养全面发展的人。以德启智，立德树人，促进人的全面发展。

2. 提出的背景

2017 年 2 月 27 日，中共中央、国务院印发了《关于加强和改进新形势下高校思想政治工作的意见》，强调大学要"以立德树人为根本，以理想信念教育为核心……"2017 年 10 月 18 日，党的十九大再次提出"落实立德树人根本任务，发展素质教育，推进教育公平，培养德智体全面发展的社会主义建设者和接班人"。由此可见，对于高等教育来说，高等教育的发展离不开立德树人，"立德树人"是新时期高等学校内涵式发展的需要，关系到中国特色社会主义事业的持续发展。

教育关乎国家富强和民族振兴。教育强，则国家强；体育强，则民族强。体育是实现中华民族伟大复兴的重要教育手段。大学是人生教育阶段的重要时期，是培养德、智、体、美、劳全面发展的社会主义建设者和接班人的摇篮。作为教育的重要组成部分，大学体育也必须将"立德树人"贯彻在整个教育过程中，为培养有理想、有本领、有担当的全面发展的人才贡献自己的力量。一方面，大学体育通过增强体质、完善人格来实现"以体育人"，培养身心健康发展的人才；另一方面，通过体育思想、体育文化、

体育精神对"大学生个体"进行引导、感化、激励，从而实现"学科育人"，培养德才兼备的全面发展的人才。

## 二、 大学体育的教育特征

### （一）时代性

每一个时代的教育与同时代的社会有密切的关系。随着社会的发展，教育思想也必须发生相应的发展变化，所以没有超历史的、不变的、永恒的教育理念。学校体育思想也不例外。任何时期的学校体育思想，其孕育、发生和发展都会受当时社会的政治、经济发展的影响，反映一定的社会思潮、时代精神，有鲜明的时代特色。随着时代的变化，人们的理解和认识也将发生变化，所以我们应该以历史的眼光来看待各种体育思想。

### （二）实践性

任何一种教育思想都是由教育实践的需要提出来的。教育实践是教育思想的来源，也是对基础教育思想的发展，离开了教育实践，教育思想也将成为无源之水、无本之木。教育思想基于教育实践，同时又在不同程度上影响着教育实践，进而对社会发展产生影响。同理，不同时期的学校体育思想对相应时期的学校体育实践有指导作用，并且是一个推动学校体育发展的强大动力。每个时期的学校体育思想都会体现在国家的体育教育方针政策和法规之中，也是政府制定具体的学校体育目的、任务并完成该目的和任务的具体方法和手段的理论基础，对学校体育的改革和发展起着促进和限制作用。

### （三）继承性

某个时代教育思想是对一个时代的教育实践的经验和知识进行理论思考后产生的结果，是关于教育相关问题的基本知识，这些知识都会作为历史思想遗留给子孙后代。后继时代的教育家在理解和解决当代社会的教育问题时，必然要利用先前的教育家代代相传的认识成果，并结合其所处时代的需要来改革和发展。因此，新旧教育思想必然会有一些共同因素，新时代的学校体育思想是在继承前时代的学校体育教育思想的基础上发

展而来的。因为学校体育思想的继承性问题是客观存在的，所以我们要注意总结学校体育思想的理论经验，取其精华，去其糟粕，不断丰富我国学校体育思想理论。

### （四）民族性

学校体育思想在不同的国家和地区会有明显的民族传统特色，它是在长期的民族传统和宗教思想的影响下，在长期的生产劳动和文化习俗的影响下，形成的相对稳定的、代代相传的体育文化。随着历史的发展和世界的开放，不同国家的文化有融合的趋势，国家教育的民族性也日益增强。在很长一段时间里，我国学校体育思想在吸收国外先进学校体育思想的基础上，注意保持传统体育文化。如在设置体育课程内容时，选择一些民间体育项目引入体育课程教学，提高学生对民族传统体育文化的了解和自豪感，有一定的民族特色。

## 第 三 节
## 大学体育的目的和任务

### 一、 大学体育的目的

大学体育的目的是指通过体育课程的教学实践所要达到的预期效果，是体育课程的出发点和归宿。通过体育锻炼可以实现对学生身体、心理的教育培养，以及人格、品质的陶冶塑造，可以促进学生全面发展，达到身心完美状态。基于此，大学体育的总体目标是：以育人为宗旨，引导和教育学生主动、积极地锻炼身体，掌握现代体育科学的基

本知识、技术、技能和锻炼身体的正确方法；提高学生体育文化素养；加强学生独立从事体育锻炼的意识；培养学生"终身体育"的思想，为身心的全面发展打下基础、创造条件，提高有发展前途的学生的运动水平，为国家培养和输送优秀体育人才。

## 二、 大学体育的任务

根据我国《学校体育工作条例》中的有关规定，大学体育应努力完成以下基本任务：

通过合理的体育教育和科学的体育锻炼，使学生在身体形态、生理机能、身体素质和身体基本活动能力等方面都得到全面发展，塑造健康体格，促进身体正常生长发育，增强对自然环境和社会环境的适应能力、对挫折的承受能力和对疾病的抵抗能力，促进学生体质全面发展。

培养学生的运动能力和良好的体育习惯。通过各种体育途径，对学生进行体育与健康基础理论知识的教育，使学生正确认识体育的重要意义，掌握体育的基本知识、技术和技能；同时通过科学的体育锻炼过程，提高学生的体育素养，帮助学生学习并掌握1～2项终身体育运动项目的基本技能和科学的锻炼方法，逐步养成良好的体育习惯，并能用所学到的科学知识进行自我调控、自我检测和自我评价，达到终身受益的目的。

进行思想品德教育，陶冶美的情操，发展学生个性，树立良好的体育作风。

提高学生运动水平，培养体育竞技后备人才。积极开展课外体育活动，对体育基础较好，有一定专项运动才能的学生进行专门训练，进一步增强他们的体质，提高他们的运动技术水平，使其成为学校体育活动的骨干，为国家优秀运动员队伍培养后备力量。

## 三、 大学体育的目标

教育部 2002 年颁布的《全国普通高等学校体育课程教学指导纲要》中规定大学体育课程目标主要包含五个方面：运动参与、运动技能、身体健康、心理健康和社会适应。由于学生身体发展水平的差异性，所以课程目标又从这五个方面做出不同的要求，分为基本目标和发展目标。基本目标是根据大多数学生的基本要求而制定的，发展目标

是针对部分学有所长和学有余力的学生确定的，也可作为大多数学生的努力目标，二者呈递进关系。

### （一）大学体育的基本目标

运动参与目标：积极参与各种体育活动并基本形成自觉锻炼的习惯，基本形成终身体育的意识；能够编制可行的个人锻炼计划；具有一定的体育文化欣赏能力。

运动技能目标：熟练掌握两项以上健身运动的基本方法和技能；能科学地进行体育锻炼，提高自己的运动能力；掌握常见的运动创伤的处置方法。

身体健康目标：能测试和评价体质健康状况；掌握有效提高身体素质、全面发展体能的知识与方法；能合理选择人体需要的健康营养食品；养成良好的行为习惯，形成健康的生活方式，具有健康的体魄。

心理健康目标：根据自己的能力设置体育学习目标；自觉通过体育活动改善自己的心理状态，克服心理障碍，养成积极乐观的生活态度；运用适宜的方法调节自己的情绪，在运动中体验运动的乐趣和成功的感觉。

社会适应目标：表现出良好的体育道德和合作精神；正确处理竞争与合作的关系。

### （二）大学体育的发展目标

运动参与目标：形成良好的体育锻炼习惯；能独立制订适用于自身需要的健身运动处方；具有较高的体育文化素养和观赏水平。

运动技能目标：积极提高运动技术水平；发展自己的运动才能，在某个运动项目上达到或相当于国家等级运动员水平；能参加有挑战性的野外活动和运动竞赛。

身体健康目标：能选择良好的运动环境；全面发展体能，提高自身科学锻炼的能力，练就强健的体魄。

心理健康目标：在具有挑战性的运动环境中表现勇敢顽强的意志品质。

社会适应目标：形成良好的行为习惯，主动关心、积极参加社区体育事务。

上述体育课程的五个基本目标与发展目标，是国家对高等学校体育教育工作的要求，也是大学生在校期间在体育学习方面要努力达到的目标。

第 四 节
大学体育的功能

## 一、 体育的功能

随着社会的发展，科学技术的进步和社会生产力的提高，体育的功能也从单一的健身功能拓展到社会的各个领域，体育的主要功能有以下几个方面：

### （一）健身功能

强身健体是体育最重要的本质功能。体育以身体运动为基本表现形式，通过适量的身体锻炼，给人体各器官系统以一定强度的刺激，使人体的形态结构、生理机能和生物化学等方面发生一系列适应性反应，从而对身体产生积极影响，促进身体健康，增强体质。通过科学的锻炼，促使人体的形态结构和内脏器官系统的机能状态得到改善，使这些系统工作的器官，在结构上发生变化，在功能上得到加强，从而增强了人的体质。提高机体抵抗疾病的能力和对外界环境的适应能力。

### （二）教育功能

体育是伴随着教育的产生、发展而出现的，是教育的重要组成部分。它的教育功能是显而易见的。从学生受教育过程看，从中小学甚至从幼儿园教育开始一直到大学二年级都在开设体育课程，学段长、年龄跨度大，在这期间是学生学习体育基本理论知识、掌握必要的技能、学会科学锻炼身体的方法、增强体质、提高运动实践能力和养成体育

锻炼的良好习惯的最佳培养时期。

在体育的施教过程中，培养青少年的运动兴趣，养成运动习惯，以便为今后的就业谋生及适应现代生活节奏做好准备，只有这样，人类才能保存自己，创造文化，延续文明及继续生命。

### （三）娱乐功能

体育的内容是人们在生活、劳动、休闲和娱乐的过程中产生和发展起来的，它除了满足人们的运动需求外，也满足了人们的精神需求。在余暇生活中，参与体育运动和观赏体育竞赛，可以消除疲劳、促进身体健康、愉悦身心、陶冶情操、培养高尚的品格并获得积极性的休息。

### （四）政治功能

体育的政治功能是客观存在的，表现在：①在宣传民族自强及爱国主义精神方面所起的政治作用是非常显著的；②在维护国家主权和民族尊严方面所显示的政治立场更加鲜明；③体育具有超越世界任何一种语言和制度障碍的特点，它可以把不同社会、不同人种和民族的人们聚集在一起，通过运动竞赛和体育交往发展国际友好关系，发挥其独特的政治功能。

### （五）经济功能

在商品经济的社会里，体育作为第三产业，它以劳动的形式向社会提供服务消费品。当前一些经济发达国家非常重视发挥体育运动的经济功能，采取多种途径追求体育运动的经济效益。当前体育正与市场接轨，体育运动的经济功能正在被越来越多的人所理解和接受。近年来我国举办的足球、篮球、排球等俱乐部的全国比赛，亚运会，奥运会和其他国际单项比赛和各种邀请赛等，都表明我国在挖掘体育经济功能的潜力方面积累了一定的成功经验，为中国体育经济走向国际市场打开了道路。

## 二、　大学体育的功能

科学、合理的体育锻炼有利于促进人身心的和谐发展，能使人身体健康、精力旺

盛、生活美好、提高生命质量。大学阶段的体育学习，有助于当代大学生增进身心健康，提高运动技能水平，培养终身体育的意识和能力，奠定终身体育的基础。

### （一）促进身体健康发展

大学体育是促进大学生身体的正常生长发育，发展和保持良好的体能，提高身体健康的水平，养成健康生活方式的重要途径。

在大学阶段，适当的运动项目和适宜的运动负荷，有助于培养健美的体魄。经常进行较长时间的慢跑、游泳、自行车等耐力性运动项目的锻炼，有助于消耗体内的脂肪，从而达到控制体重的目的；经常进行单杠、双杠等力量性项目的锻炼，能够增加肌肉的横断面积，提高肌肉的充实程度，从而给人以健壮、结实和充满青春活力的美感；经常进行体育舞蹈、艺术体操、健美操等表演性项目的锻炼，能够改善人体的体型姿态。总之，大学阶段的体育锻炼能有效地增强肌肉的力量和耐力，改善身体成分，从而使男生肌肉更加健美，女生形体更加匀称。

充沛的精力和良好的体能是身体健康的重要表现，体育锻炼是提高和保持体能必不可少的重要途径。体能通常可以分为两大类：与健康有关的体能和与运动技能有关的体能。与健康有关的体能包括心肺耐力、肌肉力量、肌肉耐力、柔韧性及身体成分等；与运动技能有关的体能包括提高运动技能所需要的速度、爆发力、灵敏性、平衡性、协调性和反应时等。与健康有关的体能对促进身体健康的影响和作用更为直接，对当代大学生而言，发展与健康有关的体能比发展与运动技能有关的体能更为重要，特别是心肺耐力的提高和身体成分的改善，不仅对大学阶段的学习和生活有重要的影响，而且对整个人生的工作和生活都有着不可低估的作用。

### （二）提高心理健康水平

大学阶段的体育锻炼，可以增强体质、锻炼意志品质、培养学生的自尊和自信，从而形成正确的自我价值观和积极进取的人生态度。快乐、积极的运动体验，可以有效抵制不良情绪，有助于大学生了解不良情绪对身心健康的危害，学会运用所学的方法调控和摆脱自己在生活、学习和体育活动中的压抑和悲观情绪，降低焦虑，消除忧郁等心理疾病并能在日常的学习、生活和工作中自觉运用适宜的调控情绪的方法。

（三）增强社会适应能力

在现代社会中，大学生的社会适应能力越来越受到教育者的关注，因为社会适应能力的高低对当代大学生的个人生活和工作与身体健康状况和知识掌握程度具有同等重要的影响。

无论是体育课还是课外体育活动，其本身的特点决定了很多活动采用集体活动的形式和比赛的方法，这就增加了学生之间的直接接触和交流。学生在体育学习和参加体育活动过程中相互依赖、相互牵制、相互影响。大学生们将更直接、更主动地体验近似于社会上所遇到的各种情景，如竞争与合作、冲突与包容、共处与避让、失败与成功、赞扬与批评……从而有助于大学生学会与人相处，养成良好的竞争意识和合作精神，从而培养良好的社会适应能力。

（四）培养体育精神

体育精神是一个人价值追求的体现，是在体育活动中的精神向导；体育精神是意志力的体现，也就是说体育精神越充足，意志力越强大；体育精神也是团队意识的体现，拥有体育精神的人，会在团队竞技中舍弃自我的私利，为整个团队的利益着想。每个人通过团结合作共同努力，就能发挥整个竞技团队的强大力量。体育精神是体育整体面貌积极的反映，它是公正公平、积极向上的，而且是富有感染力和号召力的，它是个人竞技中的灵魂和支柱，是促进社会发展的重要力量。

大学生通过举办多种体育竞技活动，在此过程中逐渐培养他们的体育精神，弘扬正确的价值观念，以此培养他们不断进取、不畏失败的精神力量。随着社会的发展，国家需要积极进取的各方面人才，将体育精神发扬到社会实践中去，能够帮助学生以积极的心态投入社会竞争，在未来的工作中取得更好的成绩。

（五）奠定终身体育基础

大学体育是一个人接受学校体育教育的最终阶段，其对大学生体育意识、兴趣、爱好及能力的培养有着极其重要的作用。

大学阶段的体育学习，能帮助大学生学会根据自身实际情况制定并实施简单的个人

锻炼计划，应用简单的方法测试并评价自己的体能，这些都有助于提高大学生学会体育学习和锻炼的能力，进而能够激发体育兴趣，养成良好的体育习惯；能够正确认识体育对个人身心健康和幸福生活的积极作用，提高学生对身体和健康的认识，掌握科学锻炼身体的方法，形成健康的生活方式，培养终身体育意识；能够进一步发展体能，提高运动技能水平，掌握科学锻炼身体的原理和方法，从而提高体育能力，为终身体育奠定基础。

## 第 五 节
## 大学体育的组织形式

　　大学体育由体育课程教学、课外体育活动（含早操和群体活动）、课余训练、运动竞赛等几个方面组成，是具有特定的育人功能的有机整体。大学体育是构架素质教育立交桥的系统工程，只有发挥教育系统的整体功能，才能实现高等教育人才培养的目标；只有把大学体育的课内教学和课外体育有机地结合在一起，才能更好地完成大学体育的目的任务，实现整体功能大于部分功能之和的功效。

### 一、 体育教学

　　2002 年教育部颁布的《全国普通高等学校体育课程教学指导纲要》指出，大学体育课程是大学生以身体练习为主要手段，通过合理的体育教育和科学的体育锻炼过程，达到增强体质、增进健康和提高体育素养为主要目标的公共必修课程，是学校课程体系

的重要组成部分，是高等学校体育工作的中心环节。大学体育课程是寓促进身心和谐发展、思想品德教育、文化科学教育、生活与体育技能教育于身体活动并有机结合的教育过程，是实施素质教育和培养全面发展人才的重要途径。

按照《中华人民共和国体育法》规定，学校必须开设体育课，并将体育课列为考核学生学业成绩的科目。学生必须实施国家体育锻炼标准，对学生在校期间每天用于体育活动的时间给予保证。因此体育课程具有明显的法定性和强制性。就大学生而言，上体育课是国家赋予自己参与体育活动的权利，每个大学生都应运用这一权利主动、自觉、积极地参与体育课程教学活动，从而享受到体育带来的无限乐趣。

### （一）大学体育课程内容

一般人们把体育课程看成既是学科又是活动和经验，所以大学体育课程内容可以分为体育知识与技术、运动参与和体育活动经验。为了使体育课程达到传承体育文化、增进健康、全面提高大学生素质的目的，大学体育课程内容不能只是一些体育知识和运动技术，还应与体育活动和健康要求紧密联系在一起。

（1）体育知识与技术类：体育知识与技术作为静态的课程内容，主要是指间接的、传统的、科学的体育文化内容体系。按传统运动方式项目可分为球类、体操、田径、游泳、冰雪等内容；按运动与外界的关系可分为开放式运动和封闭式运动；按运动结果的判断标准可分为评分式、计数式、计时式、测量式等。

（2）运动参与类：运动参与类作为动态的课程内容生动形象，主要是指学生实际进行体育活动的状态。按人体参与活动的解剖部位分类，可分为上下肢运动、躯干运动、全身运动等；以人体参与活动的基本方式分类，可分为走、跑、跳跃、投掷、攀登、爬越、悬垂支撑、平衡、角力等；以参与活动的人数分类，可分为个人运动和集体运动等内容，是大学生主体与运动知识、技术的结合，有利于发展大学生的实际运动能力，提高其运动技能。

（3）体育活动经验类：体育活动经验类作为静态课程内容与动态课程内容相结合的产物，主要是指学生在体育活动过程中或结束后机体与心理的反应。按体育活动过程中学生素质发展情况分类，可分为速度、灵敏、力量、耐力、柔韧等内容；按体育活动过程中防病治病效果分类，可分为养生、健身、防病、治病、康复等内容；按体育活动对

人体新陈代谢影响分类，可分为有氧和无氧内容。

### （二）大学体育课程类型

大学体育课程类型是指大学体育课程的组织方式或大学体育课程的种类，在大学课程管理中通常分为必修课程和选修课程。当前，为了适应现代教育的发展趋势，根据终身教育所强调的关于个人接受教育的方式不应与自身冲突的观点，重视培养学生体育锻炼的兴趣、习惯与能力，并以个性发展的统一性、全面性和连续性为原则，我们把高校体育课程分为以下几种主要形式：

（1）普通体育课：通常是为一、二年级学生所开设的体育必修课教学，是所有大学生都必须学习和体验的课程，目的在于培养和发展学生的共性，为大学生奠定一定的体育基础。普通体育课有严格的学时规定及学籍管理，教学具有普遍性，要求完成体育教学大纲中的基本任务，凡身体健康无残疾的学生都必须按规定要求通过考核标准。

（2）保健康复体育课：《全国普通高等学校体育课程教学指导纲要》提出对部分身体异常和病、残、弱及个别高龄等特殊群体的学生，开设以康复、保健为主的体育课程，其目的在于增进体力，帮助恢复健康、调节生理功能和矫正某些身体缺陷。根据有关规定，参加保健康复体育课的学生，必须经医院证明，体育教研室（部）同意，教学内容的选择应具有保健性、康复性，具体要求可适当放宽。

（3）体育选修课：选修课是学生在完成普通体育课要求的基础上，根据个人兴趣爱好，选择某一运动项目进行专门训练，不断提高专项技术水平和能力。在高校更好地推行全民健身计划，并把体育意识、体育能力的培养以及养成体育锻炼习惯作为追求目标，已成为体育选修课重点要解决的问题。体育选修课程是容许学生根据本人的特点和发展方向来选择的体育课程，目的在于满足学生的体育兴趣爱好或就业需要，培养和发展大学生的个性。

### 二、 课外体育

课外体育活动是实现高等学校体育目标的一个重要组织形式，是体育课程的延续和补充，以生动灵活的方式，充分满足大学生个性的求知欲以及生理和精神的需求，使他

们在强体健心两方面同时受益。大学生正处于青春发育后期，是增长知识和体质的关键时期，光靠每周一次的体育课来锻炼身体是远远不够的。因此，国家规定把早操、课间操以及阳光体育运动纳入学生的锻炼内容，保证每天至少有 1 个小时来进行体育锻炼，以利学生身心全面发展。在组织活动的过程中，应充分调动大学生参加体育锻炼的主动性和积极性，发挥体育教师和学生体育骨干的组织作用，制订切实可行的活动计划，建立各项规章制度，合理安排和使用场地器材，重视体育锻炼安全，防止运动伤害事故的发生。

### （一）课外体育活动的内容

课外体育活动包括作息制度中的早操、课间操、课外阳光体育活动、校外体育活动等多种形式。根据阳光体育运动及学校的有关规定，作为体育课程教学的延续和补充，课外体育活动实际上是体育课程教学的课外作业，学生的课外体育锻炼必须有严格的计划和检查与评估制度，出勤次数和评分标准由学校确定，也应作为学生该学年的体育综合成绩评定的一个方面。

课外体育活动一般每次一小时左右，可根据实际情况延长或缩短，以振奋精神、活跃情绪、持之以恒和强度适中为原则，同时必须保证健身的实际效果。其内容可以采用国家学生体质健康标准的锻炼项目；也可以根据兴趣特点开展各种各样有益于身心发展的体育活动；可独立按计划进行，组成兴趣小组，以体育俱乐部、体育协会等组织形式进行锻炼，也可以进行班级间宿舍间的一些小型多样的竞赛活动，其主要目的是增强体质，调节身心，消除脑力活动引起的疲劳，为提高学习和工作效率服务。

### （二）课外体育活动的形式

（1）早操，也称早锻炼，锻炼时间 20～30 分钟，根据大学生的个体需要、兴趣爱好以及地理与气候条件等因素，选择多种多样的内容，如广播体操、健身跑、健美操、武术、气功以及各种身体素质锻炼方式等。可采用多种形式进行组织，可以是集体召集、个人自觉活动，由体育教师或体育骨干组织辅导；可以是兴趣小组或项目俱乐部的班（组、队）集体活动；也可以是较大规模甚至是全校（院）的集体合操。大学生坚持做早操，不仅是合理的作息制度，是养成良好习惯、锻炼身体、磨练意志的有效途

径，还是每天进行学习的准备，它可以有效消除抑制，活跃生理机能，促进人体以良好的状态进入学习过程，对校风、学风建设以及精神文明建设都起着积极作用。

（2）课间活动，课间活动是课间休息时所进行的有益于身心健康的体育活动。一般为个人活动，即走步、肢体活动操、功能性体操和提高身体素质的简单练习等。在上下午的一、二节课和三、四节课之间的 20 分钟休息时，也可以班级为单位集体做广播体操。充分利用课间休息时间活动身体，进行积极休息，对消除学生大脑皮层的疲劳，适时地转移大脑的优势兴奋过程，调节情绪，促使学生更加精神饱满地进行学习都是很有好处的。

（3）课余体育锻炼，是大学生在学习之余进行的有目的、有计划、有组织的体育活动，每次活动约 1 小时，每周进行 2~3 次，通常以教学班为单位进行，但由于大学生心理、生理发展程度不一，兴趣爱好和个性发展也各有差异，随着各方面条件的改善，体育俱乐部、单项运动协会等体育组织越来越受到大学生的欢迎。搞好高校课余体育锻炼，是大学生活的重要内容，它可以使大学生增强体质、增进健康、锻炼意志、陶冶情操、丰富知识、开拓视野、发展能力，促进大学生身心的健康发展。课余体育锻炼不仅是高校体育的重要组成部分，也是丰富校园文化生活的重要手段之一。

（4）运动技能等级标准，是针对在校普通大学生（非体育专业），根据各个运动项目的特点，划分出不同的等级标准。学生通过考核或竞赛达到某项运动的技能等级标准，将被授予相应的证书，以证明其具有的运动特长。目前部分高校正积极制定大学生运动技能等级标准和实施办法。大学生参加课外体育锻炼，可以以大学生运动技能等级标准为参照，不断促进运动技能的提升，追求"更高、更快、更强"的奥林匹克精神，实现运动中的自我价值，为终身体育锻炼奠定基础。同时运动技能等级的提升，也将带动其他同学积极参与体育运动。

（5）校外体育活动，是指学生在家庭和社区进行的体育锻炼，是学校体育的延续和补充，对学生增进健康，增长知识，丰富文化生活，开展社交活动和发展运动兴趣，提高运动技术水平，养成良好的体育意识与习惯均有着不可低估的作用。学生可以利用假日去体育场馆、游泳池、射击场、公园等社交场所参加辅导、测验、比赛和游乐活动，可以有计划、有组织地进行郊游、远足、爬山、野营等活动，还可以参加寒暑假中举行的冬令营、夏令营等多种形式的体育活动。

### 三、　运动训练

运动训练是为提高大学生运动员的竞技能力和运动成绩，在教练员的指导下专门组织的有计划的体育活动。利用课余时间将部分热爱体育运动、身体素质好、有专项运动特长的学生按项目组织起来进行系统的训练，提高学校体育运动技术水平，是在体育课程教学和课外体育活动基础上，实现高校体育目标与任务的又一个基本途径。

2017 年修订的《学校体育工作条例》规定："学校应当在体育课教学和课外体育活动的基础上，开展多种形式的课余运动训练，提高学生的运动技术水平"，并指出："普通高等学校经国家教育委员会批准，可以开展培养优秀体育后备人才的训练。"高校课余运动训练是学校贯彻普及与提高体育教育要求的重要内容。据此我国高校课余运动训练有了崭新的面貌，为适应开拓竞技体育人才输送渠道和扩大国际交往的需要，我国高校积极创造条件，使课余体育运动训练逐步走向科学化和系统化。高校开展课余运动训练有助于培养一支学生体育骨干队伍，加强体育的组织和指导力量，推动学校体育活动广泛持久地蓬勃开展，还可以把有体育才能的大学生组织起来进行全面系统的训练，不断提高运动技术水平，在校际和国际交往中为校为国争光，并可为国家培养优秀运动员和优秀的体育后备人才，为我国体育事业的发展作出贡献。

与此同时，由于运动训练本身是一个科学而复杂的教育过程，训练内容包括：身体训练、技术训练、战术训练、心理训练、智力训练和思想教育等，因此为了提高机能水平和运动成绩，除了必须根据大学生的年龄特点、运动基础、作息制度及身心特点制定专门的训练计划外，还应遵循运动训练的基本原则，采用科学的训练方法。

### （一）高校运动训练组织形式

（1）单项（协会）运动训练队。只要身体素质好，有专项特长，兴趣浓厚，本人自愿经过批准就可以参加单项（协会）运动训练队。项目设置一般根据学校的师资、场地、设备、传统运动项目等条件来决定。训练的目的可以是为参加校级或上级组织的比赛，也可以为了增强体质，提高运动技术水平。这种训练队常以单项协会或俱乐部的形式完成训练任务，在这种训练队基础上可以产生班队、年级队、系队、院队、校队的优

秀人才。

（2）学校代表队。一般是有定期比赛的项目，其目的主要是代表学校参加校级或上级组织的比赛，项目设置一般根据学校传统运动项目和上级比赛的竞赛规程来决定，其队数和人数均比兴趣训练队少，一般由运动技术水平较高，学习成绩合格，思想素质较好的学生组成。

（3）高水平运动队。根据《学校体育工作条例》的有关规定，部分普通高等学校经教育部批准可以开展培养优秀体育后备人才的训练，且对运动水平较高，具有培养前途的学生，经报教育部批准，可适当延长学习年限。

**（二）高校课余体育训练开展途径**

（1）高校开展课余体育训练的设项、组队要从国家、地区和本校实际出发，既要考虑传统性、代表性，又不能贪多求全，以确保训练质量。特别是高水平运动队训练，更要注意从本校人、财、物等各方面的条件出发，突出重点，提高质量。

（2）高校开展课余体育训练要从培养身心健康的、高运动水平的、全面发展的人才出发，要坚持业余训练，正确处理文化学习和体育训练的关系，科学地安排教学和训练；要坚持基础训练，正确处理训练和比赛的关系，科学地安排训练计划，系统训练，打好基础，不断提高运动技术水平；要坚持严格教育、严格管理，把思想教育贯穿到教学和训练的全过程。

（3）高校开展课余体育训练要充分利用高校的智力优势和高等教育的有利条件，调动大学生在智能和体能方面的优势，坚持科学训练，逐步培养一支有理论、有实践经验的高水平教师（教练）队伍，并结合训练实践开展科学研究，不断提高科学训练水平。

**四、 体育竞赛**

《学校体育工作条例》规定："学校体育竞赛应贯彻小型多样、单项分散、基层为主、勤俭节约的原则，每学年至少举行一次以田径项目为主的全校性运动会。"体育竞赛是推动高校体育活动广泛开展，促进运动技术水平提高，实现高校体育目的的重要组织形式。由于其所具有的竞技与娱乐性特点，不仅可以活跃课余生活，振奋精神，愉悦

身心，还可以增强大学生的交往和友谊，因此是吸引广大学生参加体育健身活动的一种好形式。高校开展形式多样的体育竞赛活动，一是能起到良好的宣传作用，吸引更多的人参加体育活动，逐步提高广大师生积极锻炼身体的自觉性；二是可以检查教学和训练工作，总结和交流经验，互相学习和促进；三是有利于为校代表队选拔体育优秀人才；四是有助于培养学生勇敢顽强、遵纪守法、服从裁判、服从组织的优良品质和集体主义精神，对丰富校园文化生活和社会主义精神文明建设具有重要意义。为此，高等学校应将此纳入工作日程，制订计划，认真实施。

### （一）高校体育竞赛类型

有校内竞赛和校外竞赛两大类，应以校内竞赛为主。要经常开展校内群众性体育比赛，如各种球赛、长跑比赛、"达标"赛以及大众健身体育项目比赛等。可由校、系、年级、班级以及体育俱乐部、单项运动协会分别组织进行。同时，也应从实际出发，组织各种友谊赛、邀请赛、表演赛以及派队参加校外各级比赛，以丰富师生文化娱乐生活，开展体育宣传，扩大体育视野，推动学校体育的蓬勃开展。

### （二）高校体育竞赛的特点

（1）课余体育竞赛应贯彻小型多样、单向分散、基层为主、勤俭节约的原则。全校性的运动会和体育节一般由学校组成一个组织委员会来负责领导和组织工作；单项竞赛一般由体育系、院、部配合单项协会和俱乐部组织；其他简便易行的竞赛，如拔河，跳绳，踢毽等，可在体育教师的指导下，由学生社团组织完成。

（2）课余体育竞赛还可以根据国家学生体质健康标准的体能测试项目，专门举行一个项目或多个项目的竞赛活动，为迎接比赛，特别是全校性的竞赛，各参赛单位，要兴起锻炼和选拔热潮，人人都有强烈的参与意识，真正做到全民健身，全民参与，使体育竞赛成为推动高校体育工作的有力杠杆。

（3）此外课余体育竞赛还可以通过开展各种形式的校际体育竞赛活动，以扩大大学生的视野并提高社会交往能力，提高学校的凝聚力，丰富校园阳光体育的内容。

**思考练习题**

1. 简述大学体育的基本概念。

2. 我国大学体育的定位是什么?

3. 如何理解贯彻与实现大学体育课程目标?

4. 你所在大学课外体育有哪些组织形式? 结合个人参加或组织的一次课外体育活动谈谈个人的感想。

# 第 二 章

## 大学生体质健康概述

## 本章导言

体质和健康从不同侧面反映了大学生在生理、心理和社会层面上的基本特征。体质是健康的物质基础，健康是体质的外在表现，两者密切联系，不可分割。正确认识体质和健康的概念，是实现大学生体质健康基本理论和实践内容科学化、系统化和规范化的基础和前提。本章概述了体质和健康的含义、影响大学生体质和健康的主要因素、大学生体质健康状况及其改善因素等，是大学生体质健康教育必要的知识储备。

## 学习目标

本章节旨在帮助大学生掌握体质与健康理论相关知识，树立"健康第一"的指导思想，切实改善大学生的体质健康状况，实现以下学习目标：

1. 学习并理解体质和健康的含义
2. 了解影响大学生体质和健康的主要因素
3. 了解大学生体质健康状况及其改善因素

# 第 一 节
# 大学生体质概述

## 一、 体质的含义

《辞海》无"体质"一词，但对"体""质"分别解释为："体"指身体，"质"为性质、本质。所谓体质，就是人体在遗传性和获得性基础上表现出来的功能和形态上相对稳定的固有特征。《新世纪现代汉语词典》中对"体质"解释为：人的身体素质，包括体格、体能、适应外界环境和抵抗疾病的能力。《新华词典》（大字本）修订版中对"体质"解释为：人的健康水平，抵抗疾病和适应外界的能力。《现代汉语词典》对"体质"解释为：人体健康水平和对外界的适应能力。《现代汉语大词典》将"体质"解释为：身体素质，主要表现为人体健康程度以及对外界的适应能力和抵抗疾病的能力。

体质是人体的性质、本质，是人体健康状况和对外界的适应能力，是指人体生命过程中，在先天遗传和后天获得的基础上所形成的形态结构、生理功能和心理状态方面综合的、相对稳定的固有特质，是人类在生长、发育过程中所形成的与自然、社会环境相适应的人体个性特征。先天遗传是人体体质形成的基础，对其后天发展提供了基础，且受内外环境（自然与社会）的约束。在不同环境中，不同人的体质会有明显的个体差异和阶段性特征。

## （一）体质包括的五个方面
（1）身体形态发育水平：体型、身体姿态、营养状况等。

（2）生理生化功能水平：机体新陈代谢功能及人体各系统、器官的工作效能。

（3）身体素质和运动能力：身体在生活、劳动和运动中所表现出来的力量、速度、耐力、灵敏、柔韧等身体素质以及走、跑、跳跃、投掷、攀登、爬越、悬垂、支撑等运动能力。

（4）心理状态：包括本体感知觉能力、个性、人际关系、意志力、判断力等。

（5）适应能力：对外界环境以及抗寒耐暑的能力，对疾病的抵抗能力等。

## （二）体质的主要指标

（1）身体形态：身高、体重、胸围、上臂围、腰围、坐高和身体组成（皮脂厚度、体脂比重、去脂体重等）。

（2）身体功能：安静时心率、血压、肺功能及心血管运动试验等。

（3）身体素质：力量指标（握力、背肌力、腹肌力等）、爆发力指标（纵跳、立定跳远）、悬垂力指标（单杠屈臂悬垂）、柔韧性（站立体前屈、俯卧仰体）、灵敏和协调性（反复横跨）、平衡性（闭眼单足站立）、耐力项目等。

（4）运动能力：跑（快速跑、长跑）、跳（跳远、立定跳远、摸高）、投（掷实心球、掷垒球、掷标枪）等。

## 二、 影响大学生体质的主要因素

大学生的体质受三大因素影响，即遗传、环境和体育锻炼。

## （一）遗传

遗传是指子女出生以前在母体内所禀受的一切，包括父母生殖之精的质量，父母血缘关系所赋予的遗传性，父母生育的年龄以及在体内孕育过程中母亲是否注意养胎和妊娠期疾病所给予的一切影响。先天禀赋是体质形成的基础，是人体体质强弱的前提条件。父母的生殖之精结合形成胚胎，禀受母体气血的滋养而不断发育，从而形成了人体，这种形体结构便是体质在形态方面的雏形，故《灵枢·决气》说："两神相搏，合而成形。"张介宾称之为"形体之基"。因此，父母生殖之精的盈亏盛衰和体质特征决定

着子女禀赋的厚薄强弱，影响其体质，父母体内阴阳的偏颇和机能活动的差异，可使子女也有同样的倾向性。汉代王充《论衡·气寿》指出："禀气渥则其体强，体强则命长；气薄则体弱，体弱则命短，命短则多病短寿。"明朝万全《幼科发挥·胎疾》认为："子与父母，一体而分。"父母形质精血的强弱盛衰，造成了子女禀赋的不同，表现出体质的差异，诸如身体强弱、肥瘦、刚柔、长短、肤色、性格、气质，乃至先天性生理缺陷和遗传性疾病，如鸡胸、龟背、癫痫、哮喘等。这种差异决定于先天遗传性因素，取决于父母肾之精气阴阳的盛衰偏颇及母体的调摄得当与否。先天之精充盈，则禀赋足而周全，出生之后体质强壮而少偏颇；先天之精不足，禀赋虚弱或偏颇，可造成小儿生长发育障碍，影响身体素质和心理素质的健康发展。如《医宗金鉴·幼科杂病心法要诀》说："小儿五迟之证，多因父母气血虚弱，先天有亏，致儿生下筋骨软弱，行步艰难，齿不速长，坐不能稳，要皆肾气不足之故。"可见，在体质的形成过程中，先天因素起着关键性作用，是它确定了体质的"基调"。但这只对体质的发展提供了可能性，而体质的发育和定型，还受后天各种因素综合作用的影响。

### （二）环境

环境分为自然环境与社会环境，人类一出生即是社会人，人的体质会受到外界各种环境因素的影响。

1. 自然环境

我国古代最早的医书《黄帝内经》中提出"人禀五常，因风气而生长"的观点，说明自然界不同的气候环境对人类的生长发育有着重要的影响，而机体通过自身的不断调整逐渐适应自然界，最终促使在不同的气候条件下生存的人们表现出各自体质水平的差异性。

自然环境又称"地理环境"。广义的自然环境包括整个地壳。狭义的自然环境是指存在于人类社会周围如地质地貌、气候、水文、土壤、矿藏、生物等各种自然要素的总和。人们生活在不同的自然环境条件下，受着不同水土性质、气候类型以及由水土和气候而形成的生活习惯等影响，从而形成不同的体质。人从出生到死亡都跟自然环境发生接触，在改造自然环境的同时，也受到自然环境的影响，因此不同地区人的体质有着不同特征。徐洄溪在《医学源流论》中说："人禀天地之气以生，故其气体随地不同，西

北之人，气深而厚……东南之人，气浮而薄。"说明生活在不同自然环境条件下的人由于受着不同水土性质、气候类型、生活条件的影响，形成了不同地区人的不同体质。现代科学认为生物体中所存在的全部化学物质都来自土壤、空气和水，因为不同地域的水质与土壤的化学成分不同，土壤和岩石中的化学元素通过水的溶解或通过植物的吸收和其他动物的食用，直接或间接地进入人体，从而形成了人体明显的地区性差异。早在《素问·异法方宜论》中就曾详细论述东西南北中不同地区人的体质特征。

国民体质监测研究结果显示，我国人口体质水平与经度、海拔高度、平均气温具有较高的相关关系。欧美学者马歇尔指出，欧美人群的身材以北欧最为高大，中欧次之，南欧人群相对最矮。中美洲印第安人与北美印第安人相比，北美印第安人身材矮而下肢短。亚洲人群的发育水平也有随纬度增高、气候温差增大而提高的倾向。这些说明人群间的身体形态和生理机能的差异与地理环境有着密切的关系。

2. 社会环境

社会环境因素是指影响人类日常生活的社会因素。随着社会的发展，社会环境的范畴越来越复杂起来，因此，它对大学生体质的影响也越来越大。

（1）学校教育对大学生体质的影响。党和国家一直强调坚持"健康第一"的指导思想，积极要求减轻学生的课业负担，让更多的学生走出教室进行体育锻炼，但是由于传统的教育理念和模式已经对学校产生长期的影响，目前学校教育中所存在的问题仍然严重，学生的课业负担非常重，"健康第一"的思想始终没有真正落实。学校体育的目标是树立正确的锻炼观，培养运动参与的兴趣、意识与能力，其价值重在引导。面对学业和就业的极大压力，大多数学生只能以学业为主，运动为辅，甚至很少参加任何体育运动，应试教育对于他们的影响非常大，学生体质下降也是必然结果。

应试教育对大学生体质的影响是不可否认的。一些学校过于重视学业成绩，将其看作是衡量学校教育工作的唯一标准，为了保证学校的办学业绩，只要与考试有关的学科，就受到重视，无关的则被忽视，甚至占用。学生的学习负担本来就很重，体育锻炼的时间少之又少，除了正常的学习和休息，学生没有额外时间去做与考试无关的事情。认识大学生体质问题的严峻性和紧迫性，就应该从体育锻炼做起，保证学生每天有一定的锻炼时间，使学生养成锻炼的习惯。

体质是一个国家和民族生命力的体现，只有不断提高学生的身体素质，才能使学生

身心健康、充满活力、全面发展，为国家和民族作出更大的贡献。

（2）家庭环境对大学生体质的影响。家庭是人类最基本的社会组织，是社会不可或缺的细胞。家庭是人生中的第一所学校，父母是人生第一任教师，大学生从儿童时期对社会的启蒙与认识到进入学校乃至进入社会，都是在家庭中完成的，因此，家庭环境对大学生的体质有着重要的影响。

第一，家长对体质的认识问题。我国的教育目前还是以高考作为指挥棒，因此学生在小学和中学学习的主要是文化课，周末放假也会有补习课及其他艺术类课程，真正让孩子自己参加锻炼的时间很少。不少家长认为子女参加体育运动就是不务正业，甚至严格限制子女运动时间。当学生进入大学，远离父母，拥有相对较多的自由支配时间，可以参加体育运动的时候，却发现自己什么运动也不会，于是干脆不运动了。家长一心希望子女将来能成龙成凤，却忽视了子女的体质。学生的近视率不断上升，学生的身体形态失调，这不仅是学校体育的失职，家长对体质的认识问题和教养方式也存在很大的问题。

第二，生活环境的影响。在现代化环境条件下居住的孩子们，居住环境优越但很封闭，都是独门独户，家长们出于对孩子学习和出行安全等因素考虑，大多数孩子都是机械地从家到学校，每天两点一线，长此以往，孩子缺少了自由活动的时间和空间，会使孩子产生孤独的心理和懒惰的习惯。这也是导致现在的独生子女在封闭环境下缺乏参与体育锻炼和培养体育兴趣的主要原因。如果能让孩子长期在一起玩耍反倒有利于孩子的心理、生理功能发育。家庭条件的日益改善，却导致孩子的户外活动时间和交往都相对减少，这对孩子智力和体能等方面都没有好处。学生在学习期间，应该经常参加体育锻炼，强身健体，为将来的学习发展打好坚实基础。

（3）不良生活方式对大学生体质的影响。第一，不良的饮食习惯和饮食结构。父母为了保证子女的营养健康，都愿意加大营养投入，然而营养加大后吸收和消耗却成了难题。学生大部分时间是在静坐听课过程中度过，通过身体活动来吸收、消耗能量的部分很少，于是大部分能量作为垃圾留在体内，吸收不得也排泄不得。由此而引发"文明病"。生命活动的维持，人体的生长发育以及体力活动都有赖于体内的物质代谢过程。食物的吸收与消化为机体提供了丰富的营养素，合理的营养能够保证机体新陈代谢的正常进行，是人体维持健康的基础。营养与健康的关系十分密切，合理营养不仅能够增强

体质，还可作为预防疾病的重要手段。大学生如何平衡膳食，形成科学的饮食习惯，通过合理的营养来增强体质，是良好生活方式的核心，也只有这样才能达到强体的目的。

第二，睡眠作息不规律。睡眠和作息对大学生的体质健康有着极大的影响。目前，学生睡眠不足、作息不规律等现象非常严重，不少学生在考试期间熬夜复习，养成了晚上不睡早上不起、黑白颠倒、作息紊乱等不良生活习惯。同时，学生的睡眠质量也较差，由于各方面压力以及精神紧张等因素，很多学生入睡困难，从而体质不断下降，学习效率也随之降低。睡眠质量差会导致很多不良反应，比如早起时会感到头晕睡不醒，白天的精神状态自然很差，上课打哈欠，严重的还会出现头脑迟钝、记忆力衰退、注意力不集中、学习成绩下降等。

第三，不良的心理因素。在激烈的社会竞争中，不良的心理因素影响学生的成长和发展。面对考试的巨大压力，很多学生会产生各种各样的心理问题，比如：紧张、焦躁不安、恐惧等情绪，甚至还会出现失眠以及身体多方面的不适等症状。人际交往处理不当，同学、朋友、家人之间关系不和谐及情感等问题都会使大学生产生心理阴影，影响他们正常的学习和生活。这些不良心理因素容易导致学生情绪变化，从而使身体各机能水平下降，体质自然也会减弱。

（4）网络文化对大学生体质的影响。网络文化的兴起使学生将网络作为交流对象，而网络又将室外的"游戏"转入室内，提高了"手眼能力"，退化了"腿脚能力"，因而不可避免地影响学生体质。再加上学校对学生管理松懈，部分学生有通宵上网的习惯，过度地使用网络也是造成学生体质下降的重要因素之一。

### （三）体育锻炼

体育锻炼有利于大学生骨骼、肌肉的生长，增强心肺功能，改善血液循环系统、呼吸系统、消化系统的机能状况，促进生长发育，提高抗病能力，增强有机体的适应能力。

1. 促进生长发育，增强体魄，改善体型、体态

体育锻炼的刺激可直接作用于骨、关节和肌肉等运动器官，并使之产生适应性的变化。评价生长发育的指标主要是体格指标，如：身高、坐高，上、下肢长度，肩宽、骨盆宽、髋宽，胸围、上臂围、大腿围和体重等指标。其中，身高代表骨骼纵向发育的程度；肩宽等代表横向发育的程度；胸围等代表软组织（肌组织）的发育程度。

体育锻炼可以通过对骨骼的刺激，增加骨矿物质的吸收，促使身体长高；也可以通过对骨骼肌的刺激，增加肌肉蛋白质的合成，改善肌肉细胞代谢，促使肌肉发达，增强身体的各个宽度和围度，有效促进大学生生长发育，增强体魄，改善体型体态。

2. 提高生理机能

体育锻炼不仅能最有效地发达肌肉，也可使心肌增强、心腔容量增大，使血管变得更有弹性，心输出量增加，还能提高心脏功能、促进新陈代谢及对疾病的抵抗能力。

由于体育锻炼消耗人体能量比较多，对呼吸系统和消化系统也有良好的影响。它能提高呼吸深度，增加气体的交换量，能提高胃肠的蠕动，消化液分泌增多，使消化能力得到提高。

体育锻炼中，身体各部位肌肉收缩和放松都受中枢神经系统的支配。经常从事体育锻炼，可激发大脑皮质神经过程的兴奋和抑制程度，增强神经过程强度和集中力、均衡性和灵活性，从而改善中枢神经系统，还可以促进有机体对内外环境的适应能力，提高神经系统功能，培养顽强的意志品质。

3. 全面发展体能

体育锻炼通过走、跑、跳、投、攀、爬等练习手段，能有效发展身体的柔韧、灵敏、速度、耐力、力量等素质，提高基本活动能力，促使心脏、血管、肺和肌肉等保持良好的状态，从而使身体更健康、精力更旺盛。

4. 增强适应能力

大学生适应能力实质上就是机体受到外界刺激，在中枢神经系统支配下，不断调节机体，使之处于正常稳定的功能活动状态。体育锻炼时，外界因素（空气、水、阳光）随时都在发生变化。这些变化不可避免地会使身体受到影响，大学生会随时调节自己的生理功能来适应刺激，使身体内外达到平衡。所谓平衡是指暂时的、相对的平衡，称为动态平衡。调节平衡能力主要是在中枢神经系统的指挥下完成的。如身体受到寒冷刺激后，大脑皮质立即调动全身各器官、系统加强活动，产生防御性反射，使皮肤血管收缩，减少散热。同时，体内增加热量，以抵抗寒冷的刺激。反之，在炎热的条件下，机体在中枢神经系统的指挥下，皮肤血管舒张，大量出汗以加强散热。又如高山上缺氧时必须加快呼吸，肺通气量也随之增加，使机体能够获得更多的氧气。

由于自然环境的变化是客观存在的，要达到机体与外界的平衡，必须依靠自身的不

断调节来增加适应能力，所以身体对外界刺激适应能力的强弱，也是体质状况好坏的一个重要标志。身体的适应能力，也是通过条件反射形成的，经常参加体育锻炼，可使大学生对外界刺激的反应快而准，有利于促进机体的适应能力。

此外，体育锻炼可以提高机体的新陈代谢水平，减少、推迟或避免各种代谢疾病的发生。实践证明，体育锻炼可以使人体中的高密度脂蛋白胆固醇增高，甘油三酯降低，这些指标的变化对防止肥胖症、高血压、冠心病都有显著效果。

体育锻炼还可以提高机体的免疫能力，防御生物病原的侵害。人体在运动时体温升高，机体内产生一些特殊物质，这些物质可以增强免疫功能，从而减少了传染病的发病率。同时，体育运动时体内白细胞的数量增多，白细胞的吞噬作用增强，抗体产生加快，能尽快排除和杀灭病菌、病毒，保护身体免受侵害。

## 第 二 节
## 大学生健康概述

### 一、 健康的含义

《世界卫生组织宪章》中指出："健康不仅是没有病和不虚弱，而且是身体、心理、社会功能三方面的完满状态"。1990 年世界卫生组织对健康的阐述是：在躯体健康、心理健康、社会适应良好和道德健康四个方面皆健全。

**（一）躯体健康**

躯体健康是指人的机体及其生理功能方面的健康，包括身体发育正常，体重适当，体形匀称，眼睛明亮，头发有光泽，皮肤有弹性，睡眠好，能够抵抗一般性感冒和传染病等。

生理健康有明确的标准，比如生长发育、成熟衰老等，更量化一些，就是体温36℃~37℃，血压：低压60~90毫米汞柱、高压90~130毫米汞柱，心率60~80次/分，这是人体生理运动的正常指标。

世界卫生组织身体健康的十条标准：

（1）有充沛的体力，能从容不迫担负日常生活的繁重工作，而不感到过分紧张和疲劳。

（2）乐观，积极，乐于承担责任，事无大小，不挑剔。

（3）善于休息，睡眠好。

（4）应变能力强，能适应外界环境的各种变化。

（5）能抵抗一般性感冒和传染病。

（6）体重适当，身体匀称，站立时头、肩、臂协调。

（7）眼睛明亮，反应敏捷，眼睑不易发炎。

（8）牙齿清洁，无龋齿，不疼痛，牙龈颜色正常，无出血现象。

（9）头发有光泽，无头屑。

（10）肌肉、皮肤富有弹性，走路轻松有力。

**（二）心理健康**

心理健康是一种良好的、持续的心理状态与过程，表现为个人具有生命的活力，积极的内心体验，良好的社会适应，能够有效地发挥个人的身心潜力以及作为社会一员积极的社会功能。心理健康就是指人们在适应环境过程中的心理体验与行为模式的状态和水平。

心理健康应有广义和狭义之分。狭义的心理健康，仅指正常心理下的心理状态和水平。广义的心理健康，是指一种高效而满意持续的心理状态，不仅包括正常心理，还包括异常心理状态，是所有心理状态健康状况的统称。

世界卫生组织的心理健康标准：

（1）具有健康心理，人格完整；自我感觉良好；情绪稳定，积极情绪多于消极情绪；有较好的自控力，能保持心理平衡；自尊、自爱、自信、且有自知之明。

（2）在自己所处的环境中，有充分的安全感，并能维持正常的人际关系，受别人的欢迎和信任。

（3）对未来有明确的生活目标，脚踏实地，不断进取，有理想和有事业上的追求。

### （三）社会适应良好

社会适应良好是指人的外显行为和内隐行为都能适应复杂的社会环境变化，能为他人所理解，为社会所接受，行为符合社会身份，与他人保持正常的人际关系。同时，还应该接受良好的文化教育，掌握与自身发展和社会进步相适应的科学知识或专业技能，培养从事工作、生产、劳动及其他社会事务的综合素质，不断丰富人生经历、积累人生经验、增强社会适应能力。

社会适应的标准：

（1）生活自理能力。

（2）人际交往和沟通能力。

（3）工作、学习和操持家务能力。

（4）遵守社会道德、法律、行政法规和社会风俗、规则等能力。

社会适应的内容：

1. 认知

认知是个体认识客观世界的信息加工活动，是一种引起个体成长、发展、成功的心理态度、信念、语言和想象，是一种预期良好结果的心理态度。不同大学生在社会生活中形成了自己所固有的认知结构，良好的认知更容易适应新环境，有较好的人际适应、环境适应和学习适应能力。相反在面对新情境时拒绝改变，墨守成规，习惯用以往的行为模式来应对一切，社会适应能力较差。

2. 情绪

情绪是人对环境刺激的主观反应，如果外界刺激符合或满足个体的需要，就会产生积极情绪，如果不符合或不满足个体的需要，就会产生消极情绪。个体的情绪与环境刺

激应该是相适应的，该喜则喜，该怒则怒。该怒不怒是情感淡漠和压抑，不该怒而怒是情感异常和反应过度，都属于适应不良。适应良好的情绪活动是不断流动的，随境转移，转瞬即逝，不留痕迹。

3. 行为

行为是指举止行动，是受思想支配而表现出来的外表活动。良好行为习惯来自于正确的社会认知，它能克服人性弱点，拥有一个健康的身心。

行为与后果密切相关，选择了某种行为，就要对行为的后果负责。有的人努力拼搏，最后取得成功，所付出的努力和代价是很大的；有的人随遇而安，不求上进，就要承担被社会淘汰的风险。


### （四）道德健康

世界卫生组织关于健康的概念有了新的发展，即把道德修养纳入健康的范畴。健康不仅涉及人的体能方面，也涉及人的精神方面。将道德修养作为精神健康的内涵，其内容包括健康者不应有以损害他人的利益来满足自己需要的思想和行为，能具有辨别真伪、善恶、美丑、荣辱等是非观念，能按照社会行为规范准则约束自己及支配自己的思想和行为。在个人品质上具有良好的社会道德，仁慈宽恕，忠诚友爱。

善良的品性、平和的心境是健康的保证。与人相处善良、正直、心地坦荡、遇事出于公心、凡事想着别人，这样便无烦忧，使心理保持平衡，有利健康。良好的心理状态，能促进人体内分泌更多有利的激素、体液因子、酶类和乙酰胆碱等。这些物质能把血液的流量、神经细胞的兴奋调节到最佳状态，从而增强机体的抗病力，促进人们健康长寿。而且大脑中有部分细胞能产生内啡肽，它可能通过脑细胞膜上的吗啡受体产生愉快情绪。

大学生"道德健康"是"新健康教育"的一个重要组成部分，它是以培养道德健康的社会公民为目的，通过运用健康管理方法，以人文环境改善为主，校园环境、功能环境改善相配合，运用知识教学与环境塑造相结合的方式，注重从思想与行为上培养高尚的道德修养。"新健康教育"通过道德健康讲座，开展各项活动普及法律知识，让学生们通过爱自己、爱父母、爱同学、爱老师逐步升华到爱家、爱校、爱祖国，在切身行动中加强道德修养，养成良好的道德行为习惯，成为道德健康的人。

道德健康"以道德为本"。"道",既是指人在自然界及社会生活中待人处世应当遵循的一定规律、规则、规范等,也是指社会政治生活和做人的最高准则。"德"是指个人的品德和思想情操。可以说,道德是人类所应当遵守的所有自然、社会、家庭、人生规律的统称。违反了这些规律,人们的身心健康就会受到伤害。

道德健康的基本特征:

1. 有健康、积极向上的信仰

良好的信仰是形成道德健康的基石。一般来讲信仰的形成,世界观的确立,是经过较长时期的思想活动、心理活动、生理活动和社会活动而取得的,这些活动本身就促进了人体的健康与发展,同时健康、积极向上的信仰又不断促进人体多种健康因素的发展,形成更为完善的人体健康发展体系,这是道德健康的主要特征。

2. 具有高尚的道德情操

道德是调整人与人之间以及个人与社会之间关系的行为规范总和,它的内涵也就是人们常说的品德、人品、情操等。它包含爱国热情、正直诚实、尊老爱幼、勤劳勇敢、艰苦朴素、团结有爱、遵守纪律等方面的内容,只有道德高尚的人,才是一个对国家真正有用之人,也才能成才。这是道德健康的重要特征。

3. 有完美的人格

完美的人格不仅是人们追求的价值目标,也是人们充分发展所能达到的一种境界。完美人格的塑造,不仅关系到大学生自身的健康和成才,也关系到社会的发展和进步,关系到新时代中国特色社会主义现代化建设的进程和质量。完美人格应具有和谐的人际关系、较强的社会适应能力、良好的情绪调控能力、乐观向上的生活态度、正确的自我意识。

道德健康的核心是"仁爱"。具体表现在对自己严于律己、自尊自爱、养生惜身;孝敬父母;夫妻相亲相爱;对待子女严格、慈爱;兄弟姐妹互敬互爱;与他人谦让友爱;对物爱惜节俭;工作上爱岗敬业、任劳任怨;对国家民族忠贞爱国、有民族自尊;对自然万物顺应自然、亲和万物、珍爱生命。

## 二、 影响大学生健康的主要因素

### （一）压力对大学生健康的影响

1. 压力与体质结构

压力过大会引起大学生肌肉紧张、消化不良、心跳加快、血压升高、不断出汗、身体变凉、血栓增多、糖和脂肪溶入血液。受到压力后，肌肉会突然转变能量的来源，"击退"被察觉到的威胁。交感神经系统向肾上腺发出信号，释放肾上腺素、皮质醇等激素。这些激素会加快心率、升高血压、改变消化系统的活动、升高血糖。

受到压力还会使肌肉张力增高。肌肉长时期收缩可以触发张力性头痛、偏头痛和各种骨骼肌的疼痛。再者，因压力产生的荷尔蒙减少会导致骨质流失的速度过快，影响骨骼密度，诱发骨科疾病。

2. 压力与不良行为

压力过大会使大学生对烟、酒、茶、咖啡的依赖性增加，出现强迫行为，放纵自己。很多学生在面对压力时，采取吸烟、喝酒、喝咖啡等方式舒缓情绪、缓解压力、解除疲劳。由于生理和心理两方面的作用，尼古丁、咖啡因等物质能使人产生一种轻松愉快的感觉。另一方面，重复的行为也能够减轻焦虑，如同吃零食、购物一样。这样的效果，会刺激使用者继续采取吸烟、喝酒、喝咖啡等方式缓解压力。但由于尼古丁、咖啡因、酒精等是成瘾性物质，在逐渐重复使用中，机体对这些物质产生了耐受性，即必须吸入更多的量才能达到和以前同样的舒适感，从而导致上瘾。

3. 压力与情绪认知

大学生压力过大会造成注意力不集中，记忆力减退，理解力、创造力下降；经常担忧，烦躁不安，焦虑。

首先，过大的压力让学生产生不快乐、抑郁、焦虑、痛苦、不满、悲观以及闷闷不乐的感觉，觉得生活毫无情趣，自制力下降。突然发怒、流泪或是大笑，会造成独立工作能力下降，平时好动的人变得懒惰，好静的人变得情绪激动，原本随和的性格突然暴躁易怒，对感官刺激无法容忍和回避，对音乐、电光、家庭成员或朋友的交谈声等无法容忍。其次，压力大容易使学生与他人的矛盾冲突增多，影响学习成绩，使人变得健

忘、倦怠、效率降低。另外，心理压力过大会变得冷漠而轻率，虽然仍能处理小问题和日常活动，但面对他们担忧的重大问题，无法做出正常决策，进而容易做出不负责任的草率行为。

4. 压力与疾病

压力过大会伤害大学生神经、骨骼肌、呼吸、心血管、内分泌、消化、生殖等系统的健康。压力过大还会引起过敏、气喘、偏头疼、刺激性肠炎、湿疹、鹦鹉热、荨麻疹、高血压、心脏病等疾病。

5. 压力与心脏

大学生压力得不到释放会导致各种心脏疾病，如血脂增加、血栓增多、心脏病、中风等。虽说压力应激是短暂的，就像人处在拥挤的车流中，会引起心率加快和心肌收缩增强一样，属于急性应激，但反复发作的急性应激可以引起冠状动脉炎症，甚至可以导致心脏病的发作。

6. 压力与免疫力

无论是长期的心理压力，还是短期心理压力，都会影响免疫系统的活力。压力越大身体产生的抗体越少，受病毒感染的机会就越大。病毒会引起肺癌、血癌、皮肤癌等恶性疾病。

7. 压力与消化能力

压力会促使胃酸产生，从而导致食道痉挛、腹泻、刺激性肠炎、结肠痉挛。压力会让人无食欲，会发生胃灼热或酸返流，还会产生恶心甚至疼痛。如果压力很大的话，会出现呕吐症状。压力还会影响消化道和肠道对营养物质的吸收，因此而发生便秘。

8. 压力与皮肤

压力对皮肤会造成很大影响。诸如痤疮，多数因压力引起并加剧。中华医学会调查显示：紧张、压力、愤怒等情绪，会让很多人反复出现红疹、瘙痒等皮肤过敏症状，这种现象被称为"情绪性过敏"。精神紧张、情绪激动时，身体会释放大量的去甲肾上腺素、肾上腺素等，引起血管收缩、血压上升，进而产生大量自由基，攻击能释放过敏因子的肥大细胞，出现过敏症状。此外，情绪起伏剧烈时，皮肤中还会释放一些神经递质，加剧过敏反应。

（二）运动对大学生健康的影响

1. 运动不足

根据世界卫生组织指出，身体活动不足已成为影响全球死亡率的第四大危险因子，每年有 6% 的死亡率与身体活动不足有关，仅次于高血压、烟品使用及高血糖，更有超过 200 万死亡人数归因于静态生活。大学生若长期缺乏一定量的运动，又不注意饮食营养，将使组织器官机能下降 30%，引发众多疾病。长期身体活动减少会给机体带来各种影响。一方面运动不足可引起基础肌肉废用性萎缩和呼吸循环功能低下。肌肉废用性萎缩会引起相关肌肉变得脆弱、肌力下降。由于颈部和腹部、腰部、背部以及大腿部支持身体的肌群肌力降低，为了维持姿势就会被迫过度紧张，从而造成肩酸痛、腰痛、膝关节痛等。另外，因呼吸循环功能低下即使在轻微劳动时也会发生心悸和呼吸困难，从而引起身体不适。运动减少还会引起能量消耗减少，加之相对过食，可引起肥胖，尤其是内脏性肥胖和胰岛素抵抗，一些有遗传背景者可发展为糖尿病、高血脂、脂肪肝、高血压以及动脉粥样硬化。运动不足还能造成骨质疏松、免疫力下降等问题。

2. 运动过量

运动是增进健康、益寿延年的重要手段。然而，运动量并非越大越好，运动过量可使机体免疫功能受到损害，影响健康。

人在剧烈运动过程中，体内会产生较多的肾上腺素和皮质醇等激素，当这些激素增加到一定数量时，可使免疫器官中脾脏产生白细胞的能力大大降低，致使淋巴细胞中的 A 细胞、B 细胞以及自然杀伤细胞（NK 细胞）的活性减弱，其中自然杀伤细胞可减少 35%。

运动过量可能会导致神经官能症，使你的反应能力下降，平衡感降低，肌肉的弹性减小。不运动虽然不好，但至少要保持一个安定状态，运动过量会打破人体自身的和谐，比不运动带来的危害更大。大学生对运动过量这个概念并不十分清楚，很多人误认为疲劳就是运动过量。运动本身就是产生疲劳的活动，它通过产生疲劳、恢复疲劳这个过程，使人体得到锻炼。疲劳不是坏信号，如果出汗、腰膝酸软、肌肉疼痛等一些急性疲劳现象在下次运动时能够恢复，就不算是运动过量。相反，才被称为运动过量。

运动过度的危害：

（1）长期运动过度，会使人产生精神依赖。大运动量会使人体产生的"吗啡样物

质"增加，这种物质大量释放到血液中，使人感到兴奋，可抑制各种不适与疼痛。时间一长便会成瘾，一旦停止运动，便会产生沮丧、抑郁、易激动、焦虑不安等不适的感觉。运动过度还能抑制生殖功能，使妇女月经不调、子宫内膜异位、男子不育。因此，对于健身运动，如长跑、游泳、登山等，要注意适量，不能盲目过大，否则对健康不利。

（2）运动过度可使机体免疫功能受到损害，影响健康。人们在剧烈运动时，可产生免疫抑制蛋白，也可引起免疫细胞凋亡，使免疫细胞数量减少，淋巴细胞（lymphocyte）数量减少，中性粒细胞（neutrophils）功能减退，最终导致机体免疫力降低。在机体免疫能力降低的情况下，遇到病菌、病毒侵袭时便容易患感冒、肺炎、胃肠道感染性疾病。

（3）运动过度可造成运动能力下降。过大的运动量，会使各器官系统的功能都有所下降，会增加运动性贫血的发生率，这种贫血多为缺铁性贫血。反过来，贫血可造成运动能力不足，机体的反应能力下降，平衡感降低，肌肉弹性减小。一到运动场地，就头昏恶心，同时还伴有食欲下降、失眠易醒、易怒、便秘、抑郁、焦虑、易感冒等症状，这些都有可能影响运动能力的正常发挥。

（4）运动过度可使机体受伤的机会增加。运动过量，会引起中枢神经疲劳，大脑皮层功能下降，运动者会出现反应迟缓，判断失误，精力不集中，动作不协调，导致运动中跌倒、撞伤的机会增多。

（5）超负荷的剧烈运动可诱发意外。未经过特殊训练的人，运动强度要适当，尽量避免突然超负荷运动。超负荷运动会使心脏循环系统不堪重负，需要的血液量和氧气量会突然增加，而供给量却相对减少，在这种血、氧供不应求的状态下，运动者的心脏会出现急性缺血，继而出现心脏骤停和脑血流中断。

预防运动过度的措施：

大学生要想通过运动达到强身健体、防病治病的目的，也要把握一个度，否则就会适得其反。

（1）重视运动项目的选择，可有效预防运动过度。运动项目的选择对于健身运动有很重要的意义，运动项目与运动强度和健身效果有密切关系，所以不能盲目，要合理地选择运动项目，依据健身目标和身体状况来选择。

首先，依据年龄选择运动项目。大学生在选择健身运动项目上，除了促进健康，还要缓解学习与生活中疲惫的身心，放松紧张的神经，在内容的选择上，应注意尽量避开对抗性，宜选择轻缓、休闲娱乐性、单人非对抗性的运动项目，既能调剂身心，还便于坚持。

其次，依据身体机能状况选择运动项目。运动初始者，应选择小强度、简单容易操作的运动项目；防治疾病应选择提高免疫力和抗氧能力的运动项目。

再次，依据季节、气候选择运动项目。阴雨天气应该选择娱乐性运动项目；春秋季节气候宜人、气温适宜，可以根据身体状况选择能在室外进行运动的项目。

（2）重视个体差异，可有效预防运动过度。运动应因人而异。在运动锻炼的时候，应根据自己年龄、性别、健康状况、运动基础、生活习惯的不同适当安排运动量，量力而行。体质好的人中等强度锻炼最为适宜，而体质差的人则应以小强度锻炼为主。尤其是不常运动的人，偶然运动，一定要防止运动过量，避免对健康造成危害。

（3）重视运动科学，可有效预防运动过度。体育运动是一门科学，所以大学生在运动的时候，必须严格遵循运动规律，遵守运动原则，循序渐进，由小到大、由易到难、由简到繁、由慢到快，时间由短到长，不可急于求成。在运动前，充分做好准备活动，提高机体的兴奋性、关节的灵活性；主要运动结束后，注意做好整理活动，促使肌肉放松，呼吸平稳。体育运动贵在坚持，长时间不运动，周末、节假日疯狂运动的做法，只会对身体造成伤害。

（4）重视主观感觉，可有效预防运动过度。一般来讲，运动不应引发疼痛、疲倦、胸闷或呼吸困难等现象，一旦发生，说明身体向你传递警示信息，警告目前进行的健身运动不适应身体的健康状况，应立即停止运动。如果运动后有疲劳、食欲下降、心慌、失眠等情况，应找出问题，修正运动方案，调整运动计划，以避免过度运动状态的形成，引起运动疲劳，影响健康。

（5）重视意志品质训练，可有效预防运动过度。提高心理素质，有利于疲劳时精神意志的改善，从而有助于推迟疲劳的出现。

（6）饮食营养的合理安排，可有效预防运动过度。合理营养对体内能源充分贮备有着积极意义，可以延缓疲劳的出现。

### （三）环境对大学生健康的影响

环境中的有毒有害因素通过大学生自身行为作为中介来作用于机体。所以环境因素对健康的影响极大，所有健康问题或多或少都与环境有关。

（1）自然环境：自然环境是人类赖以生存的物质基础。

首先是环境污染对人体健康造成危害。其危害机制比较复杂，一般具有浓度低、效应慢、周期长、范围大、人数多、后果重以及多因素协同作用等特点。如空气、水源污染，化学品充斥人居环境，电磁辐射等影响代谢平衡。

其次是气候变化对人类健康的影响。有些影响是正面的，但多数是负面的。一方面，极热和极冷天气的变化、洪涝和干旱的频率、地方空气污染状况以及空气过敏原对大学生健康都具有直接影响。另一方面，一些影响健康的因素来源于气候变化对生态系统和社会系统的影响，包括传染病的发病动态，区域粮食生产水平，营养不良以及经济发展状况等。

（2）社会环境：社会环境是人类赖以发展的必要前提。

社会环境因素比较复杂，包括社会、经济、文化教育、就业等因素。安定的社会、良好的教育、发达的科学技术等，无疑对健康起到了良好的促进作用。和谐的人际关系、美好的家庭环境、融洽的工作、学习环境等均会促进健康。反之，不良的风俗习惯、有害的意识形态则可能会影响健康。

### （四）行为与生活方式对大学生健康的影响

（1）行为的影响。行为是完整有机体的外显活动，是由内外刺激作用于人体所产生的。

大学生的行为是指具有认知、思维能力并有情感、意志等心理活动对内外环境刺激所做出的能动反应。从公共卫生和医学角度看，行为可分为外显行为与内隐行为。外显行为：可以被他人直接观察到的行为，如言谈举止。内隐行为：不能被他人直接观察到的行为，如意识、情绪等，即通常所说的心理活动。但一般可通过观察人的外显行为，而了解其内隐行为。外显行为和内隐行为，如吸烟、酗酒及"七情六欲"，都可能对自身或他人的健康产生影响。

（2）生活方式的影响。大学生生活方式是指长期受学校、文化、民族、经济、社

会、风俗、规范影响，特别是受学校、家庭影响而形成的一系列生活习惯、方法、技巧、经验及观念。其中一些不良行为和生活方式给个人、群体乃至社会的健康带来直接或间接的危害。如不合理饮食、吸烟、酗酒、久坐不锻炼、药物依赖、破坏生态、污染环境等。

### （五）生物遗传对大学生健康的影响

20 世纪初，人们称病原微生物引起的传染病和感染性疾病为生物性致病因素。随着对疾病认识的不断加深，现已查明除了明确的遗传病外，许多疾病如高血压、糖尿病等的发生均包含有一定的遗传因素。发育畸形、寿命长短也不排除有遗传方面的原因，同属生物遗传因素致病范畴。

### （六）医疗卫生服务对大学生健康的影响

医疗卫生服务是指医疗卫生机构和卫生专业人员为了防治疾病、增进健康，运用卫生资源和各种手段，有计划、有目的地向个人、群体和社会提供必要服务的活动过程。健全的医疗卫生机构，完备的网络服务，适当的卫生投入与合理的卫生资源配置等，对大学生及群体乃至社会健康有积极的促进作用。反之，就不可能提供优质、高效、公平、合理的医疗卫生服务，进而影响健康。健康教育是大学生与疾病作斗争的客观需要。

## 第三节
## 大学生体质健康状况及其改善因素

### 一、 大学生体质健康状况

大学阶段是步入社会前的重要阶段，也是生理、心理等迅速走向成熟但又尚未成熟的过渡阶段，大学生作为未来社会发展的中坚力量，其健康状况受到社会的普遍关注。

《"健康中国2030"规划纲要》中明确提到："要加大学校健康教育力度，将健康教育纳入国民教育体系，把健康教育作为所有教育阶段素质教育的重要内容"。因此，大学生体质健康发展是实现中华民族伟大复兴之"体育强国梦"不可缺少的重要组成部分。

### （一）大学生体质健康现状

中华人民共和国成立以来，大学生体质状况一直受到党和国家的高度重视。为了促进学生体质健康全面发展，教育部（原国家教委）、国家卫生健康委员会（原卫生部）、国家体育总局（原国家体委）、国家民族事务委员会等部门联合，分别在 1985 年、1991年、1995 年、2000 年、2005 年、2010 年、2014 年进行了 7 次全国性大规模的学生体质与健康调研，分别从身体形态、身体机能、身体素质等方面作出了客观的评价。

1. 大学生身体形态现状

身高：城市大学生平均高于乡村大学生；大学生身高大体上始终保持增长；乡村女大学生身高增长在 2005 年后基本平稳。

体重：城市男大学生体重平均高于乡村男大学生，1995 年之后差异扩大；男大学生

体重始终保持增长，1995—2010 年快速增长，2010—2014 年趋于平稳；女大学生体重均值保持小幅增长，基本上较平稳，城市和乡村差异较小。大学生肥胖、超重的比例较高，每 5 年提高 2%—3%。女子大学生肥胖和超重比例远低于男子大学生，城乡偏轻比例达到 6.8% 和 7.3%。肥胖和偏轻人群的出现，说明女子大学生胖与瘦两极分化加重。

2. 大学生身体机能现状

肺活量是重要的身体机能指标。它综合反映胸廓发育程度、肺部用力呼吸能力、呼吸肌强弱及其参与活动的水平。大学生肺活量自 1985—2005 年始终快速下降，2005—2014 年保持平稳，从长期变化来看，当前大学生肺活量处于较低水平，并且仍处于下降过程之中，没有出现上升的趋势。城市大学生肺活量整体水平高于乡村大学生。肺活量与身高、体重、体育活动参与程度等都有关系，城乡学生肺活量出现差异，可能是由于城市大学生身高、体重高于乡村大学生而导致的。2014 年数据显示，约 10% 的学生肺活量为不及格，50% 的学生处于及格水平，优秀、良好占比较低，女生优秀率仅为 6% 左右；另外，大学生近视率高达 83%，居高不下，心理状态、适应能力也不如人意。

3. 大学生身体素质现状

身体素质包含了人体走、跑、跳、投等基本活动能力，是身体强壮、体力充沛的外在表现，也是体质健康最重要的组成部分。通过 7 次监测可以看出大学生身体素质的变化主要表现为三个不同阶段：1985—1995 年各项指标有升有降；1995—2005 年各项指标快速下降；2005—2014 年各项指标下降幅度趋于平缓，个别指标有所回升。

速度素质：大学生 50 米跑成绩自 1995 年之后一直呈下降趋势，尤其是女子大学生 50 米跑成绩要低于 2014 年全国平均水平，下降幅度更大。

灵敏素质：乡村大学生立定跳远成绩及爆发力指标略好于城市大学生，但整体水平在持续下降。

柔韧素质：乡村大学生坐位体前屈成绩均好于城市大学生；女子大学生坐位体前屈成绩好于男子大学生，且于 2005 年快速增长之后保持平稳增长状态；男子大学生坐位体前屈成绩在 2005 年后，出现连续下降。

力量素质：1995 年以后，男子大学生引体向上成绩快速下降，至 2010 年后降幅开始缩小，但仍然持续下降；乡村大学生引体向上成绩在各个时期均好于城市大学生。1995—2010 年女子大学生仰卧起坐成绩持续下降，2010—2014 年趋于平稳；城市女子大

学生仰卧起坐均值好于乡村女子大学生。

耐力素质：我国大学生耐力素质自 1985 年后一直处于快速下降状态，2010 年后下降趋势才开始减缓。成绩统计中，大学生耐力素质不及格率均超过 20%，优秀率都在 5% 以下。可见当前大学生耐力素质水平低下，问题十分突出。

综合学生数据，说明目前大学生的速度素质、灵敏素质、柔韧素质、力量素质、耐力素质仍处于较低水平，并且没有出现明显的回升，这也是现阶段大学生身体素质发展的主要问题。根据大学生体质健康现状，国家体育总局群众体育司指出：随着教育等各领域的深化改革，各方将会更好地形成强大合力促进大学生身体素质的改善。大学生的体质与健康一直是学校体育工作的重点，涉及很多问题，包括如何建立学校、家庭、社会联动机制等，是一个庞大的系统工程。随着人民生活水平的提高，尤其是随着全面深化改革，大学生体质状况应该会向着积极的方向发展。

### （二）大学生的亚健康状态

亚健康状态是指介于健康与疾病之间的一种状态，又叫"第三状态"或"灰色状态"，是机体在内外环境不良刺激下引起心理、生理异常变化，但尚未达到明显病理性反应的程度，是躯体处于健康和疾病之间的一种临界状态。亚健康是疾病前期的一种状态，处于亚健康的人，工作和学习效率低下，对社会、环境的适应能力降低，人体免疫功能也明显下降，如不注意调理，最终会导致器质性病变，严重威胁到人的健康。如果建立良好的生活方式和习惯，亚健康即可向健康转化。亚健康状态可发生于任何人群，但在大学生这个特殊人群中表现较为普遍、突出。

1. 大学生亚健康状态的表现

（1）躯体亚健康。在现实生活中，亚健康往往首先表现在个体的身体上，即躯体亚健康。因为躯体亚健康的体征表现较容易被个体自身所体验和理解，也容易被他人所识别。躯体亚健康总的特征是持续的难以恢复的疲劳和周身不适，主要表现为不明原因的体力不支、虚弱、头痛、困倦疲乏、胸闷胸痛、机能下降、功能失调以及月经周期紊乱，还可表现出多种形式的睡眠障碍等。

（2）心理亚健康。心理性亚健康状态最常见的状态是焦虑和抑郁。焦虑是一种缺乏具体指向的心理紧张和不愉快情绪，表现为烦躁、易怒、不安、担心和恐慌，伴有失

眠、噩梦、口干、多汗、尿频、腹泻等植物神经失调症状。抑郁也是一种消极情绪，表现为悲观、冷漠、自我感觉很差和自责，还可见失眠、食欲和性欲减低、记忆力下降、缺乏活力和兴趣等。此外，恐怖、妒忌、神经质、多疑也是心理的亚健康状态。心理的亚健康还体现在情感方面，表现为冷漠、无助、无望、孤独、空虚、轻率等。

（3）社会适应性亚健康。突出表现为社会适应能力差和人际关系不稳定，对工作、生活、学习等环境难以适应，对人际关系难以协调。现代社会是开放和信息的社会，观念不断更新，竞争日趋激烈，要求人们具备良好的社会适应能力，不能很好地处理社会与人际关系，会明显影响人们的学习进取、生活安宁和身心健康，引起程度不等的心理障碍，出现压抑、苦闷、意志脆弱，缺乏应付生活矛盾和克服困难的决心及毅力。人际关系的不和谐，使个体不能融入群体，不能获得社会群体的援助，出现孤独、冷漠、猜疑、自闭、行为偏离，还可能诱发多种心身疾病症状等。

（4）道德认知亚健康。主要表现为世界观、人生观和价值观上存在着不利于自己和社会的偏差。由于思维方法不科学、错误选择接受、社会默化、从众、去个性化等心理影响，很多人在某些特定的时间，会产生一定程度的思想道德认知以及行为的偏差，出现既违反社会伦理、道德规范，又损害自己的身心，甚至走向违法犯罪的行为举动等。

2. 大学生亚健康状态的成因

（1）体力诱因。目前，进入高校的学生多为95后和00后出生的独生子女，他们在家中营养过剩、以自我为中心、受保护过度，一旦远离父母和家乡，再加上气候、饮食等不适应，总感到每天活得很累很烦。有时参加长时间体育锻炼后得不到足够的休息和营养补充，会使肌肉在过度收缩过程中消耗内部能量物质的同时产生若干乳酸、二氧化碳等废物，这些废物不能很好地代谢，导致其滞留在肌肉内超过限量，妨碍肌肉细胞的活动，使人产生疲倦、乏力以及不愉快的感觉，长此以往，亚健康状态便会产生。

（2）脑力诱因。有些大学生长期潜心苦读，甚至挑灯夜战，脑细胞产生疲劳。人的脑部所消耗的氧和营养占人整个身体的四分之一，由于阅读和书写用脑时是站着或坐着，在较长时间内血液要源源不断地向大脑供应营养和氧气，再将脑细胞在活动过程中所产生的代谢物质通过血液带走，如果时间过长"供"不足而"废"有余，就会出现头昏脑涨，记忆力下降，思维迟钝。这种状态长期得不到调整或改变就会出现亚健康状态。

（3）特定的社会环境和生活环境。现代社会异常激烈的竞争，日益膨胀的信息流量，不断增长的效率意识，错综复杂的人际关系，日趋分化的物质利益等，使学生的身心长期紧张得不到及时调节。思虑过度，就会出现心理失衡，甚至会影响人体的神经体液调节和内分泌调节，进而影响机体各系统的正常生理功能，使机体的免疫力下降。如果再加上校舍环境不好，学习、活动空间少，空气污染严重，就会出现食欲下降、睡眠不佳、精神紧张、情绪躁动、心灵疲惫、焦虑不安等，从而产生亚健康状态。

（4）不良的生活习惯和嗜好。当前，很多大学生没有养成良好的生活习惯，不按时吃早餐甚至不吃；有一些女大学生为了保持身材，不吃主食，只简单地吃些零食，导致她们营养严重不足；还有部分大学生有不良的生活嗜好，喝酒、抽烟，自控能力不强，沉迷于上网聊天、打游戏等活动，学习、生活没有规律，导致他们的睡眠严重不足。这些不良的生活习惯和嗜好影响了大学生正常的学习和生活，不利于他们的身心健康发展。

（5）缺乏体育锻炼。年轻是资本，惰性大，无规律、不良的生活方式，繁重的学习负担，现实的竞争与压力等诸多因素，使得学生参加体育运动的时间越来越少，同时学生自我锻炼的意识不够，每天参加 1 小时体育活动都做不到，严重影响到学生的身心健康和社会适应能力的发展。

3. 体育运动对改善大学生亚健康状态的作用

（1）增强体质，改善身体"亚健康"状态。现代社会对人的健康提出越来越高的要求，通过体育锻炼，不仅能改善人体的循环系统、增强呼吸功能、促进新陈代谢、增强体质，而且有助于身体协调发展，体态端庄，提高健康水平；在户外锻炼还具有保健作用（如阳光照射对大脑和眼睛等的保健作用以及提高对自然环境的适应能力等）。体育锻炼的保健效能，在某些方面比药物更有效。同时，还能使大学生了解到不良的生活方式和生活习惯对健康的危害，从而逐渐养成良好的生活方式和生活习惯。

（2）缓解精神压力，消除大学生的心理紧张。大学生学业任务重，学习压力大，使心理紧张度增加。实践证明，通过体育锻炼有助于缓解肌肉紧张和生活紧张，能促进大学生智力与能力的发展。体育是一种积极主动的过程，是一种有目的地感知、观察、记忆和思考的过程。在运动环境中，体育活动有助于大学生对事物迅速做出正确的判断，

提高认知能力，促进人体感知能力和观察能力的发展，并使思维的灵活性、协调性和反应速度等得到改善与提高。

（3）有效调控情绪，保持良好的心境。运动给大学生提供一个情感上的"宣泄口"，每一个人在生活、学习、工作中都会有或多或少的压抑、不满、怒气等负面情绪，而这些负面情绪被压抑下来，必将对身心造成伤害。体育运动能使这些不良情绪得以宣泄。运动中，大声的喊叫、激烈的动作，大量的出汗，胜负竞争的兴奋，都可以提供一个公开、合理化的宣泄口，通过运动升华与转移某些不良的情感，从而改善情绪的亚健康状态。同时，由于运动可以使交感神经兴奋性增强，肾上腺素分泌增多，这就使人觉得精神振奋、心情愉快。

（4）修正行为举止，增强社会适应能力。参加体育运动，可以使人与人之间互相产生亲近感，使个体社会交往的需要得到满足。丰富和发展人们的生活方式，有利于学生忘却学习、生活带来的烦恼，消除精神压力和孤独感。我们常常看到体育比赛中通过拥抱、拍肩膀，击掌或握手等身体接触来表达友好、友爱之情，这种特殊的交往不分感情深浅、身份高低。此外，体育比赛本身是有章可循的、有规则约束的社会活动，参赛者必须自觉地遵守各种规则，服从裁判，尊重同伴，努力控制和约束自己的不良行为，进而对锻炼者的社会适应有所帮助。

## 二、 改善大学生体质健康的因素

### （一）家庭因素对大学生体质健康的影响

1. 家庭溺爱对大学生体质健康的影响

当今社会的大学生大都是独生子女，家长对子女的溺爱，致使孩子在物质生活方面，几乎"衣来伸手，饭来张口"。家庭的过分呵护，忽视了对子女意志品质和吃苦耐劳精神的培养，很多学生都形成了娇生惯养、养尊处优、性格孤僻、自私狭隘的不良习惯，致使他们在体育活动中避重就轻、怕苦怕累，影响了身体健康发展。

2. 家庭经济条件对大学生身体健康的影响

家庭经济条件是学生健康成长的重要保证，大多数家庭经济条件能够保证学生吃

饱、穿暖，即经济生活没有问题。但有些学生家庭生活困难，学生生活十分节俭，这些学生往往一方面学习刻苦、勤奋、努力，争分夺秒地学习，其他方面也不甘落后，争强好胜心理较一般学生更强；另一方面生活却十分节俭，能凑合就凑合，为节省花钱，有的学生只吃主食，买最便宜的菜，或仅买半份菜，或仅吃咸菜，有时候基本就不吃饭。头痛脑热从不在意，能挺过去就挺过去，能坚持就坚持，很少就医吃药。再加上还伴随着自卑、忧虑等不良心理，在一定程度上影响了其身体健康。

3. 缺少正确的引导教育，不适应大学的学习与生活

有些学生自幼缺少与兄弟姐妹生活交流的条件，从小生活在父母和祖父母或外祖父母的疼爱之中，形成了任性、生活不会自理等毛病。在这种环境中成长起来的大学生，缺乏在多维人际关系中锻炼的机会，缺少义务感，缺少集体观念和协作精神，容易形成孤僻、独断等不良习性。

### （二）社会因素对大学生体质健康的影响

#### 1. 社会传播媒介的影响

大学生不良生活方式以及违法行为，多与传媒中不健康书刊、色情与暴力影视、低庸音像制品、色情网站等不健康信息密切相关。大众传播媒介所倡导、宣传的观点和思想，对大学生的思想意识起着十分重要的作用。青年学生正处于人生观、世界观和价值观形成时期，色情、网络游戏和暴力凶杀等对大学生身心健康影响巨大，净化大众传播媒介，使其保持健康向上的宣传，对大学生身心健康发挥着重要作用。

#### 2. 社会环境的影响

社会是人类物质生产和共同生活的大集体，学生的成长离不开社会，青年学子们不可能与社会隔绝。在社会环境中，政治制度的变革，社会经济的发展，文化教育的进步与大学生的健康紧密相连。如经济发展的同时带来了废水、废气、噪音、废渣，对学生健康危害极大。不良的社会风气、风俗习惯、有害的意识形态，也有碍学生的健康。

### （三）自身因素对大学生体质健康的影响

#### 1. 个人的不良生活方式对身体健康的影响

现在的大学生很多都是"夜猫子"，晚上很晚睡，白天很迟起，作息时间完全颠倒，

有些还经常出现熬通宵做作业、做项目、打游戏的情况，晚上休息时间短睡眠不足，白天状态不佳，自身抵抗力就越来越弱。作息时间的不规律又导致饮食的不规律，早饭成了阻挡睡觉的罪魁祸首，很多学生直接跳过早饭，错过了吸收营养的最佳时期，出现早饭午饭一起解决，对于吃什么更是没有放在心上，饿太久后就猛吃一顿，出现暴饮暴食，这些情况在很大程度上影响着学生的健康。再加上大学生经常聚餐喝酒，吃得油腻不卫生，还过度饮酒，诸如此类都给大学生体质健康带来很大的威胁，导致体质下降。

2．无自觉锻炼身体的习惯

自我锻炼意识淡薄，没有养成很好的锻炼习惯。大学时代是大学生从紧张高压的高中生活过渡到相对自由的大学生活阶段，对于他们忙碌的时期已经结束，但是他们对自己主动参与身体锻炼的意识依然很缺乏，长久以来养成的习惯使得他们不喜欢进行室外运动，在空闲的时间他们更愿意去完成作业、上网打游戏或看电视、和朋友逛街、睡觉等，心里完全没有主动积极参加锻炼的意识。有时候图新鲜跟着自己的朋友、室友一起参加体育锻炼，但大多时候会半途而废，坚持不了多久，而且他们每次锻炼的时间也不充分，达不到锻炼的效果。再者，他们本身体育能力有限，参加体育锻炼感觉很多运动都力不从心，一遇到稍微需要技巧或者体力的锻炼时，就害怕辛苦，轻易选择放弃，这样学生参与的积极性和自我锻炼意识也就不断被打压磨灭，长期得不到锻炼效果，体质就会明显出现不如从前的现象。

3．缺乏自我保健意识

当代大学生对运动保健、心理保健、卫生保健和营养保健等方面懂的知识甚少，更无从谈自身保健。对如何适应环境、适应社会更是缺少基本知识和基本技能。大学生普遍缺乏行之有效的自我保健和自身调节意识，缺乏克服心理障碍、提高身心健康的综合素质与技能。

（四）学校因素对大学生体质健康的影响

1．学校生活环境的影响

学校生活环境是大学生能够正常学习、生活、交往、发展的前提，也是大学生体质健康的基本保证。校园的地理位置和气候，教室、宿舍、图书馆、运动场等建筑物的布局以及各种绿化整洁、美丽、优雅、宽敞，会使人感到舒适、轻松、愉快，给人舒畅

感、美感、安全感，让学生充满生机和活力，可以激活大脑，减轻甚至消除疲劳，改善精神状态，增进身心健康发展。如果生活环境不整洁、肮脏、狭窄，则会使学生感到压抑、烦躁、沉闷、不愉快，影响学生学习及活动的兴趣和效率，也影响学生的身心健康。

2. 学校教育的影响

学校教育的重点是发展学生的智能，任务是立德树人，但缺少了体质健康的教育是不完整的教育，不重视体育的教育不是好的教育。体育是世界上最美好的教育，美就美在它能使人身心健康、体魄强健、意志坚强、心胸开阔、充满活力、团结合作、遵守规则等。

健康体魄是实现体育强国、实现中华民族伟大复兴的基础，树立"健康第一"的教育理念是对整个学校教育的要求，即学校教育要重视把学生的健康放在首位。毛泽东在《体育之研究》中这样写道："体育一道，配德育与智育，而德智皆寄于体。无体是无德智也"；在学校教育与人的发展著名论断中也强调"健康第一，学习第二""身体好、学习好、工作好"。体育是教育的重要组成部分，体育与健康的关系息息相关，因此学校体育更要更新观念，树立"健康第一"的教育理念，使学生在体育锻炼中享受乐趣、增强体质、健全人格、锤炼意志。

**思考练习题**

1. 体质的含义是什么？影响大学生体质的主要因素有哪些？
2. 健康的含义是什么？影响大学生健康的主要因素有哪些？
3. 什么是亚健康状态？亚健康状态的表现和成因有哪些？
4. 结合自身的体质健康状况，谈谈改善大学生体质健康的因素。

# 第 三 章

## 大学生体育锻炼与体质健康

## 本章导言

　　健康是人类文明的象征，是事业成功的基础，也是提高中华民族素质的基础，而良好的身体素质则是健康的主要标志。毛泽东同志曾号召全党、全军和全国各民族人民："发展体育运动，增强人民体质。"实践已证明，加强体育锻炼是提高人身体素质和健康水平的重要途径。体育锻炼是指人们根据需要自我选择，运用各种体育手段，并结合自然力和卫生措施，以发展身体、增进健康、增强体质、调节精神、丰富文化生活和支配余暇时间为目的的体育活动。作为促进体质健康的有效手段，体育锻炼不仅有利于人体骨骼、肌肉的生长，增强心肺功能，改善心血管系统、呼吸系统、消化系统等的机能状况，而且有利于人体的生长发育，提高抗病能力，增强有机体的适应能力等。

　　大学生肩负着实现中华民族伟大复兴的历史使命，需要强健的体魄和健康的身心发展。体育锻炼对大学生的作用不仅是强身健体，而且还能有效地培养和提高学生的思想道德品质、智力水平、心理素质，陶冶学生情操，发展学生个性，提高团队意识，增强学生适应未来社会的各种能力。因此，正确认识体育锻炼对体质健康的作用，进而掌握科学的体育锻炼方法，对培养学生德、智、体、美、劳全面发展具有极其重要的意义。

## 学习目标

　　通过本章节的学习，大学生可以了解体育锻炼的作用以及对体质、健康、社会适应能力的影响。本章学习主要实现以下目标：

1. 了解体育锻炼的作用
2. 了解体育锻炼对体质的影响
3. 了解体育锻炼对健康的影响
4. 了解体育锻炼对社会适应能力的影响

## 第 一 节
## 体育锻炼的作用

体育锻炼对机体具有强烈的刺激。在运动过程中，身体每个系统、器官甚至每个组织和细胞在运动刺激的影响下，其功能状态都会发生明显变化。随着肌肉剧烈运动，能量代谢明显加快；心率增加、心缩力加强、心输出量明显增大；呼吸频率加快，通气量、摄氧量等也明显增加。这一系列的变化主要通过神经和内分泌两大调节系统进行整合调节。神经系统通过神经递质，内分泌系统通过激素等信息物构成了非常复杂的调节网络。通过各种复杂的信息联系，调节各器官和各系统的功能状态。

### 一、 体育锻炼对神经系统的作用

神经系统是机体内对生理功能活动的调节起主导作用的系统，主要由神经组织组成，分为中枢神经系统和周围神经系统两大部分。中枢神经系统又包括脑和脊髓，周围神经系统包括脑神经和脊神经。人体的结构与功能均极为复杂，体内各器官、系统的功能和各种生理过程都不是各自孤立地进行，而是在神经系统的直接或间接调节控制下，相互联系、相互影响、密切配合，使人体成为一个完整统一的有机体，实现并维持正常的生命活动。

神经活动的基本过程是反射，反射活动的结构基础是反射弧。反射弧包括感受器、传入神经纤维、反射中枢、传出神经纤维和效应器五个环节。感受器能接受刺激并产生神经冲动；传入神经将感受器所产生的神经冲动传入中枢；中枢神经在脑和脊髓，能对各种刺激进行分析判断，产生反应信息这一个过程属于感觉功能；中枢神经将信息通过传出神经传递至效应器；效应器对刺激产生相应的生理反应这一过程属于神经调节功能

（如图 3 - 1）。

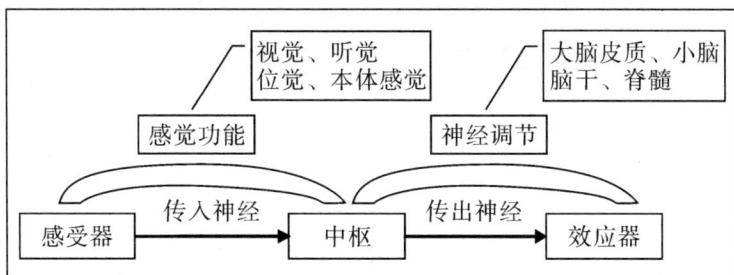

图 3 - 1　反射弧

人体的一切活动，都是在神经系统的支配下进行的；反之，各种活动对神经系统也会产生相应的影响，使其机能发生一定的变化。神经系统尤其大脑的功能，直接影响人体各器官系统功能性的变化，对人的体质强弱起决定性的作用。体育锻炼往往要求身体完成一些比日常活动更为复杂的动作，所以中枢神经就必须迅速动员和发挥各器官、系统的机能，使之协调以适应肌肉活动的需要。研究和实践表明，体育锻炼对神经系统有良好的作用，主要表现在以下几个方面：

（1）经常参加体育锻炼有利于神经系统功能的提高。经常参加体育运动，可以使神经—体液调节系统得到锻炼和加强，使中枢神经系统对兴奋和抑制的调节能力更趋完善，从而进一步活跃全身各个系统和器官的功能，使它们的活动更加协调，对外界的刺激反应迅速、灵敏。因此，体育锻炼能改善神经系统的调节功能，提高神经系统对人体活动时错综复杂变化的判断能力，并及时做出协调、准确、迅速的反应。

（2）经常参加体育锻炼能有效地消除脑细胞的疲劳，提高学习和工作效率。运动对神经系统的良好影响，主要在于它是一种积极的休息。当经过较长时间的脑力劳动，感到疲劳时，参加短时间体育运动，可以转移大脑皮层的兴奋中心，使原来高度兴奋的神经细胞得到良好的休息，同时又补充了氧气和营养物质。而脑组织所需氧气和营养物质的供给又完全依赖于血液循环、呼吸和消化系统，体育锻炼在很大程度上改善了这些系统的功能，提高了它们的工作效率，从而促进了脑血液循环，改善了脑组织的氧气和营养物质供应，使脑组织的学习和工作效率有了显著提高。

（3）经常参加体育锻炼有利于机体适应外界环境的变化并增强抵抗各种疾病的能力。神经系统是由神经细胞所构成，其活动是依靠神经细胞的兴奋、抑制过程不断相互转化、相互平衡来实现的。神经系统在机体其他系统的配合下，构成了神经—体液调节系统，作为人体整个控制系统的中枢，主要负责维持人体的稳定状态。体育锻炼可以使大脑兴奋与抑制过程合理交替，避免神经系统过度紧张；还可以控制和调节运动系统和其他器官、系统以及机能的改善，以适应外界环境的变化并增强抵抗各种疾病的能力。

## 二、 体育锻炼对心血管系统的作用

心血管系统是一个封闭的管道系统，由心脏和血管所组成（如图3－2）。心脏是动力器官，血管是运输血液的管道。心脏有节律性收缩与舒张，推动血液在血管中按照一定的方向不停地循环流动，称为血液循环。血液循环是机体生存最重要的生理机能之一。由于血液循环，血液的全部机能才得以实现，并随时调整分配血量，

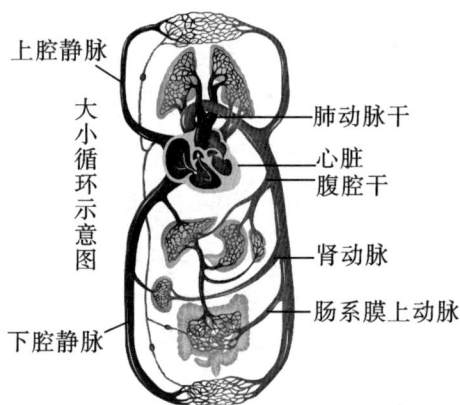

图3－2 心血管系统

以适应活动着的器官、组织的需要，从而保证了机体内环境的相对恒定和新陈代谢的正常进行。循环一旦停止，生命活动就不能正常进行，最后将导致机体的死亡。

心血管系统是人体非常重要的组织系统，其作用是使血液把氧气和营养物质运送给各组织、细胞，同时，把组织、细胞在新陈代谢中产生的二氧化碳和废物运送到肺、肾等处排出体外。体育锻炼对心血管系统的影响是非常显著的，它对增强心血管的机能，提高血液循环质量等都起着积极作用。主要表现在以下几个方面：

（1）体育锻炼能提高心脏的储备能力。一个人的心脏功能和健康状况，主要在于心脏的收缩力量，每分和每搏输出量的大小。经常进行体育锻炼，心肌增粗有力，心脏的"储备力"极强。长期坚持体育锻炼可使心肌糖原含量、肌红蛋白含量、己糖激酶活性和心肌摄取血糖的能力增加，氧化血乳酸的能力和组织呼吸能力增强，心脏的功能储备提高。

（2）体育锻炼可以改善心脏的形态结构和机能。长期锻炼者心肌纤维增粗、心壁增厚、心脏增大，以左心室增大多见，从而使每搏输出量和每分输出量增加，到了中老年还可以延缓肌纤维退化过程。

（3）体育锻炼可使心血管机能得到改善。动脉血管、静脉血管和毛细血管组成了血液流通和营养运输的通道。经常参加锻炼可使各种血管壁的弹性增加，减小血流的阻力，提高血流量，有利于血液循环；同时还可以增加毛细血管的数量及横截面积，从而使心血管机能产生三个方面的良好变化：其一是调动快，为适应运动需要，心血管系统的功能可以迅速调动起来；其二是恢复快，运动后心血管系统机能可在较短时间内恢复到运动前的安静水平；其三是潜力大，进行最大强度运动时，在神经和体液的调节下可以发挥心血管系统的最大机能潜力，充分调动心力储备。

（4）体育锻炼可以提高血液循环。在做运动的时候，由于肌肉对血糖的消耗，血液流动加快，血管扩张，毛细血管也扩张，这样加快了血液的循环，促进了新陈代谢，使运动时产生的废物如尿酸，二氧化碳等通过汗液、呼吸、尿液等排出。

（5）坚持锻炼对心血管系统疾病有良好的预防作用。经常锻炼者，在增强心脏功能的同时，也改善了体内物质的代谢过程，减少了脂类物质在血管内的沉积，增加了纤维蛋白溶解酶的活力，防止血栓形成，保持并增进了血管的弹性，改善了微循环，调节体内环境的平衡与稳定；另外，在运动过程中，肌肉的收缩会产生一些对血管有扩张作用的化学物质，从而使血压降低。

### 三、 体育锻炼对呼吸系统的作用

呼吸系统由气体通行的呼吸道和气体交换的肺所组成，其功能是吸入新鲜空气，通过肺泡内的气体交换，使血液得到 $O_2$ 并排出 $CO_2$，从而维持正常人体的新陈代谢（如图 3－3）。人体在进行新陈代谢过程中所需的能量，大多是通过氧化体内的营养物质获得。为此，人体必须从外界不断地摄取 $O_2$，通过全身血液循环后，在机体组织进行氧化代谢产生能量。同时，机体必须将所产生的代谢废物 $CO_2$ 等排出体外。因此，$O_2$ 的摄取与运输、$CO_2$ 的排出等是机体生存和运动非常关键的因素（如图 3－4）。

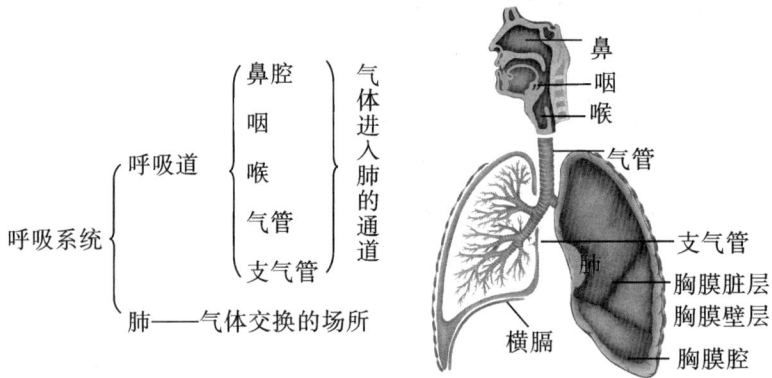

图 3-3 呼吸系统

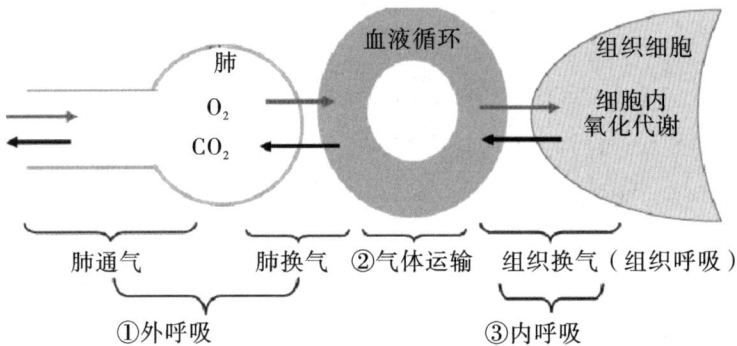

图 3-4 呼吸过程

**（一）体育锻炼对呼吸系统的作用**

人们在体育运动时，由于体内物质代谢作用增强，氧的消耗量与二氧化碳的产生量增加，呼吸器官的活动就有了很大的变化，呼吸加深加快，肺的通气量也大大地提高，这种变化随运动的强度、时间和性质而有所不同。研究表明，经常体育锻炼对加强人体呼吸器官的机能和提高呼吸效能等都有着良好的作用。

（1）增大肺活量。肺活量是健康水平的重要指标，经常参加体育锻炼，特别是做一

些伸展扩胸以及深呼吸等运动，可使人休呼吸肌力量增强，胸廓扩人，有利于肺组织的生长发育和肺的扩张，使肺活量增大。大量研究证实，经常参加体育锻炼的人，肺活量高于一般人。

（2）肺通气量增加。体育锻炼可以加强呼吸肌力量，增加呼吸深度，有效地增加肺的通气效率。在体育锻炼时如果过快地增加呼吸频率，会使气体往返于呼吸道，进入肺内的气体反而减少。研究表明，一般人在运动时肺通气量能增加到 60 升/分左右，有体育锻炼习惯的人可达到 100 升/分。大学生年龄阶段的肺活量，男子为 3500~4000 毫升，女子为 2500~3000 毫升。

（3）氧气利用能力增加。体育锻炼不仅可以提高肺的通气能力，更重要的是可以提高机体利用氧的能力。一般人在进行体育活动时只能利用其氧最大摄入量的 60% 左右，而经过体育锻炼可以使这种能力大大提高，体育活动时即使氧气的需要量增加，也能满足机体的需要而不致使机体过分缺氧，学习工作也可以持久不易产生疲劳。

（4）促进和改善呼吸系统结构，有效提高呼吸机能。肺活量的大小代表着呼吸器官的工作能力，经常锻炼的人其肺活量能比一般人提高 1000 毫升左右。一般人的呼吸浅而急促，安静时每分钟 12~18 次，经常锻炼习惯的人呼吸缓慢，每分钟 8~12 次，这就使呼吸肌有较多的休息时间，在同等条件下，这种差别在运动时候表现得更为明显。

（5）促进胸廓和肺部的良好发育。经常锻炼能使人体肺部更多的肺泡参与呼吸工作；另外能使肺泡的弹性和通透性增大，有利进行气体交换。

### （二）运动锻炼中的呼吸方法

从生理学角度来讲，人体的呼吸运动是一种随意运动。在中枢神经系统的支配下，人们可以有意识地控制呼吸节奏，调节呼吸的深度、频率和呼吸的方式，从而使机体保持良好的运动状态。运动锻炼中不但要强调改进技术动作，提高机体的专项素质能力，也应该注意掌握合理的呼吸方法。

1. 加大呼吸深度，节制呼吸频率

机体在运动时，对氧的需求比安静时增长了几倍甚至几十倍，而这是可以通过加强呼吸的深度和频率来实现的。但实际剧烈运动时，呼吸往往出现表浅而急促的现象，并产生胸闷和呼吸困难的不适感觉。这是因为运动时若呼吸肌收缩过快，会导致其过早疲

劳，不利于运动。表浅而急促的呼吸会增大肺泡无效腔，妨碍肺泡通气。深而慢的呼吸，则可导致肺换气受阻，同样也不利于运动。所以在运动中应该有意识地加大呼吸深度，控制呼吸频率，提高肺泡通气量，最大限度满足机体对氧的需求，提高运动成绩或锻炼效果。

2. 注意呼吸与技术动作的配合

呼吸形式、时间、速率、深度以及节奏等，应随着技术动作的变化而进行调整，这不仅能保持动作质量，同时还能推迟疲劳的出现。周期性体育运动，应采用有节奏的、混合的呼吸。如耐力跑的呼吸节奏一般是三步一呼，三步一吸，并保持呼吸均匀和一定深度。非周期性运动的呼吸，应以人体关节解剖学特征和技术动作的结构特点为依据。如在完成扩胸、外旋、体展时，一般胸廓扩大，肺内压降低，此时应采取吸气较为有利，与上述动作相反练习时，呼气较为顺当。这样做有利于机体运动和呼吸肌合理、协调地发展。

3. 采用口鼻呼吸法，减小呼吸道阻力

机体在进行运动时，氧气的需要量明显增加，所以仅靠鼻腔实现通气不能满足机体的需要。低强度运动时可用鼻子或口鼻吸气；在冷环境下运动应通过鼻腔吸气，因为这样有助于保持呼吸道温暖湿润，以免患感冒、支气管炎等呼吸道疾病。运动强度逐渐增大时单用鼻子吸气满足不了机体对氧气的需要量，这时就要采用口鼻呼吸的方式。这样一方面可以减小肺通气阻力，增加通气；另一方面，通过口腔增加体内散热。有研究证实，采用口鼻呼吸方式可使人体的肺通气量比单纯用鼻呼吸增加一倍以上。但在严冬进行体育锻炼时，开口不要太大，以免冷空气直接刺激口腔黏膜和呼吸道而产生各种疾病。

4. 合理地利用憋气

憋气是指或深或浅的吸气之后，紧闭声门，尽力做呼气动作。运动中合理地利用憋气可以取得较好的运动成绩，这是因为憋气可以反射性地加强肌张力，如铅球投掷中通过适当憋气而最后用力，并在铅球出手时采用爆发式呼气，其效果要好于不憋气投掷。另一方面，合理的憋气可以为运动环节创造良好的收缩条件，如短跑时憋气可以获得更快的步速和步频，憋气还可以控制胸廓起伏，使快速摆臂获得相对稳定的支点。但是过度憋气也会产生一些不良影响，如可以导致胸内压上升，回心血量受阻，憋气结束，则

反射性地出现呼吸加深，回心血量骤升，血压升高。所以，憋气对青少年儿童心脏的发育极为不利。因此，要在运动中根据项目、运动者自身的实际情况合理地运用憋气。

### 四、 体育锻炼对运动系统的作用

人体的运动系统主要是由骨、关节和肌肉组成，其功能主要起支架、保护和参与运动作用（如图 3 - 5）。骨是人体的支架和运动的杠杆，再由骨与骨连接形成关节，肌肉以其两端分别附着在两块或两块以上的骨上，中间跨过一个或几个关节。各种动作的完成，主要是由于肌肉收缩作用于骨的结果。也就是说，运动是以骨为杠杆，关节为中心，以肌肉的收缩作为动力来完成的。骨还可以制造各式各样的血球支援人体的生命活动，骨的质量，关节连接的牢固性、灵活性以及肌肉收缩力量的大小和持续时间，在很大程度上决定人体的运动能力。研究和实践表明，长期科学的体育锻炼能促进骨骼的生长，肌肉力量的增强，以保持人体的正常姿势，完成人体各种运动动作，对运动系统产生良好的影响。

#### （一）体育锻炼对骨的影响

人体长期从事体育锻炼，一方面通过改善骨的血液循环与供给，加强骨的新陈代谢，促进骨的生长发育；另一方面使骨的形态结构和机能都发生良好的变化，使骨增粗，骨质增厚，骨质排列规则、整齐，并随着骨形态结构的良好变化，骨的抗折、抗弯、抗压缩等方面的能力有较大提高。

人体从事体育锻炼的项目不同，对人体各部分骨的影响也不同。经常从事以下肢活动为主的项目，如跑、跳等，对下肢骨的影响较大；而从事以上肢活动为主的项目，如掷实心球、引体向上等，对上肢骨的影响较大。体育锻炼的效果并不是永久的，当体育锻炼停止后，对骨的影响作用也会逐渐消失，因此，体育锻炼应经常化。同时，体育锻炼的项目要多样化，专项锻炼必须与全面锻炼相结合，以免造成骨的畸形发展。

图 3 - 5　运动系统

#### （二）体育锻炼对关节的影响

科学系统的体育锻炼，既可以提高关节的稳定性，又可以增加关节的灵活性和运动幅度。体育锻炼可以增加关节面软骨的厚度和骨密度，并可使关节周围的肌肉发达、力量增强、关节囊和韧带增厚，因而可使关节的稳固性加强。在增加关节稳固性的同时，由于关节囊、韧带和关节周围肌肉的弹性和伸展性提高，关节的运动幅度和灵活性也大大增加。

#### （三）体育锻炼对肌肉的影响

（1）肌肉体积增加。经常进行力量锻炼的人的肌肉块明显大于一般人，这说明体育锻炼可以使肌肉体积增大。坚持体育锻炼对肌肉体积的影响非常明显，一般只要进行长期力量锻炼就可以使肌肉体积增大，而且练什么肌肉，什么肌肉的体积就增大。

（2）肌肉力量增加。体育锻炼可以增强肌肉力量已被大量实验所证实，而且体育锻炼增加肌肉力量的效果也是非常明显的，经过数周的力量练习肌肉力量就会明显增加。

（3）肌肉弹性增加。有良好体育锻炼习惯的人，在运动时经常进行一些牵拉性练习，从而可使肌肉的弹性增加，这样可以避免人体在日常活动和体育锻炼过程中由于肌肉的剧烈收缩而造成各种运动损伤。

#### 五、 体育锻炼对消化系统的作用

人体维持生命，保持身体健康必须不断地从外界摄取必要的营养。而摄取营养的重要任务，是由消化系统来完成的。消化系统由消化道和消化腺两部分组成，其基本生理功能是摄取、转运、消化食物和吸收营养、排泄废物，这些生理功能的完成有利于整个胃肠道协调的生理活动（如图3－6）。由于消化道的运动和消化腺的分泌，主要是受运动

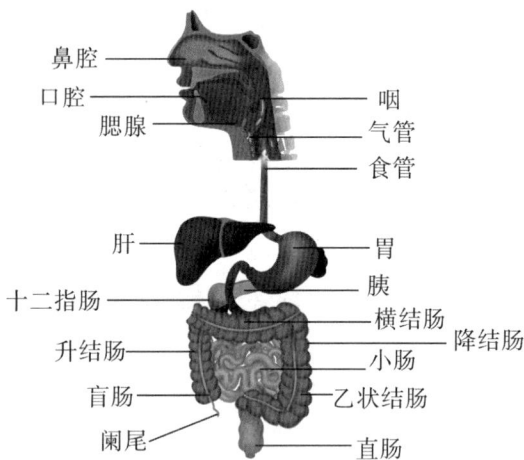

图3－6 消化系统

中枢神经和体液的调节来实现的，当肌肉运动时，在这些调节的作用下，消化系统的机能也随之产生一系列的生理变化。因而，经常从事体育锻炼对消化器官的机能有着十分良好的作用。

### （一）锻炼作用

（1）提高胃肠道的消化和吸收功能。经常参加体育锻炼，体内物质能量消耗较多，运动后必须靠消化、吸收活动来补充。这时消化腺分泌消化液增多，消化管道的蠕动加强，提高了胃肠道的消化和吸收功能。

（2）运动时呼吸加快加深，膈肌大幅度的升降活动以及腹肌的收缩和舒张活动，对胃肠起到按摩作用，消化系统的血液循环得到改善，同时也能增强胃肠的消化功能。

（3）体育锻炼能使人的食欲增加，消化能力提高。

（4）如果运动时间安排不当，血液重新分配，对消化系统的消化和吸收功能会产生不良影响。

（5）体育锻炼时，如果运动量和运动强度掌握不合适，出现过度疲劳，那就有可能影响肝的正常功能。

### （二）遵循原则

根据人体消化系统生理机能的特点，体育锻炼应遵循以下四点原则：

（1）运动前后进食的时间应合理安排。

（2）空腹时不宜做剧烈运动。

（3）饭前、饭后不宜做剧烈运动。

（4）一般性运动应在半小时后进食，剧烈运动应在 1 小时后进食。

由于人体在剧烈运动时，交感神经（支配运动）高度兴奋，引起腹腔内器官的血管收缩，肌肉中的血管舒张，血液进行重新分配，使大量血液流入肌肉，保证剧烈运动时肌肉工作的需要。腹腔器官的血管收缩，供给消化器官的血液减少。因而，消化腺的分泌减少。同时，副交感（支配内脏器官）神经的活动受到抑制，兴奋性降低，胃肠运动也受到抑制，消化能力减弱。剧烈运动刚结束时，副交感神经的兴奋性和消化系统的功能尚未恢复。如果这时进食，不仅食欲不佳，食物不好消化，长期下去会引起消化系统的疾病。饭后由于胃里充满了食物，消化器官需要充足的血液，促进胃的蠕动，对食物进行消化。此时，进行剧烈运动，消化器官的血液供应便会减少。这样不仅增加了胃肠

器官对食物消化的困难，还可能使胃在充盈的情况下，受到振荡、牵扯甚至会引起腹痛、恶心、呕吐等现象。长期下去，也会导致消化系统的疾病。因此，在饭前、饭后不宜进行剧烈运动，剧烈运动后应休息一小时后再进食。在饭后可进行散步或做一些轻微的活动，促进消化器官的血液循环，增进消化腺的分泌并促进消化管的运动。同时，活动时呼吸加深，膈肌、腹肌的活动量增大，对消化器官起一定的按摩作用，从而提高消化与吸收的机能。俗话说："饭后百步走，能活九十九"，也正是这个道理。除此之外，进食应定时、定量，使消化器官的运动有规律性，经常保持旺盛的食欲。那种暴饮暴食和喜欢吃零食的不良习惯，都会增加消化器官的负担，引起消化器官运动的紊乱，导致消化系统的疾病。

因此，在进行体育锻炼时，应遵循人体的生理机理与运动锻炼的科学原则，合理安排作息时间，养成良好的锻炼习惯，使人体各部位系统都得到健康全面发展。

### 六、 体育锻炼对免疫系统的作用

免疫指的是机体免疫系统识别"自己"和"非己"，通过免疫应答清除抗原异物，以维持机体内外环境平衡与稳定的保护性生理反应。免疫系统是机体执行免疫应答及免疫功能的组织系统，由免疫器官、免疫细胞和免疫分子组成（如图 3-7）。免疫系统具有识别和排除抗原性异物，与机体其他系统相互协调，共同维持机体内环境稳定和生理平衡的功能。免疫系统是由先天性免疫和后天性免疫两个部分协同工作来实现的。

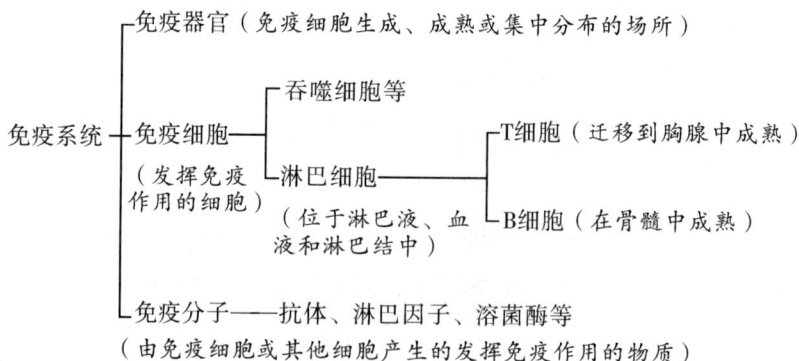

免疫系统 —— 免疫器官（免疫细胞生成、成熟或集中分布的场所）

免疫细胞（发挥免疫作用的细胞）—— 吞噬细胞等
淋巴细胞（位于淋巴液、血液和淋巴结中）—— T细胞（迁移到胸腺中成熟）／B细胞（在骨髓中成熟）

免疫分子——抗体、淋巴因子、溶菌酶等（由免疫细胞或其他细胞产生的发挥免疫作用的物质）

图 3-7　免疫系统

　　人体免疫力就是指人体的免疫系统抵御外来病毒等侵害的能力。在人体免疫力正常的情况下，人体自身能够抵御相当多的病菌侵害，避免对人体造成损伤。造成人体免疫力降低的因素有很多，其中身体过度劳累、锻炼缺乏是主要因素之一。过度劳累给人体的植物神经造成不良影响，从而影响到内分泌系统和免疫系统，造成一段时间内人体免疫力急剧下降。减肥不当、休息不足、长时间做重体力工作、暴饮暴食等，都会造成人体超负荷运转，导致免疫力降低。锻炼不够就会使人体的各个系统经常处在懈怠的状态，一旦出现病菌等的"入侵"，各项机能就不能被迅速调动起来并投入运转。研究表明，不锻炼或很少锻炼的人比经常锻炼的人更容易得流感等一些传染病。

　　体育锻炼对于增强人体免疫力有明显作用。人体免疫系统的工作很复杂，从预防医学角度出发，免疫系统对运动的应答反应受多种因素的影响，一般认为，适宜的运动负荷会增加免疫功能，提高机体的能力，适度运动能对机体免疫功能产生良好的作用。这是由于运动作为引起免疫系统应答性反应的刺激源直接刺激机体的免疫系统，免疫系统通过其复杂的识别系统感受运动时机体内环境的变化，从而激发一系列免疫反应，包括产生特异的抗体、增强 NK 细胞的活性、白细胞和致敏的淋巴细胞增多、免疫调节因子、肿瘤坏死因子等细胞因子释放，维持机体内环境新的稳定。长期适宜的运动负荷刺激，可使机体的免疫状态始终维持在一个较高的水平。作为增强免疫力的手段，经常参加体育锻炼能对免疫系统产生持久的作用，进而增强机体免疫机能，预防疾病的发生。需要强调的是在锻炼时一定要注意适度、持续和循序渐进，避免锻炼间隔太长或强度太大，否则导致机体劳累，免疫力不升反降。研究表明，太极拳、长跑等中小强度运动可使白细胞数量和活性增加，免疫球蛋白的含量增加。

## 七、　体育锻炼对内分泌系统的作用

　　内分泌系统是由内分泌腺和分散存在于某些组织器官中的内分泌细胞组成的一个体内信息传递系统，它与神经系统密切联系，相互配合，共同调节机体的各种功能活动，维持内环境相对稳定。内分泌系统由内分泌腺、内分泌组织和分布于其他器官的内分泌细胞组成。内分泌腺是人体内一些无输出导管的腺体，人体内主要的内分泌腺有垂体、甲状腺、甲状旁腺、肾上腺、胰岛、性腺、松果体和胸腺；散在于组织器官中的内分泌

细胞比较广泛，如消化道黏膜、心、肾、肺、皮肤、胎盘等部位均存在各种各样的内分泌细胞；此外，在中枢神经系统内，特别是下丘脑存在兼有内分泌功能的神经细胞。由内分泌腺或散在内分泌细胞所分泌的高效能的生物活性物质，经组织液或血液传递而发挥其调节作用，此种化学物质称为激素（如图3-8）。同时它也是机体的重要调节系统，它与神经系统相辅相成，共同调节机体的生长发育和各种代谢，维持内环境的稳定，并影响行为和控制生殖等。

（1）运动锻炼对儿茶酚胺的影响。儿茶酚胺是肾上腺素和去甲肾上腺素的统称，由肾上腺髓质分泌。在运动应激下，儿茶酚胺分泌量升高，其升高程度与运动强度正相关。长期的运动锻炼会使儿茶酚胺的分泌产生适应性，这种适应性表现为随着机体运动水平的提高，在相同运动负荷刺激下，儿茶酚胺分泌量升高的幅度越来越小。这种分泌的适应性会使儿茶酚胺分泌的贮备能力增强。运动时儿茶酚胺的分泌对运动能力的提高有很大的促进作用，若在完成同等负荷时儿茶酚胺的分泌量降低，则其

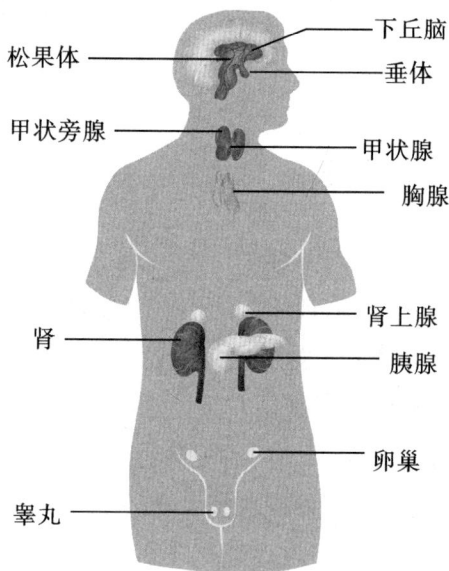

图3-8　内分泌系统

分泌量上升的空间更大，最终所能完成的最大负荷量也将随之上升。

（2）运动锻炼对下丘脑垂体肾上腺轴（HPA轴）的影响。HPA轴的作用是参与应激应答，其中起主要作用的激素为糖皮质激素（GC）和促肾上腺皮质激素（ACTH）。运动过程中以上两种激素的分泌量都会大幅度增加，ACTH的分泌量可超出安静水平时分泌量的2~5倍。GC的分泌与运动强度呈正相关，小强度运动时GC分泌量变化不大，完成力竭运动时GC分泌量达到最大。GC分泌量的升高可以促进肝脏的糖异生活动，促进体内非糖类物质生成葡萄糖，增加机体的产能底物。

（3）运动锻炼对抗利尿激素及盐皮质激素的影响。抗利尿激素（ADH）由神经垂体分泌，盐皮质激素由肾上腺皮质释放。这两种激素均参与体内水盐代谢的调控过程。运动时，人体大量丢失水和电解质，会刺激ADH、盐皮质激素的分泌，减少泌尿系统对水、盐的排泄，起到保持体内电解质平衡、维持体液容量的作用。

第 二 节

体育锻炼对体质的影响

体质是人体的质量，它是在遗传性和获得性的基础上表现出来的人体形态结构、生理功能和心理因素的综合性的、相对稳定的特征。体质是人的生命活动和工作能力的物质基础。它在形成和发展的过程中，具有明显的个体差异和阶段性。在人生命活动的各个阶段，从儿童、青少年到中老年，体质状况不但具有某些共同的特征，而且是不断变化的。遗传作为人体发展变化的先天条件，虽然对体质的强弱有很大影响，但它对体质的影响只提供了可能性，而体质的强弱最终还是有赖于后天的环境条件，即生活环境、营养卫生、身体锻炼等因素。人们通过改善物质生活条件，增强健身意识并有目的、有计划、科学地锻炼身体，从而保持良好的体质状况，并使体质不断地增强，减少疾病，同时对各种自然环境也有较强的抵抗力和适应力，使人精力旺盛、体力充沛地投入到学习和工作中去。

体质的范畴包括身体形态发育水平、生理功能水平、身体素质和运动能力发展水平，心理发育水平、适应能力五个方面，评价一个人体质的强弱，也是从这几个方面综合反映出来的。

（1）身体形态发育水平，即体格、体形、营养状况及身体组成成分等方面的综合水平。

（2）生理功能水平，即机体的代谢水平和器官系统的工作效能。

（3）身体素质和运动能力发展水平，即速度、力量、耐力、灵敏性、柔韧性等素质，以及走、跑、跳、投、攀登等身体活动能力。

（4）心理发育水平，即智力、情感、行为、感知、个性、意志等。

（5）适应能力，即对各种环境（自然环境和社会环境）的适应能力、应急能力和

对疾病的抵抗力。

上述五个方面的状况，决定着人们不同的体质水平。所以在进行体质的测量和评价，检查增强体质的实际效果时，应采用以上几个方面的测定指标来衡量和评价。

生命在于运动，运动增强体质，科学的体育锻炼是增强体质的有效途径。当代社会由于生产力的提高，使得体力劳动减少，脑力劳动比重增加；工作时间缩短，物质生活的丰富，而人体肥胖和心血管病等疾病则较为普遍地出现。这些"文明病"的治疗仅用药物很难奏效，还必须进行体育锻炼。在学生时期的合理营养与科学锻炼，更具有奠定良好体质基础的重要意义。

体育锻炼是增强体质最积极、最有效的途径之一。体育锻炼对机体给予刺激，每次刺激都产生一定的作用痕迹，连续不断的刺激作用则产生痕迹的积累，这种积累使机体结构和机能产生新的适应，体质就会不断增强。因此，体育锻炼贵在坚持，必须得长久积累，只有长期地进行体育锻炼，才能对体质的增强产生良好的效果。

## 一、　体育锻炼对身体形态的影响

身体形态就是身体的外部形状和特征。身体形态一般是由长度、围度、重量及其相互关系来表现，通常用克托莱指数（通过体重与身高的比例关系表示每厘米身高的重量，以相对体重或等长体重反映人体围、宽、厚度及机体组织密度）评价身体形态的发展状况。目前我国的《国家学生体质健康标准》中身体形态测试主要有身高、体重两项指标，以 BMI（体重/身高的平方）来评价学生的骨骼、肌肉的发育和营养状况及身体匀称度。

## （一）体育锻炼对骨骼生长发育作用

在人体内，骨和其他器官一样，经常不断地进行着新陈代谢。当体内环境或外界环境发生变化时，结构上也可发生改变。在诸多影响身高的后天因素中，最积极而有效的因素莫过于体育锻炼。通过适宜的体育锻炼，可以促进骨骼的发育和生长。因为骨骼的可塑性很大，青少年时期，在神经系统的调节下，骨骼中进行着非常旺盛的生长和物质代谢过程。研究证明，对骨骼生长发育起作用的因素很多，而经常参加体育锻炼，由于

肌肉对骨骼的牵拉和重力的作用，使骨骼不仅在形态方面产生了变化，而且使骨骼的机械性能也得到了提高。长期的体育锻炼可以使骨骼在形态结构方面发生明显的变化。肌肉附着处的骨突增大，骨小梁的排列根据张力和压力更加整齐有规律，骨骼外层的密质增厚，而里层的松质在分布上则能适应于肌肉的拉力和压力的作用，这些变化使骨质更加坚固，使骨骼可以承担更大的负荷，在抗折、抗弯、抗压缩和抗扭转方面的性能都有所提高。进行各项体育锻炼时，不同骨骼的负重情况并不是完全相同的，它所发生的变化，取决于参加某项体育锻炼时所接受的刺激性质。例如，跑、跳等运动对下肢骨骼的影响较大，对上肢骨骼影响甚微；而进行投掷等运动对上肢骨骼影响较大。所以体育锻炼的项目要多样化，以免造成骨骼的畸形发展。经常参加体育锻炼不仅使骨骼变粗，还可以促进骨骼的增长。身高是由骨骼发育成长决定的。除了受遗传因素的影响，经常运动的青少年比同龄不运动的青少年身高平均高出 4~7 厘米。骨骼之所以增长，是因为骨骼的两端有软质的骨骼，这层骨骺软骨在新陈代谢的作用下，不断地骨化成硬骨，同时又不断增生新的软骨，因此，骨骼就不断加长。

国内外研究表明：运动有助于长高。体育锻炼之所以能促进身高增长，主要有以下五个方面的原因：一是能促进生长激素的分泌；二是加强了骨细胞的血液供应，有利于提高骺软骨的增殖能力；三是对骺软骨的增殖有良好的刺激作用；四是体育锻炼有利于平衡骨骼及全身的钙、磷代谢，加速矿物质的骨内沉积，使骨密度增加，长期锻炼者的骨骼直径增粗，骨髓腔增大；五是能促进全身血液循环的加快，供给身体各器官的血液增多，供给骨骼的营养也就增多，可促使骨骼更好地发育增长。

## （二）体育锻炼对体成分的影响作用

体重可以反映身体的营养状况，也是反映和衡量一个人健康状况的重要指标；若结合皮褶厚度分析，还能反映肌肉的发育程度。儿童青少年时期，体重随年龄而增加；相同的年龄，男性体重高于女性。研究表明，长期进行中低程度的有氧锻炼，能保持体成分的正常；另有研究实践表明，长期的体育锻炼使肌纤维增粗、体积增大，肌肉变得粗壮结实且发达有力。体成分指的是身体脂肪组织和非脂肪组织的含量在体重中所占的百分比。作为体成分的关键因素，体内脂肪过多直接影响人体健康（如脂肪肝、肥胖症、心血管疾病等）。体育锻炼是控制脂肪的重要手段，一是可以增加能量消耗；二是可作

用于神经分泌系统，使之改善对脂肪代谢的调节，促进脂肪的分解，减少脂肪合成，如运动时肾上腺素分泌增加，释放脂解激酶增加，从而使甘油三酯的水解过程加强；三是运动使胰岛素分泌减少，从而抑制体内脂肪的合成，促进脂肪的分解；四是运动使血液中游离脂肪酸和葡萄糖利用率增高，一方面使脂肪细胞释放大量的游离脂肪酸导致细胞缩小，另一方面使多余的葡萄糖被消耗，不转化为脂肪，减少异生脂肪的聚积。因此，经常坚持有氧锻炼，改善体能量摄取与消耗的负平衡状态，可逐步消除多余体脂，有效改变人体的体成分，从而达到减轻肥胖、降低体重的目的。

### 二、 体育锻炼对身体机能的影响

身体机能是指人的整体及其各器官、系统所表现的生命活动。研究与实践表明，体育锻炼能有效促进身体机能的改善。长期坚持体育锻炼能对人的身体生理机能产生良好的影响作用，主要表现在以下几个方面：

### （一） 促使人的心脏容积、肺容积、血红蛋白量逐步提高

经常锻炼的人活动时心脏输出血量迅速增加，安静时心率下降，使心脏赢得较多休息机会。经常锻炼有助降低血中的甘油三酯、胆固醇、低密度脂蛋白，清除各种代谢毒素，脂质不容易在血管壁沉积，所以这些人发生高血压、冠心病、动脉粥样硬化等的机会明显小于那些不锻炼的人。

### （二） 体育锻炼可增强骨骼肌功能，延缓骨骼的衰老

体育锻炼可以通过运动刺激肌肉，达到增强肌肉的力量和耐力的目的。体育锻炼过程中，由于肌肉反复用力做功，可以刺激肌肉细胞中有关能量代谢、蛋白质合成等酶活性的增强，因而提高肌肉细胞中能量代谢的能力，促进肌肉蛋白质的合成，达到增强肌肉力量和耐力的目的。

### （三） 充分发挥呼吸机能潜力

（1）呼吸肌得到了锻炼。呼吸肌主要有膈肌、肋间肌，此外还有腹壁的肌肉。在深

呼吸的时候，肩部、背部的肌肉也起辅助作用，体育锻炼使呼吸肌增强，因而胸围也增大，呼吸动作的幅度加大。一般人的呼吸差只有 5 ~ 8 厘米，而经常锻炼的人，呼吸差可增加到 9 ~ 10 厘米。

（2）呼吸深度加深。一般人的呼吸浅而急促，安静时每分钟大约呼吸 12 ~ 18 次，而经常参加体育锻炼的人。呼吸深而缓慢，每分钟约 8 ~ 12 次，这就使呼吸肌有较多的时间休息。锻炼使呼吸机能提高，呼吸加深，在相同的条件下，呼吸频率稍有增加，就可以满足气体交换的需要，因此工作耐久，不易疲劳。体育锻炼还能够提高人体的缺氧耐力，在缺氧条件下，仍能坚持复杂的肌肉运动。

### （四）体育锻炼可减少或避免疾病的发生

（1）体育锻炼可以提高人体的各种自救能力，以避免机械外力的伤害。由于快节奏的生活方式，大幅度的活动空间，日常生活中发生意外事故的概率大大增加。

体育锻炼可以提高人体掌握自救、互救的知识和本领，使人体具有灵敏的反应能力和应变能力以及克服意外事故的良好体力与心理准备。

（2）体育锻炼可以提高人体的新陈代谢水平，减少、推迟或避免各种代谢疾病的发生。实验证明，体育锻炼可以使人体中的高密度脂蛋白胆固醇增高，甘油三酯降低，这些指标的变化对防止肥胖症高血压、冠心病都有显著效果。另外体育锻炼在防止心血管系统和运动器官老化等方面的作用也同样十分明显。

（3）体育锻炼可以提高人体的免疫能力，防御病原的侵害。实验证明，在进行运动时体温升高，机体内产生一些特殊的物质，这些物质可以增强免疫功能，从而减少了传染病的发病率；同时，体育运动时体内白血球的数量增多，增加了抗御疾病的能力。

科学并长期地坚持体育锻炼，不仅能促进大学生的生长发育，而且能提高自身的身体素质、身体机能、应变能力、适应能力以及身心健康水平等。因此，大学生应该行动起来，积极地投入到体育锻炼之中来。

### 三、 体育锻炼对身体素质的影响

人的日常生活、体育运动等都是在神经系统支配下所实现的不同形式的肌肉活动，

这些活动的基本能力可以表现在很多方面，如肌肉收缩力量的大小、收缩速度的快慢、持续时间的长短、关节活动范围的大小以及动作是否灵敏和协调等。身体素质是人体在遗传的基础上在长期的生活、工作和运动中逐渐形成的身体能力要素，是人体肌肉活动基本能力的表现。通常人们把人体在肌肉活动中所表现出来的力量、速度、耐力、灵敏及柔韧等机能能力统称为身体素质。身体素质的发展水平不仅取决于骨骼、肌肉本身的结构和功能特点，而且还与肌肉工作时的能量供应、内脏器官的机能以及神经调节能力有关。更确切地讲，身体素质是人体各器官系统的功能在肌肉工作中的综合反映。

### （一）体育锻炼对力量素质的影响

1. 体育锻炼对力量素质的作用

力量是指运动时，肌肉活动克服阻力的能力，是速度、耐力、灵敏和柔韧等身体能力要素的基础。肌肉收缩是人体运动的动力，在中枢系统的统一调节下，肌肉活动是人体运动的核心，体内其他器官、系统的活动，都是保证肌肉的工作。力量素质的表现形式是多方面的。一般包括最大力量（单纯力量、绝对力量）、速度性力量（爆发力）、耐久性力量（力量耐力）等。最大力量是力量素质的典型形式，发展最大力量可采用两种取得不同结果的途径。第一种是靠改善肌肉的内协调和肌间协调来增加力量。采用专门的练习可相当大地提高肌纤维同步工作的能力；提高参与工作肌肉间的协调能力。这一途径的锻炼不会使肌肉体积增大，对周期性和需先克服自身阻力的项目有重要意义，这种力量发展快，消退也快。第二种是依靠肌肉横断面积的提高来增加力量，这种锻炼是促使工作肌肉过程中蛋白质急分解，从而使肌肉横截面积增大。通过体育锻炼可以使力量增强，其生理变化是：①肌纤维的体积增长，使肌肉体积加大；②参加活动的肌纤维数量增加；③肌肉中的蛋白质含量增加，使肌肉收缩的力量加大；④肌肉中的毛细血管网增多，加强了肌肉组织所需物质的运输；⑤肌肉中的结缔组织增加，使肌肉获得良好的支持；⑥肌肉组织中的脂肪减少，减少肌肉收缩的阻力；⑦肌肉生物化学方面的改善，使肌肉得到更多的能量物质储备；⑧中枢神经系统的同步作用和协调能力得到提高。使肌肉工作时有更多的运动单位同时收缩，而相关肌肉的兴奋和抑制能够很好地协调。

2. 力量素质的锻炼方法

力量素质是指肌肉工作时克服阻力的能力。按肌肉收缩的特点可分为静力性力量和动力性力量；按其表现的形式又可分为最大力量、速度力量和力量耐力；按衡量肌肉力量大小，可分为绝对力量和相对力量等。

（1）静力性力量的锻炼方法

静力性力量练习的主要特点是肢体不产生明显的位移，肌肉收缩产生张力，但一般不发生长度的变化。完成静力性练习时，因工作的肌肉一直处于紧张收缩状态，会影响其血液循环，疲劳出现较早。

（2）动力性力量锻炼方法

动力性力量练习是肌肉作非等长收缩时产生的力量。动力性力量锻炼又分为：

a. 最大力量锻炼

最大力量是用最大力量克服阻力的能力。发展最大力量的方法主要是采用克服大阻力（最大力量的80%以上强度），重复次数少的练习。

b. 速度力量锻炼

速度力量又称爆发力，它是在最短时间内发挥最大力量的能力。速度力量锻炼的特点是适当减少阻力（最大力量的60%～70%），用最快的速度完成动作。如跳远、立定跳远的弹跳力。

c. 力量耐力锻炼

力量耐力是指长时间克服阻力的能力。它要求既要克服一定的阻力（约50%的强度），又能坚持较长时间的练习，达到一定的疲劳感觉为宜。如俯卧撑、仰卧起坐等。

3. 力量素质锻炼的注意事项

（1）全面发展和重点发展相结合

在发展力量素质的过程中，一方面应使四肢、腰、腹、背、臀等部位在大肌肉群和主要肌肉群得到锻炼并提高；另一方面也要注意发展那些薄弱的小肌肉群的力量。因为体育运动中的许多动作是很复杂的，需要身体各部位许多大小不同的肌群协同工作才能完成，所以发展不同类型的力量素质也不意味着面面俱到，平均发展，应该在全面发展的基础上又针对项目特点而有所侧重。

（2）肌肉充分拉长收缩和充分放松

每次练习时，应使肌肉先充分伸展拉长，然后再收缩，动作的幅度要大。因为肌纤维被拉长后可以增大收缩的力量，同时又可保持肌肉良好的弹性和收缩速度。力量练习以后，肌肉常会充血，胀得很硬，这时应做一些与力量练习动作相反的拉长动作，或者做一些按摩、抖动，肌肉充分放松。这样既可加快疲劳的消除、促进恢复，又可防止关节柔韧性因力量训练而下降，同时也有助于保持肌肉良好的弹性和收缩速度。肌电研究证明，肌肉越是工作到接近疲劳时其放电量越大。这说明此时肌肉受到了较深的刺激。这种刺激能促使机体发生良好的生理、生化反应，有助于超量恢复而使力量得到增长。所以在进行力量练习时越是最困难的最后一两次动作，越要坚持完成。

（3）加强防护，注意安全

肌肉活动总是在中枢神经系统的调节下进行的，练习时要全神贯注，使意念活动与练习动作紧密配合保持一致，这样有助于肌肉力量得到更好的发展，注意力应高度集中，否则容易受伤。此外，为了安全练习，达到期望的效果，还应注意加强自我保护和互相保护。尤其在举或肩负极限重量时，更应该注意加强相互保护。

（4）注意正确的技术动作规范

每一个力量练习动作，都有各自的技术规格要求，练习者只有按照技术规格要求去操作，才能够真正发展肌肉群的力量。否则，技术动作变了样，参与活动的肌群也就有所改变，势必影响力量训练的效果。例如，臂弯举的正确动作是身体直立，两臂贴于体侧，只依靠肘关节的充分屈伸来完成，保证屈肘肌群力量得到充分的发展。但是很多练习者做弯举时，往往依靠身体的前后摆动来帮助完成动作。这样表面看起来似乎举得还重一些，但实际上发展肱二头肌的效果反而要差一些，因为身体摆动时腰背肌肉、臀部和大腿后面的伸髋肌群也参与了工作。更重要的是，掌握正确技术动作，还可以防止伤害事故的发生。例如，做深蹲练习，正确的动作要求挺胸直腰，腰背肌收紧以固定脊柱，主要依靠膝关节的屈伸，同时也伴随着髋关节的一定屈伸来完成动作。即使站不起来，腰背肌也要一直保持收紧，等待同伴的保护帮助。这样既安全可靠，又能保证伸膝肌群力量得到很好发展。可是很多练习者往往总是弓腰练习深蹲，尤其是当站不起来时，腰弓得很厉害，这样就比较容易造成腰部损伤。

**（二）体育锻炼对速度素质的影响**

1. 体育锻炼对速度素质的作用

速度素质是指人体进行快速运动的能力或最短时间完成某种运动的能力。按其在运动中的表现可以分为反应速度、动作速度和周期性运动的位移速度三种形式。

（1）反应速度的生理学基础

实际上反应时可以说明反应速度的快慢。从生理机能上看，反应时间的长短取决于感受器接受刺激产生兴奋，兴奋沿反射弧传递，直到引起效应器开始兴奋所需的时间。反射弧5个环节中传入神经及传出神经的传导速度基本上变化不大。所以，反应速度主要决定于三个方面：第一，感受器的敏感程度（兴奋阈值高低）；中枢神经；效应器（肌组织）的兴奋性。其中，中枢延搁是最重要的。反射活动越复杂，经历的突触越多，反应也就越慢。反应速度还与中枢神经的灵活性和兴奋性状态密切相关。此外，反应速度还取决于条件反射的巩固程度。

（2）动作速度的生理学基础

动作速度是指完成单个动作时间的长短，如排球运动员扣球时的挥臂速度等。动作速度主要是由肌纤维类型的百分组成及其面积、肌肉力量、肌肉组织的兴奋性和运动条件反射的巩固程度等因素所决定的。

（3）位移速度的生理学基础

位移速度是指周期性运动（如跑步和游泳等）中人体通过一定距离的时间。以跑速为例，跑速主要决定于步频和步长，影响步长的生物学因素有四个方面：肌肉力量的大小，力量越大步长就越长；锻炼者自身的腿长；关节韧带的柔韧性和肌肉的伸展性；动作的协调性与运动技能巩固的程度。

研究表明，长期的体育锻炼能有效提高大脑皮层神经过程的灵活性、无氧供能能力、反应时、动作和位移速度等，从而提高人体的速度素质。锻炼速度素质时应注意运动强度的变换，避免重复一种强度练习造成运动障碍；注意安排练习的组数和次数，并注重练习后的放松；注意放松可以减少肌肉快速收缩的阻力，有助于肌肉收缩速度和力量的增长，提高速度素质。

2. 速度素质的锻炼方法

（1）反应速度

a. 听信号加速跑

慢跑中听信号后突然加速快跑10～15米，根据情况进行多组重复练习。

b. 小步跑、高抬腿跑接加速跑

做原地或行进间的小步跑或高抬腿跑，听到信号后突然加速快跑 15～20 米，根据情况进行多组重复练习。

c. 转身起跑

背对跑的方向站立，听信号后迅速转身，加速跑 20 米，根据情况进行多组重复练习。

d. 俯撑起跑

从俯撑开始，听信号后迅速收腿起跑 15～20 米，根据情况进行多组重复练习。

e. 听口令起跑

蹲踞式或站立式起跑 20 米，组数及每组次数根据学生水平而定。

f. 听（看）信号变速快跑

在慢跑或其他移动中，听或看信号后立刻快跑 15～20 米。

g. 听信号做专门练习

专门练习编号，听号数做不同的练习。

h. 突变反应练习

听信号做各种滑步、上步、交叉步、转身、急停、接球、上步垫球等练习。

i. 接传不同方向的来球

依次接不同方向的来球并传或击出。

（2）动作速度

a. 听口令、击掌或节拍器摆臂

上体直立或稍前倾，两脚前后开立或弓箭步，根据口令、击掌或节拍器节奏，做快速前后摆臂练习 20 秒左右，节奏由慢至快，快慢结合，摆臂动作正确、有力。

b. 原地快速高抬腿或支撑高抬腿

直立或前倾支撑肋木或墙壁等，听信号后做高抬腿 15～30 秒，大腿抬至水平上体不后仰。

c. 快速小步跑

小步跑 15～30 米，两腿频率越快越好。要求大腿发力，小腿放松，膝踝关节放松，脚落地后有"扒地"动作。

d. 快速小步跑接加速跑

快速小步跑 10 米左右后变为加速跑。

e. 快速小步跑接高抬腿跑

快速小步跑 10 米后，转高抬腿跑 20 米。小步跑要放松而快，转高抬腿跑时频率不变，只是动作幅度加大。

（3）位移速度

一般以快速跑作为典型的发展位移速度的练习方法，如 50 米跑。

例：无运动场地条件练习方法

a. 徒手练习摆臂，逐渐过渡到手持哑铃练习摆臂，动作由慢到快。

b. 手扶墙或栏杆，做单脚支撑蹲立练习及支撑高抬腿练习。

c. 在室内或室外空地处做原地及行进间高抬腿练习，动作由慢到快。

d. 利用室外通道做小步跑、弓箭步走、弓箭步交换跳等动作的练习。

e. 利用室外空地做快慢结合的原地跳小绳练习。

总而言之，进行体育锻炼关键是要培养自己的锻炼习惯。采用上述的锻炼方法，持之以恒地坚持锻炼，发展自己的速度素质和力量素质，提高快速跑能力。

### （三）体育锻炼对耐力素质的影响

1. 体育锻炼对耐力素质的作用

耐力是指人体长时间进行肌肉工作的运动能力，也称为抗疲劳能力。耐力素质是指有机体长时间工作抗疲劳的能力。其分类及命名十分繁杂，可按运动时的外部表现划分为速度耐力、力量耐力和静力耐力等；按该项工作所涉及的主要器官划分为呼吸循环系统耐力、肌肉耐力及全身耐力等；可按运动的性质划分为一般耐力和专项耐力等。运动生理学从能量供应的角度将其划分为有氧耐力和无氧耐力；有氧耐力是指人体长时间进行以有氧代谢（糖和脂肪等有氧氧化）供能为主的运动能力。有氧耐力有时也被称作有氧能力。肌肉要持久地工作，必须有充足的能量供应。因此，充分的氧供应及其糖和脂肪的有氧氧化能力是影响有氧耐力的关键因素。无氧耐力是指机体在无氧代谢（无氧糖酵解）的情况下较长时间进行肌肉活动的能力。无氧耐力有时也称为无氧能力。进行强度较大的运动锻炼时，体内主要依靠糖无氧酵解提供能量，因此，无氧耐力的高低，主要取决于肌肉内无氧糖酵解供能的能力、缓冲乳酸的能力以及脑细胞对血液 pH 值变化的耐受力。研究表明，长期的体育锻炼能有效提高有氧和无氧供能能力，从而提高人体

的耐力素质。

2. 耐力素质的锻炼方法

（1）有氧耐力锻炼

发展有氧耐力（或称一般耐力）主要是提高心肺功能水平，有氧耐力的主要指标是最大吸氧量，即运动时每分钟能够吸入并被身体所利用的氧气的最大数量。有氧耐力锻炼的负荷强度，一般用运动过程的心率来衡量，控制在 140～170 次/分为宜。发展有氧耐力的方法多采用慢速跑步、越野跑、骑自行车、游泳、划船等周期性运动。有氧耐力锻炼持续时间最小 5 分钟，一般在 15 分钟以上，最好能每天坚持 30 分钟的锻炼。

（2）无氧耐力锻炼

无氧耐力（或称专项耐力），是体能类及技能对抗类等体育锻炼的基础。发展无氧耐力的方法，主要采用尽可能快的动作或用平均速度以间歇练习法来完成专项耐力的任务。一般要在医务监督下进行锻炼，心率控制在 180 次/分以上，以提高身体处于无氧状态下能长时间对肌肉工作供能的能力。

### （四）体育锻炼对灵敏素质的影响

1. 体育锻炼对灵敏素质的作用

灵敏是指人体迅速改变体位、转换动作、变换身体姿势和方向的能力。灵敏与大脑皮层神经过程的灵活性有密切的关系。突然的起动急停、变换方向等，都要求兴奋和抑制过程迅速地转换。影响灵敏的其他因素还有年龄、体重、疲劳等。灵敏素质是指人体在各种突然变化的条件下，能够迅速、准确、协调、灵活地完成动作的能力，是人各种运动技能和身体素质在运动中的综合表现。灵敏素质分为一般灵敏素质和专项灵敏素质，前者指适应一般活动的灵敏素质，后者指符合专项需求的特殊灵敏素质。灵敏素质作为人体各种运动能力在运动过程中的综合体现，良好的灵敏性不但有助于更快、更多、更准确、更协调地掌握技术和练习手段，使已有的身体素质充分、有效地运用到实践中去，而且可以防止伤害事故的发生。大脑皮层神经活动过程的灵活性及分析综合能力，是灵敏素质的重要生理基础，因此可通过体育锻炼改善和提高各感受器官功能，以增强灵敏素质。此外，在体育锻炼的实践中，掌握的运动技能越多就越熟练，大脑皮层中暂时神经联系的接通就越迅速、准确，动作也越灵巧，从而不断提高灵敏素质。

2. 灵敏素质的锻炼方法

灵敏素质是人体综合能力的表现，发展灵敏素质必须从全面发展身体素质的综合能力入手，重点提高掌握动作的能力、反应能力、平衡能力等。

主要锻炼方法：

（1）固定转换体位的练习，如各种"穿梭跑""8 字跑""蛇形跑"和"折返跑"等，这些练习主要发展人体的基本灵敏能力。

（2）突然发出各种指令信号，练习者接收信号后，迅速做出应急反应。这种方法主要是提高人体应用灵敏的能力。

（3）在跑、跳中做迅速改变方向的各种跑、躲闪、突然起动以及快速急停和迅速转身等练习。

（4）器械、操类、武术中的一些复杂性动作练习，以及速度、动作、力量、高度、方位等经常变化的不对称练习和各种球类活动。

（5）做复杂多变的综合练习。如用"之字跑""躲闪跑""穿梭跑"和"立卧撑"四项组成的综合性练习。

（6）专门性练习，如连续的立卧撑跳转、上步纵跳、单腿起跳、左右弧线助跑等。

（7）变速和变向练习。在跑、跳过程中快速、协调、准确地完成各种动作，如变向、变速、急起、急停等。

（8）其他方式的练习。按各种信号做出应答反应的游戏和各种变向的追逐游戏，专门设计的各种复杂多变的练习，如"穿梭跑""躲闪跑"等。

### （五）体育锻炼对柔韧素质的影响

1. 体育锻炼对柔韧素质的作用

柔韧是人体在运动过程中完成大幅度运动技能的能力。柔韧性不足可直接影响动作的学习和高难运动技能的掌握，也会有碍于力量、速度、协调、平衡能力的发展，还易造成运动损伤，特别是对快速、有力、轻松、富有表现力的动作影响更大。决定柔韧的生理基础主要是运动器官的构造（包括关节的骨结构）、关节周围组织的体积和髋关节的韧带、肌腱、肌肉及皮肤的伸展性。同时，也与支配骨骼肌的神经系统的机能状态，特别是中枢神经支配对抗肌的协调能力以及对肌肉收缩和放松的调节能力有关。柔韧素

质是指各关节活动的幅度、肌肉韧带的伸展能力。影响柔韧素质的主要因素是肌肉、韧带组织的弹性、关节的骨结构等。柔韧素质的主要锻炼方法是采用加大动作幅度，即拉长肌肉、肌腱、韧带和皮肤的练习，持之以恒地对身体各部位的柔韧性及柔韧度交替进行锻炼，使韧带在锻炼中保持较佳的弹性并不断增强柔韧性，进而使人体各个关节的活动幅度以及肌肉、肌腱和韧带等软组织的伸展能力不断提高。良好的柔韧性不但有利于生长，而且还能保护骨骼肌肉，有效预防伤病。

2. 柔韧素质的锻炼方法

（1）主动或被动的静力拉伸

缓慢地将肢体移动到一定位置，使肌肉、肌腱、韧带被拉长，使机体有一定酸、胀、痛的感觉，在该位置或略有超过处停留一定时间。这种方法可减少或消除超过关节伸展能力的危险，防止拉伤。由于拉伸缓慢不会引发牵张反射，一般要求在酸、胀、痛的位置停留6~8秒，重复6~8次。

（2）主动或被动的动力性拉伸

有节奏地、速度较快地、幅度逐渐加大地多次重复一个拉伸动作的方法。

在运用该方法时用力不宜过猛，幅度一定要由小到大，先做几次小幅度的预备拉长，然后加大幅度，避免拉伤。

主动的动力性拉伸方法是靠自己的力量拉伸，被动的动力性拉伸方法是靠同伴的帮助或负重等借助外力的拉伸，但外力应与练习者被拉伸的可能伸展能力相适应。上述方法可单独运用亦可混合运用，练习时间根据需要确定。

（3）常用手段方法

a. 在器械上的练习：利用肋木、把杆、单杠等。

b. 利用轻器械的练习：利用绳、橡皮筋、木棍等。

c. 利用外部的助力练习：同伴的助力、负重等。

d. 利用自身所给的助力或自身体重的练习：如压腿时双手用力压同时上体前压振；单杠作悬垂等。

e. 各关节柔韧所采用的练习：压踢、摆、搬、劈、绕环、前屈、后仰等。

**第 三 节**

**体育锻炼对健康的影响**

　　健康是人类生存、发展的基本要素，根据世界卫生组织的解释：健康是一种在身体上、精神上和社会适应方面的良好状态，而不仅仅是没有疾病或虚弱的状态。随着社会科学技术的进步，人们生活水平的提高，人类对健康内涵的认识也在不断深化。在现实生活中，能够真正做到身体健康的人不是很多。面对工作、生活、学习等各个方面的压力，再加上饮食作息不规律等因素，许多人的健康实际上都处于亚健康状态。那么，怎样改善自己的健康状况呢？研究表明体育锻炼是最有效的手段之一。

**一、 体育锻炼对身体健康的影响**

**（一） 体育锻炼有助于养成良好的生活方式**

　　世界卫生组织有关专家结合当今人类的健康特征与疾病危害趋势，明确指出，"久坐不动"是导致疾病与死亡的重要原因，是当今最不合理生活方式的主要体现。久坐不动生活方式可增加所有疾病的死亡率，加倍增加心血管疾病、糖尿病和肥胖症的患病风险。另外，也增加直肠癌、高血压、骨质疏松、脂类代谢失调、抑郁和精神苦闷等的风险。根据 WHO 的资料得知，生活在发达国家和发展中国家的人群中有 60% ~ 85% 的人处于久坐不动的生活状态。

　　良好的生活方式是健康的重要因素，把体育锻炼作为现代生活方式的一个重要内容，不仅有助于人体的健康，更有助于社会的健康。体育锻炼不仅能增强体质，提高免疫能力，放松心情，还能延缓衰老。而且在人类与各种疾病的斗争中，体育运动是保持人体机能、体能处于最佳状态的有效手段。因此，通过发展体育锻炼，引导人们开展丰

富多彩的闲暇活动，有利于培养和形成良好的生活方式和习惯，提高人们的健康水平。

## （二）体育锻炼有助于提高智力发育

经常参加体育锻炼，对提高脑细胞的功能及工作效率都有很好的促进作用，为智力发展提供了生理基础。研究表明，一般情况下大脑耗氧量是人体耗氧量的25%，运动时可达到32%。体育锻炼时管理运动的脑细胞和神经处于兴奋和抑制的迅速交替过程中，使管理学习的脑细胞得到积极性休息。久而久之，大脑的调节能力、活动强度、反应的灵活性和正确性等都能得到很好的发展。大脑清醒、精力充沛，有助于注意力集中稳定、记忆状态良好、想象力丰富、思维灵活等智力因素的健康发展。

## （三）体育锻炼有利于消除脑力疲劳

疲劳是一种综合性症状，既有生理性的，也有心理性的。持续紧张的学习压力容易造成身心疲劳和神经衰弱，通过参加中等强度的体育锻炼，可以提高身体素质和运动能力，提高身体抵抗疲劳的能力，也可以使身心得到放松。体育锻炼时，大脑中运动中枢兴奋，使其他区域得到休息，有助于消除脑力劳动产生的疲劳。另外，通过参加体育活动，能够促进血液循环，使大脑获得更多的氧气，改善大脑的营养供给，增加大脑的重量和大脑皮层的厚度，提高思维与记忆能力，为继续学习提供充沛的体力和精力。

## （四）体育锻炼有助于控制应激水平

应激是指个体对应激源和刺激所作出的反应，应激源是指那些唤起机体适应反应的环境事件与情景。应激反应是一种包含有应激源、个体对应激源的评价以及个体的典型反应等因素相互作用的过程。应对是应激与健康的中介机制，对人的身心健康起着调节作用。已有的研究初步表明体育锻炼能作为一种积极有效的应对资源、应对策略和方式直接或间接影响应对过程，降低应激反应，消除心理障碍，促进锻炼者的身心健康发展。有规律的、低中等强度的自行车、慢跑、游泳、竞走等体育锻炼可以产生积极的应激，也是消极应激的缓冲器，是减少应激的最有效方法。

### （五）体育锻炼有助于提高体育素养

体育素养是个体在先天遗传的基础上，通过后天的体育教育所形成的综合素质，它以体育能力为核心，既体现为个体具有的体育文化科学水平，也包含个体对体育的情感、态度、价值观，以及在体育运动方面所具有的独特品质和行为表现。其内容包括：体育知识素养、体育能力、体育意识、体育情感、体育品行五要素。通过体育锻炼，提高了身体素质，增进了身体机能，体育能力进一步得到提升，自觉锻炼，终身体育意识得到加强；通过体育比赛，增长了体育理论知识，加深了个体间的友谊，遵守比赛规则的同时潜移默化地提高了自身的道德修养。

## 二、 体育锻炼对心理健康的影响

人类对健康内涵的认识，在不断地丰富和深化的同时，个体的心理健康日益得到现代社会的广泛重视。保持健康的心理状态，是大学生在校学习的前提，是大学生活、交往、发展的基本保证。如果一个人性格孤僻，心理长期处于一种抑郁状态，就会影响内激素分泌，身体的抵抗力下降，疾病就会乘虚而入。大学生活，不可避免地会遇到各种各样的困难和挫折，保持健康积极的情绪状态，正确对待，对每个个体来说是一生十分重要的经历。但如何保持健康的心理状态呢？主动参加体育锻炼就是改变个体的情绪状态，促进心理健康的重要手段之一。

### （一）体育锻炼有助于改善不良的情绪状态

不良情绪是导致生理和心理不健康的重要因素之一，而体育锻炼能直接给人带来愉快和喜悦，并能降低紧张和不安，从而调控人的情绪，改善心理健康状况，长期有规律的体育锻炼有助于情绪的改善。在进行体育锻炼时，大脑会同时产生多巴胺和内啡肽，这两种物质恰好与人的情欲和感觉有关，会让人觉得心情愉悦。当体内产生大量多巴胺后，人的心情也会变好，内啡肽也可以帮助人们振奋精神，对抗痛苦。因此参加体育锻炼，尤其是从事长时间，中等强度并且自己喜爱的运动项目，可以更多地分泌这种"快乐激素"，排解压力和不良情绪，从而感受运动的快乐，产生良好的情绪体验。

### （二）体育锻炼有助于心理疾病的预防

健康的身体是健康的心理的物质基础。可以说，没有健康的身体，就没有健康的心理。保持身体健康是心理健康必备条件。积极参加体育锻炼，能促使一些心理障碍者在遇到问题时改变思路和处理方式，使他们从固定的不良的心理状态中解脱出来，从而变得自信坚强、充满活力。通过体育锻炼形成良好身体素质，为心理健康打下坚实的物质基础。目前，许多疾病包括亚健康方面的问题，都是由身体素质低下而导致的，如"三高"、肥胖、失眠、抑郁等。在药物治疗的同时，进行积极的体育锻炼，不断提高自身的身体机能，从而有效地减轻患者的精神负担，维持心理平衡，预防或消除病态心理秩序。通过群体性体育锻炼活动，如篮球、排球、足球、橄榄球等，可以展现自我的能力，又具有团体性和合作性的特点。从而增强自信心，提高自我的积极评价，有效克服自卑心理。

### （三）体育锻炼有助于改善人际关系

现在社会的快节奏使人们之间的交流越来越少，关系疏远，隔阂增多。体育锻炼让人们相聚在运动场上，彼此相互配合、团结协作、互相信任，有效地进行情感和信息的交流，消除内心的恐惧和孤独。学生通过体育活动去认识体育、认识生活、认识社会，并使这种认识升华到信念、世界观的层面上，将对学生情感的陶冶、人格的塑造、人生观和价值观的形成起到积极的促进作用。

### （四）体育锻炼有助于培养良好的意志品质

意志品质是指一个人的果断性、坚韧性、自制力以及勇敢顽强和主动独立等精神。意志品质既是在克服困难的过程中表现出来的，又是在克服困难的过程中培养起来的。体育锻炼是培养学生意志品质的有效手段。体育锻炼本身具有竞争性、娱乐性。要做好自己，战胜对手，就必须去顽强拼搏。无数次地磨练，练就了坚韧不拔、奋勇当先、团结协作、吃苦耐劳，不畏艰难等优秀品质。这种优秀的意志品质能够潜移默化影响日常的工作、学习和生活，形成良好的人格魅力。

## 第 四 节
## 体育锻炼与社会适应能力

社会适应能力是指人为了在社会更好地生存而进行的心理上、生理上以及行为上的各种适应性改变，与社会达到和谐状态的一种执行适应能力。一般认为社会适应能力包括以下方面：个人生活自理能力、基本劳动能力、选择并从事某种职业的能力、社会交往能力、用道德规范约束自己的能力。从某种意义上来说就是指社交能力、处事能力、人际关系能力。同时社会适应能力是反馈一个人综合素质能力高低的间接表现，是人这个个体融入社会，接纳社会的表现。随着社会经济的快速发展，各行各业的社会竞争也愈发激烈。面对这种变化过程，必须具备一定的社会适应能力，才能更好地融入社会，适应社会的发展。

### 一、 大学生社会适应能力基本要求

### （一）具备良好的自身综合素质

人的素质主要包括智力素质、身体素质、心理素质和品德修养素质等。这些素质对大学生社会适应能力的培养产生广泛而又深远的影响。智力素质是从事某一社会职业所必须具备的专业知识、技能，是一个人做好本职工作的根本，是实现社会价值和自身价值的重要条件。身体素质主要指拥有健康的身体机能和良好的运动素养，是工作、学习、生活的物质保障。心理素质不仅直接影响到人们对知识的学习和对知识结构的构建，而且影响到人们创造能力的过程和发挥。一个心理健康的人，能够以平和的心态对待学习和生活，不断丰富和完善知识结构，对待困难挫折勇于面对，不怕失败。品德修养素质主要是指一个人怎样按照社会规范来要求自己的言行，拥有什么样的人生观，价

值观。良好的品德修养具体表现为爱岗敬业、诚实守信、公道善良、服务社会。良好的自身综合素质和大学生的社会适应能力密切相连，是快速适应社会的基础。

### （二）具备快速融入社会的能力

社会环境比较抽象，它是一定历史时期的社会政治、经济、科学、文化诸多因素总和的体现，包括社会文化、社会规范和社会制度。不同历史时期社会环境不尽相同。除拥有相应的文化知识外，参加社会实践以及社会志愿者活动是提高社会适应能力的重要环节。通过这些活动，提前了解社会，增加社会经验，学会用另外的视野去分析解决问题，加速知识向能力的转换，学会承担责任，承受压力。具备这些能力，为以后进入社会做好储备。

### （三）具备良好的家庭环境

家庭环境是培养大学生社会适应能力的重要方面。家庭教育不仅能使智力得到有效开发，德育才是家庭教育的核心。孩子的人生观、价值观很大程度上受教于自己的父母。他们父母的言传身教，潜移默化地影响着孩子。因此，一个和谐、温馨、友爱、自立的家庭环境，对孩子的成长以及今后进入社会都会产生积极的影响。所以，良好的家庭环境，是大学生良好社会适应能力的潜在要求。

### （四）具备良好地适应工作环境的能力

工作环境是一个人除了家庭生活环境以外待的时间最多的地方，工作单位的性质、任务和管理制度影响着社会适应的方向。在工作中，努力适应单位的发展方向和规章制度，做好本职工作的同时开拓创新。在单位处于艰苦创业时，不离不弃；在需要自身业务提高时，努力奋进。

### （五）具备良好的人际关系

人际关系也称为社会交往，它是指人与人之间通过交往与相互作用而形成的直接的心理关系。主要表现为人们心理上的距离远近、个人对他人的心理倾向及相应行为等。良好的人际关系表现为热情、诚信、理解、同情、大度、互助。人际关系是社会发展的

必然产物，也是社会发展的基本前提。没有人际交往，社会就不称其为社会，发展也无从谈起。良好的人际交往能力是大学生社会化的起点，是将来在社会立足的生存需要，也是为社会做贡献的本领。

### （六）具备良好的学校教育

学校环境是影响大学生适应社会的另一个主要因素。学校的历史、校风、校训、教师都将在大学生心灵深处留下影子。大学生在此不仅要学习知识，也要从学校环境中学会做人的道理。大学之前的中小学教育，往往忽略了对学生的个性和综合素质的培养，片面地追求升学率，把适应社会能力培养的压力都集中在了大学教育。因此，大学教育一定要培养德智体美劳全面发展的优秀人才，能很好地融入社会，适应社会的不断发展。

## 二、 体育锻炼与社会适应能力的提高

### （一）提高人际交往能力，促进个体社会化

交往能力是人与人之间通过社会活动而接触，进行信息交流与联系沟通的能力。布拉尼（Brawley）认为个体参与群体活动可增加群体认同感、社会强化的刺激性及参与活动的机会。参与体育活动者要比中途退出者更能与他人形成亲密的关系。体育锻炼是一种社会现象，它直接涉及各方面的人，尤其是团体项目，需要每个个体都发挥作用，大家在一起交流、互动，以自由平等、和睦相处、团结互助、尽职尽责等方式参与到体育锻炼中，一起体会胜利的喜悦和失败的心酸，认识志同道合的朋友，建立更深层的友谊。这种方式使人心情舒畅、精神愉悦，勇于承担责任，协调人际关系，扩大社会交往，提高社会适应能力，从而更好地促进个体社会化。

### （二）提高公平竞争能力和社会规范意识

现实生活中，竞争在遵守规则的前提下才是公平的。体育比赛就是一个在统一规范下争取胜利和健康的社会活动。在这个活动中，个体遵守规则，个体之间相互尊重，尊重裁判、尊重观众，激烈不失和谐，拼搏不失友谊，在公平的环境中大家尽情展现自

我，获取属于自己和团队的荣誉。以体育比赛为载体，不断地通过规则来强化、约束个体的行为，这种慢慢形成的规则意识有助于加深纪律和法律观念，克制不文明的行为，公平地与他人进行竞争和协作。以此提高个体的自控能力，养成遵纪守法的好习惯。

### （三）培养意志品质，提高应对挫折的能力

在日常生活、学习、工作中，出现各种各样的挫折在所难免。有的人就此消沉，怨天尤人；有的人积极面对，勇敢地迎接挑战。参加体育锻炼，无疑是一个帮助你应对挫折的绝佳手段。在体育比赛中，冠军只有一个，"胜败乃兵家常事"，不能因为一次失败就停滞不前。不断地奋进拼搏，无疑是增强抗挫折能力有效的训练方法。在竞争激烈、优胜劣汰的社会中生存，就必须有承受挫折的勇气与能力，不断地从失败中总结经验，最终实现自我的价值，适应社会的发展。

### （四）培养团队精神，提高社会适应能力

团队精神是大局意识、协作精神和服务精神的集中体现，其核心是协同合作，反映的是个体利益和整体利益的统一，进而保证组织的高效率运转。

团队精神的形成并不要求团队成员牺牲自我，相反，挥洒个性、表现特长保证了成员共同完成任务目标，而明确的协作意愿和协作方式则产生了真正的内心动力。团队精神是组织文化的一部分，良好的管理可以通过合适的组织形态将每个人安排至合适的岗位，充分发挥集体的潜能。如今，团队精神越来越重要，一个好的团队，能集中多数人的智慧，不仅提高了办事的效率，而且能创造出新的思路和想法，带来更大的效益。体育活动中很多项目能体现团队精神，比如篮球、排球、足球、橄榄球等，有助于个体加强合作意识，促进团队精神的培养。布拉尼（1979 年）等人的研究也证明：经常参加体育锻炼更易与他人形成亲密的关系。作为团队精神典范的"女排精神"，不仅成为体育领域的品牌意志，更被强烈地升华为民族面貌的代名词，演化成指代社会文化的一种符号。"女排精神"的内涵是："无论遇到什么困难，都要有团队精神，踏踏实实，做好工作"。在现代社会，个人能力是有限的，只靠自己困难重重，必须与他人合作并获得其帮助，才能更好地融入社会，成就一番事业。

**思考练习题**

1. 体育锻炼对人体有哪些作用?

2. 体育锻炼对体质有哪几个方面的影响?

3. 体育锻炼对身心健康的影响?

4. 体育锻炼对社会适应能力的提高有什么作用?

# 第 四 章
## 大学生体育锻炼与运动处方

## 本章导言

体育锻炼是大学生校园生活重要的组成部分，了解并掌握科学的体育锻炼方法，对大学生至关重要。本章从大学生体育锻炼的实际出发，结合校园中学习、生活的环境，从体育锻炼内容的选择开始，全面介绍了大学生在遵循锻炼身体原则的基础上，科学锻炼身体的方法。针对大学生课外自主体育锻炼的需求，编写了体育锻炼计划的制定和体育锻炼中的自我监督与锻炼效果的评价，并针对大学生在学习、生活中常见的健康问题，编写了相应的运动处方。本章的编写是对高校体育课堂教学的补充，也是大学生课外自主锻炼身体所必备的知识和需求。

## 学习目标

本章节的学习旨在帮助大学生掌握科学锻炼身体的相关知识，指导体育锻炼的实践过程，实现以下学习目标：

1. 掌握科学锻炼身体的手段和方法
2. 学习并掌握体育锻炼中的自我监督和锻炼效果的评价
3. 学会体育锻炼计划的制订
4. 了解运动处方的知识，并根据自身体质情况制订相应的体育疗法

第 一 节
体育锻炼内容的选择

## 一、 内容的分类

体育锻炼的内容是为了达到身体锻炼的目的，采用的具体练习项目或运动形式。体育锻炼的内容是多样的、丰富的，而每位锻炼者的锻炼条件又是不同的，所以大学生进行体育锻炼时必须有针对性地选择，方可达到锻炼健身的目的。在体育锻炼内容的分类上，通常是以内容和目的的关系为依据，将其划分为以下几大类：

### （一）健身运动类

它指为增强体质而选用的身体锻炼内容，包括各类体育手段，如走路、跑步、骑自行车、舞蹈、划船、游泳及其他日常生活中有锻炼价值的动作。

### （二）健美运动类

为了塑造体形、形成正确的姿势而选用的身体锻炼内容，多采用举重、器械体操、徒手操、韵律操、舞蹈、艺术体操等手段。

### （三）娱乐体育类

为了丰富文化，愉快地度过余暇时间而进行的带有娱乐性质的活动，如游戏、踢毽子、放风筝、跳橡皮筋、渔猎、游园与郊游、打台球及观看各种体育比赛等，这类活动能使人身心愉快，既锻炼了身体，又陶冶了情操。

#### （四）医疗、矫正和康复体育类

医疗体育是为了治疗某些慢性疾病或加快病后的恢复所进行的体育锻炼，如太极拳、太极剑、健身跑、按摩等。

矫正体育是指针对某些身体有缺陷或运动功能障碍的人所进行的专门性体育锻炼。

康复体育是指部分器官和组织有残疾的人，为了不至于完全残废，以及重大疾病患者在临床治疗中的体育锻炼。

#### （五）自然力锻炼（日光、空气和水）类

自然力锻炼的目的在于提高有机体对各种不良因素（冷热、阳光辐射、低气压）的抵抗力，有助于提高工作能力和脑力劳动能力，增强身体健康，降低发病率。对于任何年龄的人都可以利用自然力锻炼，自然力锻炼可以在专门条件下进行，也可以在日常生活中进行，自然力锻炼应该从较小的负荷量和最简单的内容开始。

#### （六）格斗性体育类

格斗性体育是指那些掌握和运用徒手或持器械的攻防技术的体育锻炼，达到既能强身，又能自卫的目的，如拳击、角力、擒拿、散手、空手道、击剑等。

#### （七）竞技运动类

竞技运动是以科学的、系统的训练，通过竞赛的方式达到最大限度发挥个人的体格、体能、心理和运动能力等方面的潜力，从而取得优异成绩的一种体育运动。属于竞技运动的项目有很多，例如田径、球类、举重、摔跤、水上运动、冰上运动等。它的特点是有高超的技艺，竞赛性强，需要按照严格统一的规则进行竞赛，所取得的成绩为社会承认。上述竞技项目都是极好的体育锻炼内容，但由于竞技运动技术复杂，并且对运动器械与场地设施有特殊的要求，因此以竞技运动作为身体锻炼的内容要从实际出发。

### 二、锻炼内容的选择

大学生在选择体育锻炼内容时，需要根据自己的年龄、体质健康状况、运动能力和

兴趣爱好等实际情况，结合日常学习、工作的环境，注意锻炼的实效性、季节性、可操作性。同时，在内容上也要注意科学的组合，才能达到更佳的锻炼效果。不同的体质和健康状况，身体锻炼内容的选择应各有侧重，通常情况下，锻炼者可依据以下几种因素来选择锻炼的内容。

### （一）依据锻炼部位

依据体育锻炼对人体部位的不同，大致可以分为四类，并可以选择相应的运动项目进行身体的锻炼。

第一类为上肢运动。包括在单、双杆上做引体向上、悬垂、摆动、回环；俯卧撑、持重物臂屈伸、上举等练习。

第二类为下肢运动。包括跳绳、跳高、跳远、纵跳、单足跳、双足跳、爬楼梯、爬山、远足、散步、滑冰、滑旱冰、滑雪等。

第三类为伸展运动。包括跳健美操、健身操、韵律操、徒手操、持棍操以及扩胸后仰、踢腿、摆腿、压腿等伸展身体的运动锻炼。夏季游泳，也是四肢伸展活动的好项目。

第四类为全身性运动。包括篮球、排球、乒乓球、网球、羽毛球等球类运动项目和划船等。

通常情况下，身体强健具有较强的运动能力者，对体育锻炼有着强烈欲望和热情，并能承受较大的运动负荷，可根据自己的实际情况和兴趣，选择 1~2 项运动作为健身手段；身体既不健壮也无疾病，但运动能力较弱者，往往缺乏锻炼的热情和持久精神，使锻炼流于形式，故体质一般。这类人最好选择形式活泼、且锻炼有效的内容，以激发和培养锻炼的兴趣和热情。这类人可选择球类、武术、健美等；体弱多病又缺乏运动能力者，为了增强体质战胜疾病，增进健康，可选择动作舒缓、运动能力要求较低的运动项目。表4-1反映了运动项目对人体部位和身体素质之间的影响关系，锻炼者可依据自己的实际情况加以选择。

表 4 - 1　　常见运动项目对身体的影响

| 项目 | 部位 | | | | 能力 | | | | | |
|------|------|------|------|------|------|------|------|------|------|------|
| | 上肢 | 腰背 | 腰腹 | 下肢 | 敏捷性 | 爆发力 | 持久性 | 柔韧性 | 平衡性 | 协调性 |
| 徒手体操 | 中 | 中 | 中 | 中 | 中 | 中 | 中 | 大 | 大 | 大 |
| 器械体操 | 大 | 大 | 大 | 中 | 大 | 大 | 小 | 大 | 大 | 大 |
| 长跑 | 中 | 中 | 中 | 大 | 小 | 小 | 大 | 小 | 小 | 小 |
| 快速跑 | 中 | 中 | 中 | 大 | 小 | 大 | 小 | 小 | 小 | 中 |
| 跳跃 | 中 | 大 | 中 | 大 | 中 | 大 | 小 | 大 | 中 | 中 |
| 投掷 | 大 | 大 | 大 | 中 | 中 | 大 | 小 | 中 | 中 | 中 |
| 举重 | 大 | 大 | 大 | 大 | 小 | 大 | 小 | 中 | 中 | 小 |
| 武术 | 大 | 大 | 大 | 大 | 大 | 中 | 中 | 大 | 大 | 大 |
| 网球 | 大 | 中 | 中 | 大 | 大 | 大 | 中 | 小 | 中 | 大 |
| 排球 | 中 | 中 | 小 | 大 | 大 | 大 | 中 | 小 | 中 | 大 |
| 乒乓球 | 中 | 中 | 中 | 大 | 大 | 中 | 中 | 小 | 中 | 大 |
| 羽毛球 | 中 | 中 | 中 | 中 | 大 | 中 | 大 | 小 | 中 | 大 |
| 篮球 | 小 | 小 | 中 | 大 | 大 | 大 | 大 | 小 | 中 | 大 |
| 手球 | 大 | 中 | 中 | 大 | 大 | 大 | 大 | 中 | 大 | 大 |
| 足球 | 小 | 小 | 小 | 大 | 大 | 大 | 大 | 小 | 中 | 大 |
| 棒球 | 中 | 中 | 中 | 中 | 中 | 中 | 中 | 小 | 中 | 中 |
| 高尔夫球 | 小 | 小 | 中 | 中 | 中 | 中 | 小 | 小 | 小 | 小 |
| 登山 | 小 | 中 | 中 | 大 | 小 | 小 | 大 | 小 | 小 | 小 |
| 徒步旅行 | 小 | 中 | 中 | 大 | 小 | 小 | 大 | 小 | 小 | 小 |
| 散步 | 小 | 小 | 小 | 中 | 小 | 小 | 中 | 小 | 小 | 小 |
| 太极拳 | 中 | 小 | 小 | 中 | 中 | 小 | 中 | 中 | 中 | 大 |

## （二）依据身体形态因素

体育锻炼最主要作用之一是可以改善人体的身体形态，而身体形态又是大学生非常看重的外在表现。进行体育锻炼时，每个人都有较明显的健身目的，这是科学安排体育锻炼的重要依据。如果锻炼只是为了增强体质、提高健康水平，那么安排体育锻炼的内容和时间就比较灵活一些，可以跑步、打球、练习武术等，时间可长可短。如果锻炼是

为了提高肌肉力量、发展肌肉，就应该以力量练习为主。如果是以减肥为主要目的的体育锻炼，就应该以有氧运动为主，运动的时间相对较长，以使体内的多余脂肪充分消耗，达到减肥的目的。如果是女性为了保持优美的身材和体形所进行的体育锻炼，就应该多做一些健美操运动。

（1）线条明显，体型优美，身体健康者：主要采用轻器械力量练习、有氧运动及柔韧性练习等综合性的身体练习。

（2）瘦长型：肌肉不发达，身体瘦长，体重指标低于正常范围者，主要选择体操，负重练习等，来使身体壮实，肌肉丰满，促使身高与体重的比例协调。

（3）肥胖型：体重超过正常标准者，最好选择长跑、长距离游泳、网球、健美等锻炼内容，通过锻炼减肥来使身体变得匀称、结实。

（4）瘦弱（小）型：身体瘦弱（小）或多病及发育不良者，适宜选择慢跑、散步、太极拳等锻炼内容，通过锻炼增强体质、战胜疾病、增进健康。

### （三）依据季节因素

一年中的四季存在着温度差别，尤其是北方更为明显，因此依据季节的因素选择相应体育锻炼的内容和方法是比较必要的。

1. 春季锻炼

一年之计在于春，春季科学地进行体育锻炼可以为一年的体育锻炼和身体健康打下较好的基础。经过寒冷的冬季，身体各器官的功能包括肌肉的功能都处于较低水平，肌肉、韧带也较为僵硬，所以开春进行体育锻炼，主要是为了加强体内的新陈代谢，逐渐提高各器官的机能水平。体育锻炼的内容应以有氧代谢为主，运动强度要逐渐增加，运动形式多为长跑、自行车、跳绳、爬山、球类等。在春季进行体育锻炼时，要做好准备活动，充分伸展僵硬的韧带，以减少运动损伤。同时，要注意及时地脱、穿衣服，防止感冒。

2. 夏季锻炼

夏季天气炎热，给体育活动带来很大不便，但如果夏季停止体育锻炼又破坏了体育锻炼的连续性，所以夏季既要坚持体育锻炼，又要掌握锻炼的强度和时间。夏季最理想的运动是游泳，这项运动不仅可以提高身体机能，同时又可防暑解热。但并不是所有人

都有条件或适合进行游泳运动。夏季人们可选择的体育锻炼项目还有慢跑、散步、太极拳、羽毛球等。在进行这些项目的运动时，最好是在清晨和傍晚进行，运动后要注意水分和盐分的补充，以防身体脱水和中暑。

3. 秋季锻炼

秋高气爽，是体育锻炼的大好季节。体育运动中许多重大的国际比赛都安排在秋季进行，说明秋季适合多种体育活动的开展，如篮球、排球、足球、长跑、武术、自行车等。一些冬季锻炼项目，如冬泳、冷水浴等，也应该从夏末秋初就开始准备，以便使身体有一定的适应过程。秋季进行体育锻炼时，由于天气变化无常，早晚气温较低，锻炼时要注意及时增减衣服。另外，秋天的天气干燥，锻炼前后要及时补充水分，以保持口腔黏膜和呼吸道的湿润。

4. 冬季锻炼

冬季参加体育锻炼，不仅可以提高身体的健康水平，更重要的是可以提高身体的抗寒能力，预防各种疾病的发生，所谓的"冬练三九"就是这个道理。冬季体育锻炼的内容非常丰富，一般人可进行长跑、足球、拔河等；也可选择跳绳、踢毽子、跳橡皮筋等。冬季锻炼时身体生理机能惰性较大，肌肉组织容易受伤，所以要做好准备活动。运动最好采用口鼻呼吸方式，吸气时，口不要开得太大，防止冷空气直接刺激口腔黏膜。

（四）依据学习、生活场所

宿舍，是大学生日常生活的"小世界"。也是大学生保持和增进健康、消除疲劳、加强团结的理想场所。为了身心健康，保持充沛的体力，体育锻炼——这种与学习、休息一样重要的活动，同样能够在宿舍内开展起来。在宿舍里可利用桌子、椅子、床、哑铃、拉力器、装水的饮料瓶以及其他生活用品进行体育锻炼。例如，在床上可进行俯卧撑、仰卧起坐、仰卧举腿等各种形式的力量练习。

学习场所，是学生生活的主要环境。在大学生活中，至少有三分之一的时光是在学习场所度过的。长时间的脑力劳动对于学生的身体健康有着种种影响，如长时间地读书会使新陈代谢失调、神经细胞受到抑制，感觉、知觉、记忆、思维等能力下降，会出现身体活动能力降低、动作迟缓等现象。为了消除这些不利影响，保证精力旺盛地学习，在学习场所进行身体锻炼有利于疲劳的消除，达到积极性休息的作用。

在学习场所同样可利用桌、椅、墙壁等做一些伸展运动或选择俯卧撑、坐姿举腿等各种形式的力量练习；另外，楼梯是学习场所可利用的很好的运动场所。据统计，普通人用正常速度爬楼梯，每 10 分钟约消耗 920 千焦热量。下楼的热量消耗为上楼的三分之一，爬楼梯时消耗的热量比静坐时多 10 倍，比散步多 4 倍，比游泳多 2.5 倍，比打乒乓球多 2 倍，比打网球多 1.5 倍，比骑自行车多 63%，比慢跑多 23%。循着六层楼的楼梯跑上 2~3 趟，相当于平地慢跑 800~1500 米的运动量。据此，大学生可根据性别、身体状况的不同，选择适合于自己的运动负荷。可在楼梯上进行走、跑、跳等体育锻炼。除上述方法外，还可采用单脚跳，单（双）脚多级跳和走、跑交替等形式。此外，在台阶上做俯卧撑等，也是有效的练习方法。

## 第 二 节
## 体育锻炼的方法

### 一、 体育锻炼的运动负荷

我们常常看到大多数学生在身体锻炼时无从下手。例如在练习长跑时，简单地跑上几圈就走了；练习引体向上时做上几个没劲了就不练了。这样达不到有效地锻炼身体，提高运动成绩的目的。锻炼身体就像我们吃饭一样，开始吃的东西只是打了基础，只有吃到最后的几口饭，才能吃饱。我们不能为了吃饱饭，只吃最后的几口，而没有前面食物的基础。体育锻炼同样是这个道理，必须掌握运动的负荷，才能有效地锻炼身体、提高运动成绩。

所谓运动负荷，又称生理负荷，是指人做练习时所承受的生理负荷。运动负荷主要是由"运动的量"和"运动的强度"组成（见图4-1）。运动量指练习的次数、组数、时间、距离、重量等；运动强度指练习在单位时间内用力的大小和机体紧张程度，一般以练习的密度（单位时间内重复的次数）、动作的速度、投掷的距离、所负的重量、间歇时间的长短为指标。在锻炼时只有运动负荷保持适宜，才能收到较好的效果，运动负荷过小、过大都不行。过小，则达不到锻炼的目的；过大，又超出了人身心所能承受的限度，对人身心健康十分不利。另外，在进行体育锻炼时，强度越大，则量就要相应减少，强度适中，则量可以相应加大。作为以健身为目的的锻炼者，则应将重点放在运动量方面。

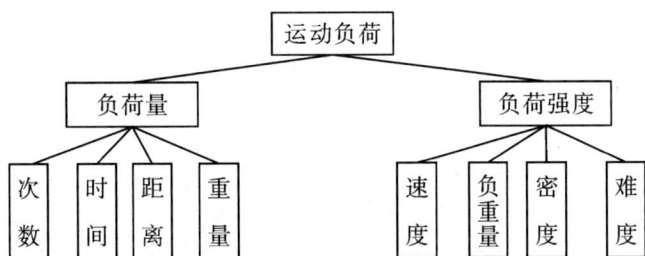

图4-1 运动负荷的构成

精准的运动负荷测定是需要仪器进行的，比较复杂。一般来说，采用较简易的手测脉搏的方法来判断运动负荷是比较实用的。运动生理学家研究表明：当心率在110次/分钟以下时机体的血压、血液成分、尿蛋白和心电图等都没有明显的变化，故这种负荷的健身价值不大；当心率在120~140次/分钟时，每搏输出量接近或达到正常人的最佳状况，故这种程度的负荷健身效果明显；当心率达到150次/分钟时，每搏输出量最大，健身效果最好；当心率增至160~170次/分钟时，虽无不良异常反应，但也未出现更好健身效果的迹象。因此，通常把正常人取得最佳健身效果的心率区间确定为120~150次/分钟之间，上限为安全界限，下限为显效界限（表4-2）。

在如何确定运动心率的方法上还可以采用以下几种方法：年龄减算法、心率百分比法、卡沃南法、库柏（美国军医）提出的最佳心率测定法、卡尔森提出的运动强度心率测定法（表4-3）。

表 4 - 2　**心率与锻炼效果评价表**

| 心率范围（X） | 锻炼效果 |
|---|---|
| X≤120 次/分钟 | 血压、血液成分、尿蛋白和心电图等都没有明显的变化，健身价值不大 |
| 120 次/分钟＜X≤140 次/分钟 | 每搏输出量接近或达到正常人的最佳状况，健身效果明显 |
| X≈150 次/分钟 | 心脏每搏输出量最大，健身效果最好 |
| 160 次/分钟≤X≤170 次/分钟 | 无不良异常反应，但也未出现更好健身效果的迹象 |
| X≥180 次/分钟 | 体内免疫球蛋白减少，易产生疲劳，感染疾病，导致运动损伤等 |

表 4 - 3　　**常用的确定运动心率的方法**

| 年龄减算法 | 运动时适宜的心率 = 180（或 170）- 年龄 |
|---|---|
| 心率百分比法（T） | （每分钟最高心率数 [一般人为 220] - 年龄）×70%≤T≤（每分钟最高心率数 - 年龄）×85%，以此确定有氧锻炼的适宜负荷量 |
| 卡沃南法 | 运动时心率 =（按年龄预计的最大心率 - 静息时心率）×60% + 静息时心率 |
| 库柏提出的最佳心率测定法 | 锻炼时的最佳心率 =（最大心率 - 安静时心率）×70% + 安静时心率 |
| 卡尔森提出的运动强度心率测定法 | 持续耐力训练适宜心率 =（最高心率 - 运动前安静心率）÷2 + 运动前安静心率 |

　　体育锻炼时运动负荷的判定，还可以通过自身的感受和观察来判断运动负荷是否适宜。如果锻炼后，经过合理休息后感到全身舒服、精神愉快、体力充沛、食欲增加、睡眠好、学习效率高，说明运动负荷比较合理。相反，如果感到十分疲劳，四肢酸沉，至第二天仍然没有消除，出现心慌、头晕，没有食欲，睡眠不好，并对再次参加锻炼感到厌恶等不良症状，则说明运动负荷过大，需要好好休息调整。

## 二、 体育锻炼的次数、 组数

我们知道了运动负荷主要是由运动量和运动强度组成。有关运动强度前面已经讲述，这里再谈一下体育锻炼的运动量问题。运动量最主要的是由练习次数和练习组数组成。所谓练习次数是指完成某个练习从开始到结束的过程；练习组数是指完成某个练习并达到规定的练习次数为一组练习。运动强度是对体育锻炼时的一种监控手段，练习的次数和组数是体育锻炼的一种方法。进行身体锻炼时，只有完成一定数量的练习次数和组数，并达到适宜的运动强度，才能有效地达到锻炼身体和提高运动成绩的目的。

下面举个练习引体向上的例子：初学者及体重大的人很难独立完成引体向上，但不要着急，可以俩同学之间上托助练。练习之前做好计划。每组练习做 4~6 个引体向上，共做 6~8 组，组间休息 1~2 分钟。直至最后几组，用尽全力，即便动作不太规范，又是在同学外力的帮助下进行，也要完成规定的练习次数和组数。坚持数周后你的引体向上成绩会得到显著的提升。另外，在组间休息时可以通过测定你的脉搏来监控你的运动强度。

## 三、 体育锻炼的时间和频率

所谓运动时间是指达到运动负荷要求的持续时间。运动时间与运动强度成反比，强度大时，欲达到相同的锻炼效果，运动时间就可以缩短；强度小时，则运动时间应该延长。一般而言，要使身体各系统受到有效的运动刺激，达到有效心率后的运动时间不能少于 5 分钟。

运动的频率即每周的运动次数。每周运动的次数要综合考虑疲劳的消除、运动效果的积累与持续的时间。一般而言，耐力锻炼，每次 20~60 分钟，每周 3~5 次即可；肌肉力量锻炼，隔日为好；柔韧性锻炼，最好每天一次，且每次锻炼皆伸展 1~3 个回合。运动能力强、体力好的大学生运动次数可以适当增加，反之适当减少。

人体的身体素质通常分为力量、耐力、速度、弹跳、柔韧五大身体素质，对于每个人来说，其身体素质都会存在着差异性。针对不同素质等级的大学生，身体素质的练习要素也有所不同。

（一）耐力素质的练习要素

耐力是使身体能在较长时间的运动状态下而不产生疲劳。每次练习心率控制在 130 ~ 160 次/分钟；持续运动时间基本上要求在 20 分钟以上，每周练习 3 ~ 4 次（表 4 - 4）。在进行锻炼时，应注意以下几个因素：

（1）心、血管的负荷量。心、血管负荷量简单来讲是指心脏、血管在收缩前后所遇到的阻力或负荷。耐力练习首先应提高心、血管的机能，在一定程度上增加心、血管系统的负荷和持续时间。

（2）运动的间隔时间。这里的间隔时间是指每次负荷之间的间歇时间，一般是以脉搏频率恢复到 120 ~ 130 次/分钟，再进行下次负荷练习为宜（通常需要 3 ~ 4 分钟）。

（3）动作速率。一般来说，进行中速运动或者是匀速跑步而脉搏保持在 150 次/分的训练对耐力的增长较为有效。发展耐力的方法包括有氧训练、无氧训练和有氧无氧混合训练。有氧训练包括匀速持续跑、越野跑、变速跑和间歇跑（机体处于不完全恢复状态下反复练习）等；无氧训练包括间歇快跑和逐渐缩短间歇时间跑等；有氧无氧混合训练包括短距离重复跑、持续接力、定时跑和中长距离跑等。个人可根据自身情况选择合适的训练方法。

表 4 - 4　耐力素质的练习要素

| 项目 | 等级 | 锻炼频率 | 运动强度 | 心率（次/分钟） | 持续时间（分钟） |
| --- | --- | --- | --- | --- | --- |
| 耐力素质 | 良好 | 3 ~ 4 次/周 | 65% ~ 80% | 130 ~ 160 | > 20 |
| | 及格 | 3 ~ 4 次/周 | 65% ~ 80% | 130 ~ 160 | > 20 |
| | 不及格 | 3 次/周 | 65% ~ 80% | 130 ~ 160 | > 15 |

（二）力量素质的练习要素

每次练习心率控制在 130 ~ 160 次/分钟；每次完成规定练习 4 ~ 6 组，每周练习 3 ~ 4 次（表 4 - 5）。在力量训练活动中，应注意以下三个因素：

（1）负荷。这里的负荷是指肌肉在单位时间内（肌肉收缩前后）能够承受的重量，而最大负荷是肌肉在单位时间内能够承受的最大重量，通常以只能重复一次的重量为最

大负荷。实践证明，开始练习时以最大负荷的60%～70%进行，随着练习水平的提高，负荷量应逐渐增加。

（2）动作速度。锻炼者在进行力量训练时，应做到动作还原阶段的速度比主动用力阶段的速度慢一半。以引体向上为例，如果手臂弯曲的动作用1秒，伸展还原动作就要用2秒，这样可以使一次力量练习得到两次肌肉锻炼。

（3）练习间隔。练习间隔是指每次练习的间隔时间。实践证明，开始练习时以隔日练习为好，隔日练习的力量增长为77%，而每日进行力量训练增长只有47%。发展力量的方法包括投掷重物、举重、引体向上、双臂屈伸、俯卧撑、跳跃、负重下蹲和负重跳等。

表 4 – 5　力量素质的练习要素

| 项目 | 等级 | 锻炼频率 | 运动强度 | 心率（次/分钟） | 组数 | 组间隔（分钟） |
|---|---|---|---|---|---|---|
| 力量素质 | 良好 | 3 次/周 | 65%～80% | 130～160 | 6～7 | 1～2 |
| | 及格 | 3 次/周 | 65%～80% | 130～160 | 5～6 | 1～2 |
| | 不及格 | 3 次/周 | 65%～80% | 130～160 | 4～5 | 2～3 |

### （三）速度素质的练习要素

每次练习心率控制在130～160次/分钟；持续运动时间要在10分钟以上，每次完成规定练习4～5组，每周练习3～5次（表4－6）。在体育锻炼中，速度多涉及跑步这一运动，而影响跑步速度的因素为步频和步长。所以提高速度应从这两个方面入手。

（1）步频。步频是跑动过程中单位时间内两腿摆动的次数。从根本上讲，步频取决于运动中枢兴奋与抑制的转换速度，转换速度加快，则步频相应增加，在每步跨度不变的情况下，速度就会提高。就运动素质发展敏感期而言，11～13岁是发展步频的最佳时期。提高步频的方法有高抬腿跑、原地高频率跑和加速跑等。

（2）步长。步长是指在跑动过程中两腿之间的跨度，可以通过对髋关节柔韧性和腿部力量的训练，来扩大关节活动幅度并锻炼腿部韧带、肌腱和肌肉等软组织的伸展性，以达到增加步长的目的。增加步长的方法包括小步跑、跨步跑、后踢跑、折返跑和斜坡跑等。

表 4 - 6　速度素质的练习要素

| 项目 | 等级 | 锻炼频率 | 运动强度 | 心率（次/分钟） | 持续时间（分钟） | 组数 | 组间隔（分钟） |
|------|------|----------|----------|----------------|------------------|------|----------------|
| 速度素质 | 良好 | 3~5次/周 | 65%~80% | 130~160 | >10 | 6~7 | 2 |
| | 及格 | 3~5次/周 | 65%~80% | 130~160 | >10 | 5~6 | 2 |
| | 不及格 | 3~5次/周 | 65%~80% | 130~160 | >10 | 4~5 | 3 |

## （四）柔韧素质的练习要素

每次练习心率控制在 120~135 次/分钟；持续运动时间要在 10 分钟以上，坚持每天练习（表 4-7）。

表 4 - 7　柔韧素质的练习要素

| 项目 | 等级 | 锻炼频率 | 心率（次/分钟） | 持续时间（分钟） |
|------|------|----------|----------------|------------------|
| 柔韧素质 | 良好 | 1次/天 | 120~135 | 20 |
| | 及格 | 1~2次/天 | 120~135 | 15 |
| | 不及格 | 2次/天 | 120~135 | 10 |

## 四、体育锻炼的常用方法

### （一）重复锻炼法

所谓重复锻炼法是指根据锻炼者的需要，在相对固定的条件下反复进行练习的方法。重复次数的多少不同，对身体的作用不同，重复次数越多，身体对运动反应的负荷量越大。如果重复次数不断地增加，可能使身体承受的负荷达到极点，乃至破坏有机体的正常状态，造成伤害。运用重复锻炼方法，关键是掌握好合理的运动负荷，并据此调节重复次数。在重复锻炼中，对负荷如何控制，怎样去重复才能达到理想的负荷程度，应视实际情况而定。

### （二）间歇锻炼法

间歇锻炼法是指重复锻炼之间有合理的休整。体质增强的过程是在运动中实现的，

其中体质内部增强过程主要是在间歇中实现的，也就是在休息过程中取得了超量恢复。若是抛开在休息中取得超量恢复，则运动就变成对增强体质毫无意义的事，甚至起不了作用。间歇对增强体质的作用并不亚于运动本身，自古以来人们就有以静练身的经验。在现代科学的基础上，人类更清楚地认识到在间歇时间内有机体的各种变化，认识了保持同化优势的重要性，所以把间歇作为一种健身的基本方法。同重复锻炼法一样，间歇的时间也要依据负荷的有效价值标准去调节。一般说来，当负荷反应（心率）指标低于有效价值标准时，应缩短间歇时间，而在高于有效价值标准时，则可延长间歇时间。通过适当的间歇，把负荷量调节到负荷有效价值范围内，以追求良好的锻炼效果。实践中，一般心率在 130 次/分左右时，就应再次开始锻炼。间歇时，不要作静止休息，而应边活动边休息，如慢速走步，放松手脚、伸伸腰腿或作深而慢的呼吸等。因为轻微活动可使肌肉对血管起到按摩作用，帮助血液流回并排除代谢所产生的废物。

### （三）连续锻炼法

连续锻炼法是指根据锻炼者的需要，在相对固定的条件下反复进行练习的方法。从增强体质的良好效果出发，需要间歇就停一会儿，需要连续就接二连三地进行下去，所以不能仅讲究间歇，还要讲究连续、间歇、重复都是在统一锻炼过程中实现的。连续、间歇、重复等因素各有其特有的作用，连续的作用在于持续负荷量不下降，维持在一定的水平上，使身体充分地受到运动的作用，可使机体的各个部位都长时间地获得充分的血液和氧的供应，因而能有效地发展有氧代谢能力。实践中，用于连续锻炼的主要是那些比较容易，并已为锻炼者所熟悉的动作，可以是跑步、游泳，也可以是健身操等。

### （四）循环锻炼法

循环锻炼法由几个不同的练习点组成。一个点上的练习一经完成，练习者就迅速转移到下一个点，下一个练习者依次跟上。练习者完成了各个点上的练习，就算完成了一次循环。循环练习法对技术的要求不高，且各项目都采用比较轻度的负荷练习，因此练起来既简单有趣，又可获得综合锻炼，达到全面发展的良好效果。

### （五）变换锻炼法

变换锻炼法是指根据锻炼任务的需要，在变换的条件下进行锻炼的方法。此法可以有效地调节生理负荷，提高兴奋性，强化锻炼意向，克服疲劳和厌倦情绪，以达到提高

锻炼效果的目的。如刚参加锻炼时，可多做些诱导性练习和辅助性练习。随着锻炼水平的提高，应加大练习的难度。如用越野跑代替在田径场的长跑等。由于锻炼条件的变化，锻炼者的大脑皮层不断地产生新异的刺激，可以提高兴奋性、激发锻炼的兴趣，从而提高机体对负荷的承受能力，提高锻炼效果。另外，不断地对锻炼内容、时间、动作速率等提出新的要求，也可有效地调节生理负荷，使机体不断产生适应性变化，达到更好锻炼身体的目的。

### （六）负重锻炼法

负重锻炼法是使用杠铃、哑铃、沙袋等重物进行身体运动来锻炼身体，增强体力的方法。负重的方法，既可用于普通人为增强体质锻炼身体，又可用于运动员进行身体训练，还可用于解决身体疾患的康复。一般人增强体质进行负重锻炼，应该采用最大摄氧量和最大心输出量以下的负荷。因为过大的负荷可能给心血管和呼吸系统带来不良的影响。为了保证这种锻炼方法对身体的良好作用，在运动负荷适宜范围内可以多次重复或连续。

### （七）游戏锻炼法

游戏锻炼法是指采用游戏的形式进行锻炼身体的方法，目的在于提高兴奋性，激发学生对运动的兴趣。在嬉笑娱乐的游戏中锻炼身体、愉悦身心，有助于减轻学生的学习压力，释放激情。这种锻炼方法的运动量可以根据锻炼者的实际情况而有所不同。

### （八）竞赛锻炼法

竞赛锻炼法是指在近似、模拟或真实、严格的比赛条件下，按比赛的规则和方式进行锻炼的方法。竞赛锻炼法是根据人类先天的竞争和表现意识、竞技能力形成过程的基本规律和适应原理以及现代运动比赛规则等因素而提出的一种锻炼法。锻炼者可在竞赛的条件下，提高锻炼的积极性。练习者在比赛中能相互交流经验，有助于全面地提高技战术水平。通过竞赛锻炼法，可以提高锻炼者的心理承受能力，培养意志品质，形成积极的、拼搏的、良好的生活态度。

**第 三 节**
**体育锻炼的原则**

体育锻炼的原则是体育锻炼客观规律的反映，也是大学生安排锻炼计划、选择锻炼内容、运用锻炼方法必须遵循的基本准则。以下原则是人们在体育锻炼实践中总结出来的经验，为锻炼者达到理想锻炼效果提供科学指导。

## 一、全面性原则

人体是一个整体，各器官系统是相互影响、相互制约的。任何局部机能的提高，必然促进机体其他部位机能的改善，当某一运动素质得到发展时，其他运动素质也会不同程度地有所发展，某一方面的锻炼与发展，也会对其他方面产生积极的影响。但是如果体育锻炼的内容和方法单一则会给体育锻炼带来很大的局限性，机体不能获得良好的整体效应。如长期只从事力量练习，心肺系统功能就不会得到较大的提高；长期只从事长跑锻炼，耐力素质会有较大发展，速度、力量素质不会有较大提高；长期只从事身体一侧肢体的活动，另一侧肢体就不会得到发展，整个机体也不能得到匀称发展。因此，体育锻炼在选择锻炼内容、方法时要尽可能考虑全面发展身体的各个部位，各器官系统的机能，各种运动素质和基本活动能力。要努力掌握多种运动技能，贯彻全面锻炼的原则。

全面锻炼原则主要有两层意思：一是体育锻炼的项目要丰富多样。不同的体育锻炼项目，对身体机能的影响作用不同。选择多样化的锻炼项目，将有助于身体机能的全面提高，以免由于单一的体育锻炼造成身体的畸形发展。二是体育锻炼项目的多功能性。如果由于体育锻炼时间和锻炼条件的限制，不可能选择较多的运动项目，那么在确定体

育活动内容时，就应当选择一种能使较多的器官或部位得到锻炼的运动形式，以保证做到活动项目虽然单一，但仍可对整体机能产生全面影响。

## 二、　经常性原则

经常参加体育活动，锻炼的效果才明显、持久，所以体育锻炼要经常化，不能三天打鱼，两天晒网。虽然短时间的锻炼也能对身体机能产生一定的影响，但一旦停止体育锻炼后，这种良好的影响作用会很快消失。一次性体育活动可以提高人体的免疫机能，增强人体的抗疾病能力，但这种作用在体育锻炼后的第二天或第三天就消失了，所以要想保持身体旺盛体力和精力，就必须坚持参加体育锻炼。体育锻炼是身体练习对人体给予刺激的过程，每次刺激都产生一定的作用痕迹，连续不断的刺激作用，则会产生痕迹积累。这种积累使动作技能形成的条件反射不断得到强化，机体的结构和机能产生新的适应，体质不断增强。因此，强健的体魄和较高的运动水平，并非一朝一夕所能练就的，已取得的锻炼成果也不会是一劳永逸。只有经常坚持体育锻炼，保持锻炼时间、次数、强度的衔接性和连续性，才能收到良好的锻炼效果。经常参加体育锻炼应注意以下几个问题。

（1）一旦参加体育锻炼，并对身体产生良好影响，就应自觉地坚持下去，活动的内容和项目可以更换，但锻炼不能停止。

（2）经常参加体育锻炼，并不是说无论什么情况绝对不能停止运动，只要合理安排锻炼计划，如每周锻炼 3 天等，只要不是长期地停止锻炼，就能保持锻炼效果。

（3）因气候条件不能在室外进行锻炼时，可改在室内进行，即使暂时变换锻炼内容，对锻炼效果也不会有太大影响。因学习、工作繁忙，而不能按原计划进行体育锻炼者，可充分利用零散时间进行体育活动，一天进行几次短时间的体育活动同样会取得较好的健身效果。

## 三、　渐进性原则

渐进性原则指体育锻炼的要求、内容、方法和运动负荷等都要根据每个人的实际情

况，由易到难，运动负荷由小到大，逐步提高。人体各器官的机能，不是一下子可以提高的，它是一个逐步发展、逐步提高的过程。例如，某一个同学很讨厌跑步，连两圈都跑不下来。开始练习时，强迫自己完成四圈的练习，哪怕是跑跑走走，走走再跑跑，经过一段时间练习后，就会发现跑四圈变得很轻松，不需要再走了。这个时候就可以规定自己每一圈在规定的时间完成练习，例如每圈两分钟。开始的时候会感觉很吃力，又会出现跑跑走走，走走再跑跑的现象，但经过一段时间的练习后，会发现在规定的时间跑四圈变得很轻松，这时你可以缩短每圈规定的时间，按照这样的方法，逐步提高你的长跑成绩。另外，不少大学生在体育锻炼中会出现各种身体上的不良反应。产生这种现象的原因可能有多种。例如，开始锻炼时活动量过大，机体无法很快适应，身体疲劳反应也大，锻炼者受不了这么大的"苦"而放弃体育锻炼；其次，对体育锻炼的期望值过高，认为只要进行体育锻炼就会立竿见影，结果锻炼几天后，未见身体机能明显变化，因而对体育锻炼大失所望；再者，开始体育锻炼时活动量过大，身体不适应造成运动损伤等，锻炼者于是就选择停止或放弃体育锻炼。上述情况的出现，就要求锻炼者把握好渐进性原则，从而获得良好的体育锻炼效果。

### 四、 个别性原则

我国幅员辽阔，不同地区地理气象条件差异很大，即使是同一个地区，各个学校之间的体育锻炼条件、场地器材等也都会有很大差异。对于同一学校参加体育锻炼的学生来说，虽然他们的生理结构基本相同，但在年龄、性别、体质状况、锻炼需求等方面的个体差异是普遍存在的，即使是年龄、性别、体质等条件都相似的人，随着体育锻炼过程的发展也会因机体适应能力的高低而出现差异。由于锻炼者本人及所处的锻炼环境千差万别，不可能提出一种各校都可通用的体育锻炼计划，更不可能提出一个人人都行之有效的锻炼方案。因此，在体育锻炼中必须贯彻从实际出发的原则，根据锻炼者的个人特点、学校的锻炼条件，结合季节、地域气候等客观实际，合理地确定锻炼内容，选择方法手段，安排运动负荷。这样才能掌握体育锻炼的主动权，提高锻炼的可行性和实效性，收到良好的锻炼效果。在具体执行个别性原则时，应做到以下几点：

1. 根据年龄选择体育锻炼项目。本科生和博士生在年龄上相差还是比较大的。一

些博士生可进行一些活动量相对平稳的如慢跑、太极拳等项目的体育锻炼，以减少运动损伤。一些本科生可进行对抗性强，运动较剧烈的球类运动以及爬山比赛等，以增加体育锻炼的兴趣。

2. 根据性别选择体育锻炼项目。男子可进行一些体现阳刚之气的举重、拳击等体育锻炼，女子则可练习健美操、健美舞等柔韧性运动项目。

3. 根据身体情况选择体育锻炼项目。对从事康复体育锻炼的人来说，体育活动量一般不要过大，其体育锻炼的主要目的是恢复身体机能，或使身体机能不致过分下降。对于一些有特殊慢性疾病的人，要有针对性地选择适合自己疾病的体育锻炼项目。

### 五、　自觉性原则

体育锻炼是一个克服自身惰性、战胜各种困难的自我锻炼、自我完善的过程，也是自我养成良好习惯的过程，大学生只有自觉积极地进行体育锻炼，才能获取应有的锻炼效果。首先要提高对体育的认识，树立终身体育思想，把体育看作是每个人高质量生活的一部分，使体育锻炼成为健身、健美和延年益寿的重要手段。其次，大学生要改变教室—食堂—宿舍三点一线的生活方式，养成健康有规律的作息时间。多参加户外运动，减少熬夜、减少不健康聚餐、减少电子产品的使用。调动并发挥更大的主动性和积极性，使体育锻炼建立在自觉的基础上，以期更好的锻炼效果。

## 第 四 节
### 体育锻炼的计划制订与评价

### 一、 体育锻炼计划的制订与实施

生命在于运动。经常运动不仅可以增强身体素质，提高人体的免疫功能，有助于抵抗各种疾病，还可以减轻焦虑、缓解心理压力。对于大学生，适当地进行身体锻炼不仅可以提高运动素质，还可以做到劳逸结合，使智力水平得到充分发挥。在正确掌握科学锻炼身体原则的基础上，应该掌握科学制订符合自身特点锻炼计划的方法。

体育锻炼计划是在遵循体育锻炼的原则基础上制订的，制订计划的目的在于锻炼的科学性，减少盲目性，便于检查和总结锻炼效果，提高锻炼质量。制订计划时，要结合自己的学习和生活制度，做到有利于调节脑力劳动，提高学习效率，使锻炼与学习相互促进，相得益彰。在制订锻炼计划时，注意把课外锻炼的内容和体育课的学习内容相结合，达到复习和巩固体育课所学的内容；注意把个人兴趣与实际需要相结合，既要发展和提高自己感兴趣的或擅长的项目，又要努力克服自己的弱项和不擅长的项目；注意不同身体素质的练习以及身体素质练习与其他运动的有机结合。

### （一）了解自我

进行锻炼前，应对自身状况有充分了解，才能设定恰当的锻炼目标，制订科学的锻炼计划。了解自我从以下三个方面进行：①身体形态，如身高、体重、胸围等；②身体机能，如脉搏、血压、肺活量等；③运动能力，如速度、耐力、力量、灵敏、柔韧、平衡等身体素质和跑、跳、投等身体活动能力等。

（二）设定目标

大学生进行体育锻炼时应该有明确的健身目的，这是科学安排长期体育锻炼的重要依据。人们参与健身活动，既有高远的目的，也有直接而贴切的目的。对于前者而言，它是以满足长期的生理、心理和社会需求为前提的。而直接贴切的目的，既是具体健身活动的动因，又决定着体育锻炼的安排方式。如果是为了一般性增强体质，提高和保持健康水平，那么，安排体育锻炼的内容就比较灵活一些，如跑步、打球、练习太极拳等，时间亦可长可短。如果是为了提高肌肉力量，改善身体形态，就应以力量和体形锻炼的手段方法为主，并注意与其他机能锻炼配合进行。以减肥为主要目标而进行的体育锻炼，应该以有氧运动为主，运动的时间相对较长，使体内多余的脂肪充分消耗。女性为保持优美的体形所进行的体育锻炼，应该多安排健美操、舞蹈等运动。

（三）制订计划

大学生应科学制订体育锻炼计划，选择适合自己的运动项目、运动时间和运动负荷。个人的体育锻炼计划大致可分为学期锻炼计划、周锻炼计划和日锻炼计划。

1. 学期锻炼计划

在这个计划中，有确定的健身目标、重点、时间、内容、方法和运动负荷等要求，有的还设置了阶段性的监测指标。锻炼计划是没有统一的模式，但需要考虑下列因素制订：①确定锻炼身体的目的与任务；②建立个人健康卡；③充分考虑学习、工作和生活特点；④考虑季节、环境和经济条件；⑤考虑个人的特长和兴趣；⑥注意全面发展身体；⑦锻炼内容要少而精（见表4-8）。

**表4-8　体育锻炼次数、时间学期计划表**

| 时期 | 有体育课 | | | | 无体育课 | | | |
|---|---|---|---|---|---|---|---|---|
| | 早操 | | 课外活动 | | 早操 | | 课外活动 | |
| | 周数（次） | 时间（小时） | 周次数（次） | 时间（小时） | 周次数（次） | 时间（小时） | 周次数（次） | 时间（小时） |
| 春（秋）学期 | 3~5 | 0.5 | 2~3 | 1.5 | 3~5 | 0.5 | 3~4 | 1 |
| 夏（冬）考试期 | | | 2~3 | 1 | | | 2~3 | 1 |
| 暑（寒）假期 | | | 3~4 | 2 | | | 3~4 | 2 |

## 2. 周锻炼计划

这是对一周的健身计划做出安排，是具体的阶段性计划。必须设置一周的健身重点、时间、内容、方法和运动负荷等健身目标，它较学期健身计划应当更具体。这种方法简便易行，很适合大学生掌握和实施。现以一年级某男生为例，该生以全面发展身体素质和复习、巩固体育课内容为目标，其周锻炼计划表如表4-9所示，仅供参考。

**表4-9 周锻炼计划表**

| 星期 | 内容 | | 备注 |
|---|---|---|---|
| | 早操 | 课外 | |
| 一 | 晨跑1200米，一般体操练习 | | 每天运动时间累积大致一小时 |
| 二 | | 耐力跑2000米，球类活动20分钟，引体向上或腰腹力量练习 | |
| 三 | 晨跑1200米，一般体操练习 | | |
| 四 | 晨跑1200米，一般体操练习 | | |
| 五 | | 30~50米反复跑3~5组，立定跳远或跨跳练习 | |
| 六 | 晨跑1200米，一般体操练习 | | |
| 日 | | 野外活动或球类活动 | |

注意：表中各项内容均应有一定的强度、运动量和时间的要求。具体因人、因时、因地酌定。并注意课外活动时间，尽量不安排在有体育课的当天进行。

## 3. 日锻炼计划

日锻炼计划是针对每天健身的内容、方法、运动负荷等提前做出安排，它是在学期锻炼计划和周锻炼计划的基础上制订的。内容需要包括以下几个方面：①健身者的基础情况；②健身的目的和要求；③基本指标和适宜的健身项目；④健身锻炼时的注意事项等。日锻炼计划在正常情况下，最好是每天或隔天进行一次体育活动，每次体育锻炼安排的科学性将直接影响到锻炼的效果。因此，它涉及锻炼的时间段、锻炼的内容、锻炼的强度与时长等。锻炼的时间可以依据每个人的具体情况安排在清晨、下午或傍晚均可。

（1）清晨锻炼。很多同学喜欢在早晨进行体育锻炼，这主要是因为：①清晨的空气清新，早起晨练可以帮助排出体内的二氧化碳，吸入更多的氧气，有利于机体的新陈代谢；②早上起床后大脑皮层处于抑制状态，通过体育锻炼，可适当提高大脑皮层的兴奋性，有利于一天的学习和工作；③早起锻炼时，凉爽空气刺激呼吸道黏膜，能增强身体的抵抗力。然而清晨运动强度过大，易使交感神经过于兴奋，这种快速的变化在体内可以产生一系列的心理抑制作用并影响一整天的精神状态，不利于工作和学习。此外，这个时段血糖处于较低水平，运动会消耗大量的血糖，容易导致低血糖。因此，清晨运动，运动负荷不能过大，以避免引起身体不适。为了防止身体的血液黏度增加，在运动前应适当饮水。此外，工作和学习紧张者以及习惯晚起床的人，没有必要强迫自己每天进行晨练。

（2）下午锻炼。从生理学的角度来看，人们的身体机能在下午往往处于高峰时期，也是许多疾病的"安全期"，因此下午是理想的锻炼时间。大学生特别适合在这个时候进行体育锻炼。大学生经过一天的紧张学习后，进行一定强度的体育锻炼，不仅能增强体质，也可以使身体和心理得到调整。这时体育锻炼的运动强度可以稍微加大，例如可以享受一场球类比赛，或者进行一些器械的力量练习、跑步等无氧练习和有氧练习均可。

（3）傍晚锻炼。傍晚后也是锻炼的大好时光，特别是对那些清晨和白天工作、学习非常繁忙的人来说更是如此。晚间适当地进行体育锻炼，有益身体健康，而且还可以帮助身体更好地消化和吸收。傍晚进行体育活动的时间可长可短，但一般不要超过 1 小时，运动强度也不可过大，心率应控制在 120～140 次/分钟左右，强度过大的运动会影响胃肠道的消化和吸收。同时，傍晚锻炼结束与睡前的间隔时间要在 1 小时以上，否则会影响夜间的休息。

**（四）实施锻炼**

常用的体育锻炼方法在上一节已经讲述，这里不再重复。但是要注意的是锻炼的过程要遵循锻炼的原则，随时检查、修订锻炼计划，并要加强体育锻炼中的自我监督与评价。

**二、体育锻炼的自我监督与评价**

**（一）体育锻炼的自我监督**

课余体育锻炼是学校体育的重要组成部分，是学生利用课余时间自觉、有意识、有

目的地进行锻炼的一种行为方式，是促进大学生身心健康发展的重要途径，在形成学生的体育兴趣、习惯与能力等方面起着重要的作用。课余体育锻炼已构成很多大学生课余生活的重要元素，有效、科学的体育锻炼可以强身健体、缓解紧张与疲劳，娱乐身心。有一些大学生参与课余体育锻炼的热情很高，但是他们在锻炼规律的正确掌握、锻炼项目的合理选择以及锻炼时间的有序安排等方面存有盲区，锻炼的方式方法也不尽科学。还有些大学生承担着繁重的学习任务，有些还担有科研任务，有些还参加一些社会活动。时间有限的情况下，有些大学生就千方百计地挤时间锻炼身体，甚至不顾违反作息生活规律和科学锻炼身体的原则，盲目地进行自我锻炼，以期达到增强体质和增进健康、提高机体工作能力的目的。诚然，积极地参加体育锻炼的主观意愿应给予肯定，但是体育锻炼是不能违反科学锻炼的规律以及原则，盲目地进行自我锻炼，否则出现运动性伤病的概率会很高，不仅没有达到强身健体、缓解疲劳、提高学习效率的目的，反而给机体造成伤害，影响了学习和工作。那么怎样避免这种人为的不必要的损害并预防运动性伤病的发生呢？这就需要学生们在体育锻炼中增强自我医务监督意识和保护意识，掌握一些体育锻炼自我医务监督的基本方法，有效地避免并预防运动性伤病的发生。

1. 造成身体损害与运动性伤病的原因

造成身体损害与运动性伤病的原因很多，但在大学生的课外体育锻炼中最常见的有下面两种：

（1）不遵守作息时间，缺乏经常持久的锻炼。有些大学生夜间到很晚才休息，睡眠时间较短，保证不了每天应有的八小时睡眠，有些只有四五个小时，早上起不来床，自然也就不能坚持早操锻炼了，加上不吃早餐去上课，饿着肚子坚持到中午，午餐时便狼吞虎咽一番，饥一顿饱一餐，晚上继续"开夜车"或者玩手机、打游戏、参加朋友间的聚会直到深夜。长期这样不遵守时间规律，缺乏持久的早操锻炼，结果造成了在参加课外锻炼时，注意力分散，脉搏血压不稳和体力不佳。活动不到几分钟便气喘吁吁，大汗淋漓，强撑着锻炼下去，难免会出现一些运动性伤病，自然也会给身体带来一定的损害。

（2）违反科学锻炼身体的原则。相当一部分大学生常在午间和夜晚进行剧烈的体育活动，既不做充分的准备活动，也不管身体状况如何，完全凭兴趣与爱好行事。在剧烈的体育活动中，常出现超生理负荷的做法，频繁重复大运动量的体力活动，使机体得不到充分的休息，再加上睡眠不足，营养跟不上，健康水平随之下降，导致慢性疲劳和过

度疲劳产生。这些使得他们在课外锻炼中感到手脚不灵活，胸闷头昏，全身器官都处在失控状态之中。动作的连贯性、节奏性、准确性均遭到破坏。脉搏呼吸加快，血压上升，物质代谢的协调功能下降。运动中常伴有休克、虚脱、晕厥、低血糖、中暑和运动性血尿等现象的发生。

2. 自我医务监督的方法

由上述原因可以看出，大学生在平时的课外体育锻炼中很有必要学会和掌握自我医务监督的方法。体育锻炼的医务监督就是运用医学的方法对锻炼的过程进行有效监控，指导人们科学地进行体育锻炼，防止过度疲劳，使体育锻炼获得最佳效果，并促进身体发育，积极预防运动性伤病的发生，增进健康、增强体质，提高锻炼水平和运动成绩。但是一般的大学生是没有条件进行复杂的正规医务监督的。而自我医务监督则是一种比较简单可行的方法。大学生可以通过观察、记录自己的锻炼情况和身体机能状况，然后据此间接地评定运动量的大小和锻炼水平，预防过度锻炼，达到增进身体健康，改善各器官机能，提高学习和工作效率的目的。进行自我医务监督主要从两方面进行：

（1）主观感觉。身体的主观反应主要从精神状态、运动兴趣、睡眠状况、食欲情况以及一些不良反应等方面进行观察。个人的锻炼在实际过程中常常受到一些客观条件的限制，复杂的正规医务监督通常难以实施，而自我医务监督正是一种简便可行的方案。通过自我感觉和自我客观检查的方法，评估自己的锻炼情况、身体机能状况、运动量的大小以及锻炼水平。判断运动量是否恰当，一般可以根据人体客观生理指标的测定和锻炼者的主观感觉来综合分析。

锻炼过程中自身的主观感受是反映运动量是否恰当的重要方面。如果锻炼后自我感觉良好，虽有疲劳感，但次日恢复正常且精力充沛，则说明运动量的安排恰当。如果锻炼者运动后有肌肉酸痛的感觉，应该是身体锻炼正常的生理反应，一定时间后这种酸痛感会逐渐消失。但如果锻炼后出现情绪低落，精神压抑或者情绪不稳定，全身乏力，头晕脑涨，失眠多梦或者嗜睡，不思饮食等情况，则说明运动量超过了身体所能承受的负荷程度，需要锻炼者在以后的锻炼中减小运动量或进行适当的休息调整。此外锻炼者的兴趣也在一定程度上反映出运动量的安排是否合理。如果锻炼者乐于锻炼，锻炼时感觉轻松愉快，说明自己身体情况适合目前的运动。如果锻炼者对当前的锻炼不感兴趣，甚至出现厌恶心理，可能是由于锻炼方法不恰当或是因为运动量过大造成的，需要锻炼者改变当前的锻炼方法或者适当降低锻炼要求。主观感觉是依据锻炼后身体情况的反应来

判断运动量是否合适的指标，有时会受到身体、学习、生活情况等因素的影响。

为了更加准确、全面地判断运动量是否恰当，还需要结合一些客观指标的检查，分析引起问题的具体原因，使锻炼效果的评价更趋数量化、具体化。如果想达到满意的锻炼效果，就需要把自己的运动量控制在一定的范围之内。如果运动量太小，不能够对身体产生足够的影响，促使其功能改善，便达不到锻炼的目的；如果运动量太大，呼吸和循环系统不能满足组织器官的用氧需求，同样影响锻炼效果。受各种因素的影响，体育锻炼过程中有时会出现一些看似问题不大的信号，而此时就应该引起注意。比如有人在运动时出现脸色发白、出冷汗、四肢无力等症状，这可能是因为一下子运动量过大，体内出现暂时性缺氧所致。遇有这种情况应即时做调整并在空气流通的地方进行深呼吸，尽量扩展胸腔，增加血氧供应量，症状如无缓解应尽快到医院就诊。如果运动前准备活动不充分，运动量过大或饮食过量，有可能出现胃痉挛或上下腹绞痛的症状，出现这样的情况应及时去医院诊治。有关判断疲劳程度的标志见表4－10。

表4－10　判断疲劳程度的标志

| 内容 | 轻度疲劳 | 中度疲劳 | 非常疲劳 |
|---|---|---|---|
| 自我感觉 | 无任何不舒服 | 疲乏、腿痛、心悸 | 除疲乏、腿痛、心悸外，尚有胸痛、头痛、恶心甚至呕吐等症状并持续相当久 |
| 面色 | 稍红 | 相当红 | 十分苍白，有时呈紫蓝色 |
| 排汗量 | 较多 | 甚多，特别是肩带部位 | 非常多，尤其是整个躯干，在颞部以及汗衫、衬衣上可出现白色盐渍 |
| 呼吸 | 中等加快 | 显著加快 | 显著加快，且表浅，有时呼吸节律紊乱 |
| 动作 | 步态轻稳 | 步伐摇摆不稳 | 摇摆现象显著，行进时往往掉队，出现不协调的动作 |
| 注意力 | 比较好，能正确执行指令 | 执行口令不准确，改变方向时发生错误 | 执行口令缓慢，仅有大声口令能够接受 |

（2）客观检查。身体客观生理指标检测常用的内容主要包括安静时以及锻炼前后的脉搏、体重、运动成绩等方面。

人体脉搏的变化（人体安静状态下的脉搏次数与平时脉搏跳动次数）是反映运动量

安排是否恰当的一项客观指标。安静状态下的脉搏测量方法是在早晨刚醒来时仰卧于床保持精神放松，心情平静，将食、中指放在腕动脉或者颈动脉处，计数出一分钟脉搏跳动的次数，再与平时每分钟脉搏跳动次数作比较，如果晨脉跳动次数稍低于平时脉搏跳动次数或者没变化或者稍有增加，则表明机体反应良好，运动量安排适宜。因为经过一段时间的锻炼后，随着身体素质的提高，心血管系统功能增强，安静时每分钟脉搏跳动的次数会有所减少。如果晨脉跳动次数较平时高出 5 次以上，如无疾病或其他原因，则说明运动量过大，应及时进行调整。

锻炼一段时间后，体重会略有下降，这是因为体内脂肪消耗为身体运动提供能量所造成，锻炼者运动消耗的能量可从日常饮食中得到补充，体重会逐渐稳定下来。如果体重持续减轻并伴有身体不适的感觉，可能是运动量过大或是锻炼者患有某种慢性疾病所致，锻炼者应该减少运动并及时到医院进行身体检查。经常锻炼的人食欲应该是不错的，如果锻炼后出现食欲下降、不思饮食或厌食等情况，多是因为运动量过大，过度疲劳或身体出现某些疾病所造成，应及时注意采取相应的措施。另外，由于体重测量受诸多因素的影响（如天气，进餐，穿衣等），所以每次测量体重时应尽可能在相同的条件下进行。每个人的身体素质、内脏功能也存在一定差异。

有一些锻炼者违反人体生理活动规律，饭后便立即进行剧烈的运动，这是必须禁止的做法。饭后人体胃部食物充盈，如果此时进行剧烈运动很容易引起胃部的不适甚或出现更严重的问题。如果要进行体育锻炼，正确的方法应在饭后两小时后再进行，并应做好充分的准备活动并掌握好运动的节奏，运动量（因人而异）应是逐渐增加再逐渐降下。此外，锻炼过程中发生的低血糖症多是长时间剧烈运动导致体内血糖大量消耗，多发生于长时间活动的过程中或结束后。一旦出现低血糖症，应平卧并保暖，神志清醒者可即刻补充浓糖水，如有条件可静脉注射葡萄糖注射液，增加血糖浓度，一般短时间后即可恢复。若是患者昏迷可用指尖点掐人中、百会、涌泉、合谷等穴，并迅速送医院处理。避免低血糖症最为积极的办法是懂得如何预防低血糖症。没有锻炼基础、平时健康状况不佳时，患病未愈时，或空腹饥饿时都不要参加长时间的剧烈运动。如要进行较长时间的锻炼应准备一些含糖的饮料，供途中补充饮用。运动能力的强弱是锻炼效果的客观体现，它的提高与降低客观地反映出个人锻炼的手段和运动负荷的选择是否恰当，也与个人的作息制度和生活规律密切关联，一旦有规律的作息制度和生活规律被打乱，身体也会出现器官功能失调，这必将导致运动能力下降。所以保持良好的生活习惯和有规

律的作息是提高锻炼效果的重要保障。

其次，人体对内外环境变化的适应是一个缓慢的、由量变到质变的过程，肌肉活动对机体提出的要求，需要逐步与它取得平衡。在开始一个经常性的锻炼计划前，应对自己身体的健康状况有所了解，做一次身体检查是必须的，作为锻炼者必须懂得在开始锻炼前要做好充分的准备，这是身体健康发展的基本要求，也是提高锻炼安全性的基本前提。

最后，身体锻炼必须遵循人体健康发展的规律，才能充分发挥锻炼在促进人体健康发展和增强体质过程中的积极作用。人体健康发展总的规律是不可改变的，但变化过程的节奏和体质的强弱则是可以控制的。人人都应树立正确的健康理念维护身体健康，积极主动地进行科学有效的身体锻炼，增强体质，促进身体健康发展，保持身体良好的机能状态，增强机体抵抗疾病的能力。有关体育锻炼的自我监督见表4-11。

表4-11　体育锻炼自我监督表

| 内容 | 指标 | 反应 | | |
|---|---|---|---|---|
| 主观感觉 | 运动情绪 | 良好 | 一般 | 较差 |
| | 自我感觉 | 良好 | 一般 | 较差 |
| | 睡眠 | 良好 | 一般 | 较差 |
| | 食欲 | 良好 | 一般 | 较差 |
| 客观检查 | 体重 | 增加 | 稳定 | 减轻 |
| | 脉搏 | 减少 | 稳定 | 增加 |
| | 运动成绩 | 提高 | 稳定 | 下降 |
| 其他 | 运动损伤 | | | |

（3）疲劳的消除

体育锻炼后尽快地消除疲劳可以缩短身体恢复时间，有效地提高锻炼效果。常见的疲劳消除手段有：

① 足够的睡眠。体育锻炼中能源物质大量消耗，身体机能明显下降，充分的休息是保证疲劳尽快消除的重要手段，而休息的最佳手段是睡眠。因此，在体育锻炼后，要保证足够的睡眠，比不运动时睡眠的时间要长；否则，虽然体育锻炼很努力，但收效甚微。

② 整理性活动。在体育锻炼后可采用一些整理性活动，对促进身体机能的恢复有明

显的作用。整理性活动主要包括一些小强度慢跑、伸展性练习、按摩等手段。

③ 营养补充。运动中能源物质的消耗是疲劳产生的原因之一，因此消除疲劳的前提是使消耗的能源物质及时补充。不同的体育锻炼形式补充的能源不同。一般来讲，力量练习后补充蛋白质，耐力练习后补充淀粉和糖类，而水果和蔬菜是各种体育锻炼后都应补充的"家常便饭"。

④ 其他。在体育锻炼后还可以采用一些其他手段促进疲劳的消除，如教育学措施（按体育教育规律安排运动强度和运动量等），医学措施（物理疗法和水疗、药物制剂和维生素、电刺激、电睡眠等），心理方法（心理治疗、心理调整、心理暗示、听音乐等）。这些看似平常的方法对身体机能的恢复都有不可低估的作用。

（4）超量恢复

人体在进行身体运动过程中，要消耗大量的能量物质，随着运动的进行各种能量物质的分解与合成也在不断进行。但在运动中消耗（分解）量较大，往往是超过了恢复（合成）的水平，能量物质不能完全恢复，代谢产物不能完全排除，因此身体欠下了氧债，

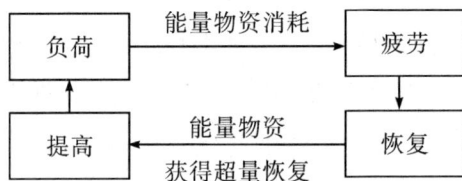

图 4-2　人体机能提高的模式

只有在运动后得到恢复，就出现了运动后的恢复过程。在身体结束运动之后，人体各器官的机能仍处于一个较高水平，必须经过一段时间之后，才能逐步恢复到运动前的状态，这段时间机能的变化成为超量恢复。剧烈运动停止，能量的消耗大幅下降，这时合成必然超过分解，直至身体恢复彻底。这种不断地大量消耗身体内能量物质，又不断地恢复就被称为超量恢复，随之而来的是运动能力的提升（见图 4-2）。

（二）**体育锻炼效果的自我评价**

体育锻炼效果是指通过系统的体育锻炼对身心产生的影响和结果，表现在身体形态、机能的改善，身体素质水平的提高，某项技术技能的掌握与巩固，适应环境和抵抗疾病能力的增强以及健康水平的提高等方面。锻炼效果的评定是科学锻炼的一个重要指标，通过评定，能及时了解锻炼的效果，使锻炼者对增强体质、提高健康水平充满信心，从而刺激其自身参与锻炼的意识和积极性，还提供了他们身体发育和变化的信息，从而使他们根据自己的身体状况合理地选择锻炼的内容和方法，及时修订锻炼计划，促使以后的锻炼收到更好的效果。评定锻炼效果的方法很多，下面介绍几种方法。

1. 对照评定法

对照评定法是把个人锻炼前后的身体状况与能反映身体状况的指标进行对比，以观察锻炼对促进人类健康、增强体质的效果。采用对照评定法评定锻炼效果，要求锻炼者在每一阶段的锻炼开始前，先测定本人的体质指标作为评定的基础数据（或称为"对比指标"），经过一个阶段锻炼结束后，再进行相同测定，将测得的同项目数据进行对照，进行评定。对照评定法的具体内容有以下几种：

（1）指数对照评定法

指数对照评定法是把锻炼前后的有关评定体质状况的指数进行对比，来评定锻炼效果的方法。通常在检查人体的形态、机能状况和观察身体锻炼对促进人体形态、机能改善的效果时运用这种方法，评定的主要指数有四个。

① 肺活量指数，是评定人体肺功能优劣的指标。肺活量指数计算公式为：肺活量指数 = 肺活量（毫升）÷ 体表面积。体表面积的计算公式为：体表面积 = 0.0061 × 身高 + 0.0128 × 体重 − 0.1529。我国成年男子的肺活量指数应在 2310 以上，女子应在 1800 以上，低于此标准则说明肺功能较差。

② 体重身高指数，是评定身体发育水平和身体发展水平的指标，由体重 ÷ 身高获得。我国成年男子的指数应为 348 ~ 450 克/厘米，成年女子应为 335 ~ 420 克/厘米，16 ~ 22 岁的青年男女应为 325 ~ 420 克/厘米。成年男子超过 450 克/厘米、成年女子超过 420 克/厘米则过于肥胖，青年男女低于 300 克/厘米，则过于瘦弱。

③ 胸围身高指数，是评定人体胸廓和胸部肌肉发育及发展水平的指标，由"胸围 − 1/2 身高"获得。我国男女的正常标准指数为 1，指数大于或等于 1，说明发育较好，指数介于 0 ~ 1，说明发育一般，指数等于或小于零，说明发育较差。

2. 标准的对照评定法

标准的对照评定法是运动后将锻炼者测得的同一项目的数据与适用标准进行对比，以了解和评估身体状况和锻炼的效果。我国现行的《国家学生体质健康标准》是大学生评估身体状况和锻炼效果的适用标准，评估可以结合一年一度的标准测试进行，具体方法如下：

（1）对照《国家学生体质健康标准》评定体质健康的综合发展水平。将测试的各类内容，即：体重指数（$n_1$）、肺活量（$n_2$）、50 米跑（$n_3$）、坐位体前屈（$n_4$）、立定跳远（$n_5$）、引体向上（男）/仰卧起坐（女）（$n_6$）、1000 米跑（男）/800 米跑

（女）（$n_7$）的单项最高得分相加，作为评定总分，即 $x = \sum\limits_{n=1}^{7} n$ ，为测试总得分，$n_1 \sim n_7$ 分别为七类项目中单项最高分。

（2）对照《国家学生体质健康标准》评定体质健康的某单项发展水平的高低。例如，评定速度素质的发展水平和锻炼对速度素质提高的效果时，就可取 50 米跑（$n_3$）测验的得分，对照表中数值进行评定。

3. 综合评定法

综合评定法是全面检查和评估身体状况与锻炼效果的重要方法。人体是一个统一的整体，体育锻炼对人体的作用是全面的。采用综合评定法进行评估体育锻炼的效果时，应从身体形态、机能、精神状态、健康状况、疲劳状况、记忆力、思维活动的灵活性等方面做后续调查，收集相关的数据进行定量和定性的评价运动效果。需要指出的是综合评定的某些内容，如形态、心肺功能、体能是定量分析的客观标准，而另外一些内容却无法用客观数据进行定量的评价，只能定性分析。这种分析的本质是判断，是一个主观的感受和体验的过程。结果只用好、较好、一般或差等模糊语言来表示。尽管这样，采用定量和定性相结合的评定方法仍然是评估锻炼效果的较好方法。

## 第 五 节
## 体育锻炼的运动处方

### 一、 运动处方概述

处方，即医师在治疗病人时所开的药方，患者可凭处方服药就医。不同的疾病和病

人有不同的处方，这就是"对症下药"，要运用科学来强身健体也需要如此。运动处方是对体育锻炼者或病人，用医学检查（包括运动试验和体能测试）的方法，根据其健康、体力以及心血管功能状况，结合其生活的环境条件和个人运动爱好的特点，以处方的形式规定适当的运动种类、时间和频率，并指出运动中的各种注意事项，以此有计划地进行锻炼，从而达到健身或治疗的目的。

### 二、 运动处方的特点和作用

运动处方的最大特点是因人而异，可以提出具体的运动负荷量和运动方式，以确保锻炼者科学有效地进行锻炼。研究表明，合理运用运动处方锻炼，可收到显著的锻炼效果。

（1）有助于保持锻炼的科学系统性。运动处方是调节锻炼者身心、促进健康和康复的一种方法，使锻炼者有计划地参加体育锻炼，以达到科学锻炼、增强体质、预防疾病、延缓衰老等目的。克服日常锻炼中经常存在的"一曝十寒"的弊端，同时便于对整个身体锻炼过程进行反馈调节。

2. 有助于改善身体健康，提高身体机能。人们参加运动处方锻炼，一方面可以改善自己的身体状况，促进健康水平的提高和疾病的预防，特别是防止现代"文明病"的侵袭；另一方面，能有效地改善身体机能，比如增加身体肌肉的耐力、肌肉力量、爆发力、身体灵敏性、平衡性和灵活性，可以促进身体运动能力的提高。

3. 有助于帮助许多慢性疾病患者治疗疾病，促使身体康复。严格按照运动处方的要求锻炼，可以大大提高运动中的安全性，在运动中，可以尽可能地减少意外事故的发生，并有效地提高身体对疾病的抵抗力，以达到治疗疾病的效果。

### 三、 运动处方的分类

#### （一）根据运动处方的功能分类

1. 锻炼性运动处方

主要用于改善身体机能，适应青少年体育锻炼的要求，有针对性地提高身体运动的能力。锻炼性运动处方往往是综合性质的锻炼，并在某些方面有适当侧重。

2. 预防性运动处方

主要用于预防疾病的老人健身。人过中年，身体开始衰退，特别是心血管系统的衰退对身体的影响更为明显，因此，中老年人的运动处方往往是持续时间稍长的有氧耐力锻炼计划，以延缓和推迟身体的老化过程。

3. 治疗性运动处方

常用的某些疾病或创伤的治疗和康复处方，使医疗体育更加定量化、更加有针对性。比如减肥运动和心血管疾病的康复锻炼，是经常与其他治疗和康复措施结合使用的。

## （二）根据运动处方锻炼作用分类

1. 心脏体疗锻炼运动处方

以改善心脏和肺的功能为主要目标，主要用于预防和康复，如冠心病、高血压、糖尿病、肥胖症等内脏器官疾病的预防和康复。

2. 运动器官体疗锻炼运动处方

主要是改善肢体功能，对由各种原因引起的运动器官功能障碍和畸形的矫正等有较好效果。从运动生理学中氧代谢的程度来区分，健康有效的体育运动项目可分为三类，即有氧运动、无氧运动和混合运动（见表4－12）。

表4－12　有氧、无氧及混合运动项目示例

| 有氧运动 | 无氧运动 | 混合运动 |
|---|---|---|
| 步行 | 短距离全力跑 | 足球 |
| 慢跑 | 举重 | 橄榄球 |
| 自行车 | 拔河 | 手球 |
| 网球 | 跳跃 | 篮球 |
| 排球 | 投掷 | 冰球 |
| 高尔夫 | 激励训练 | 间歇训练 |
| 远足 | 潜泳 | |

在运动实践中，许多运动项目是有氧运动和无氧运动的不规则混合运动，也可能由于

运用了不同的方法，在同一个项目中也有有氧运动和无氧运动的区分。例如，长跑、轻松慢跑属于有氧运动，竞赛中的全力跑步则是无氧运动。按体力水平（特别是有氧运动）分也是不一样的，同样以 200 米/分钟的速度慢跑，体质强壮的人为有氧运动，而体质较差的人却为无氧运动。因此，只凭运动项目一般无法判断是有氧运动还是无氧运动。

### （三）根据不同人群分类

**1. 儿童青少年运动处方**

儿童青少年运动处方是指根据 0 ~ 16 岁儿童青少年的身体形态、技能、素质特点制定的运动处方，已达到促进儿童青少年生长发育、提高运动能力和增进健康的目的。

**2. 青年人运动处方**

青年期一般是指 18 ~ 44 岁这个年龄阶段。运动处方的锻炼可以维持青年人的身体机能和运动能力，为健康打下坚实的基础，并充分体现青年人的青春活力。

**3. 中年人运动处方**

中年期一般是指 45 ~ 59 岁这个时期，针对中年人生物系统机能开始下降，患慢性疾病的概率逐渐增高，可制定相应的运动处方。

**4. 老年人运动处方**

一般是指 60 岁以上的人，针对老年人的生理特征，运动处方的锻炼可达到预防疾病、缓解症状、延缓衰老的目的。

**5. 女性运动处方**

针对女性不同时期的生理特点和存在的问题，有针对性制订运动处方，可以促进其生长发育、提高健康水平。

### 四、 运动处方的制订和实施程序

（1）健康检查。通过健康检查，了解锻炼者的身体发育、伤病情况和健康状况，以确定其是否能适应健康运动，有无禁忌证。

（2）运动负荷检测和评估。主要是对锻炼者在安静的状态和运动的状态下对心率、血压、肺活量等指标的生理功能进行检测，以及对锻炼者运动负荷的承载能力进行评估。

（3）体能测试。通过对锻炼者的力量、耐力、速度和灵敏度等的体能测试，从而判

断锻炼者运动能力和生理机能的状况。

（一）制订运动处方

1. 运动目的

通过有目的的运动锻炼，以达到预期的效果。每个人的情况千差万别，运动处方的类型课从运动的目的来区分，可分为健身、娱乐减肥、治疗等多种类型。

2. 运动项目

运用运动处方为锻炼者提供最合适的运动锻炼项目，关系到锻炼的有效性和持久性。关于运动项目的选择，要考虑运动的目的，例如是健身还是治疗等；要考虑运动的条件，如场地、器材、时间、气候以及体育爱好等。

3. 运动强度

有关运动强度前面已经讲述，主要是以心率来衡量。一般认为，学生的心率在120次/分钟以下的为小强度；120~150次/分钟为中强度；150~180次/分钟或180次/分钟以上的为大强度。测量运动强度的简单方法是，运动以后10秒脉搏×6，也就是1分钟的运动强度。对于个体来说适宜的运动强度范围，可用靶心率来控制，具体方法是以本人的最大心率的70%~85%强度作为标准。靶心率=（220-年龄）×（70%~85%），如20岁的靶心率是140~170次/分钟。最适宜的锻炼心率计算公式为：最大心率=（220-年龄），心率储备=最大心率-安静心率，最适宜运动心率=心率储备×75%+安静心率。如某20岁的大学生，其安静心率70次/分钟，他的最大心率是220-20=200次/分钟，心率储备为200-70=130次/分钟，最适宜运动心率为130×75%+70=167.5次/分钟。

4. 运动时间

运动时间是指一次运动的持续时间，与它密切相关的是运动强度，强度越大时间应该越短；强度越小，时间应该越长。有氧运动一般是30分钟左右就可以达到较好的效果。

5. 运动频度

运动频度指每周锻炼的次数。关于运动频度，有学者研究表明，一周运动1次，肌肉酸痛和疲劳每次发生，运动后1~3天身体不适，效果不累加；一周运动2次，酸痛和疲劳相应减轻，效果会有累加现象，但是不明显；一周运动3次，有疼痛和疲劳，但累积效果明显；一周锻炼4~5次，效果更加明显。可见每周运动3次以上的效果才明显。

## （二）实施锻炼方案

实施锻炼方案，即按照运动处方的要求进行锻炼。经过一段时间的锻炼后，应该进行身体健康检查、运动负荷和体力测试。一方面，通过锻炼的效果来评价运动处方；另一方面也可以提供反馈信息，用于修改和发展制订出的新的运动处方，调整锻炼过程，从而保证锻炼过程中运动处方与个体的身体状况相适应。运动处方的制定和实施流程如图4-3所示。另外，运动处方多采用表格式表达，表格式运动处方的内容见表4-13。

锻炼者的基础情况 → 锻炼者的健康诊断 → 运动负荷测定 → 体力测定 → 运动处方制定 → 运动处方实施

图4-3　运动处方制定与实施流程图

**表4-13　表格式运动处方**

| 姓名： | 性别： | 年龄： | 职业： | 日期： |
|---|---|---|---|---|
| 体育爱好 | | | | |
| 健康检查 | | | | |
| 机能检查 | | | | |
| 运动试验结果 | | | | |
| 体力测试结果 | | | | |
| 运动目的 | | | | |
| 运动项目 | | | | |
| 运动强度 | | | | |
| 运动时间 | | | | |
| 运动频度 | | | | |
| 处方程序和锻炼方法 | | | | |
| 注意事项 | | | | |
| 处方者签名 | | | | |

## 五、 常用几种大学生运动处方

### （一）有氧锻炼的运动处方

1. 锻炼的作用

有氧运动对大学生身体机能有促进作用，有氧锻炼方法是让锻炼者通过呼吸来满足运动对氧气的需要。这个锻炼过程中的运动负荷强度中等，在较长的运动时间下，以提高心、血管系统和呼吸系统的功能为主要目标，是近年来国内外比较流行的锻炼方法。美国学者库珀认为，有氧锻炼的优点为：①可以提高肺的功能；②可以改善心脏功能；③可以增加血管的通透性，增加其直径，从而充分把氧送至各组织；④可以使紧张的肌肉和血管得到改善，使肌肉有力，使血管趋于强壮，并有助于降低血压；⑤可以增加血流量；⑥可以帮助减肥，使胖人变得强壮；⑦可以提高最大耗氧量，并增强整个身体机能，改善心脏、肺和血管功能，增加对疾病的抵抗力。

有氧锻炼中最流行的三种方式是：长跑、游泳、骑自行车。此外，步行、原地跑、耐力体操和球类运动等体育锻炼项目，也属于有氧锻炼内容。它的特点是持续时间比较长，而运动负荷强度相对较小，运动负荷相对变化不大。如何准确地衡量每周的有氧运动是一个运动适度问题，这里介绍美国著名的生理学博士库珀提出的以标准分作为每周有氧锻炼量的标准，他通过对数千人进行测试和训练，其结果是每周得到 30 分的人中，有 80% 的锻炼者能够达到了很好的锻炼效果。因此，他结合自己的实践经验，提出每周的运动量应该达到 30 分。制定评分标准分的要点是运动的强度（即每分钟每千克体重的耗氧量），其基本数据如表 4 - 14 所示。

表 4 - 14　有氧锻炼计分标准

| 1600 米跑或走的用时 | 分数 | 耗氧量［毫升/（千克·分钟）］ |
|---|---|---|
| 14 分 30 秒~20 分钟 | 1 | 7 |
| 12 分钟~14 分钟 | 2 | 14 |
| 10 分钟~12 分钟 | 3 | 21 |
| 8 分钟~10 分钟 | 4 | 28 |
| 6 分 30 秒~8 分钟 | 5 | 35 |
| 6 分 30 秒以下 | 6 | 42 |

其他运动项目只要达到适当的时间和强度，也可得到相应的评分，即使是劳动和日常生活中的体力投入，也可以被评定为相应的分数。例如，每周运动得到 30 分，典型的方案如下：长跑 2400 米，总用时 12 分钟，每周一、二、四、五锻炼 4 次，每次得到 7.5 分，总计 30 分，这是获取 30 分最快的方式；也可以采用跑步、游泳、骑自行车、球类运动等各种运动方式相结合的办法来获得相应的分数。

2．运动项目及方法

（1）健身跑

①长跑及慢速度的持续跑锻炼

这种锻炼方法是用一个舒适的速度慢速跑动一段较长的距离，但要比快走速度快。这属于有氧运动，是各种运动锻炼水平者都可以参与的休闲运动，每日早晚皆可，其持续时间一般为 20～60 分钟，心率一般应控制在 130～150 次/分钟。在运动过程中，呼吸要放松，以没有感觉呼吸困难为适宜。

②中等速度的持续跑

这种锻炼方法适用于体质较好者，练习时间不宜过早或过晚；持续运动时间一般为 20～40 分钟，心率一般应控制在 140～160 次/分钟，虽然这种锻炼方法比慢速长距离速度更快，但在锻炼过程中还是需要调整好呼吸，以有氧代谢供能为主。

（2）健身步行

步行是一种简单、方便且受场地、服装和其他条件限制较少的极佳健身训练方式，每日万步走的社会健身活动已在发达国家得到了极为广泛的推广。我国学生在学习、生活中每天步行大约在 6000～8000 步，教职工在日常生活中步行仅为 5000～8000 步，不到 10000 步。因此，我们应积极行动起来，重视健身步行，并科学规划形成良好的生活习惯。

（3）游泳

游泳的锻炼价值和跑步有很多相似之处，两者之间的主要区别是游泳以手臂和腿的运动推动人体在水中前进的同时，还必须花费一定的能量使身体免于下沉。在水中游泳，行进相同的距离，其体能消耗为跑步的 4 倍。人体克服阻力向前运动获得了对肌肉的力量和耐力的锻炼，同时水的浮力减少了身体承受关节的负荷，水的良好导热性又帮助锻炼者散发运动时产生的热量。因此，游泳运动虽消耗更多的能量，但心率却仍保持在一个较低的水平，因此这是一种有效提高心肺功能的有氧健身方法。

（4）跳绳

跳绳是一种全身运动，是一项很好的锻炼心肺耐力的练习，跳跃前需要做好准备活动，跳完后也需要做整理活动。跳绳时应前脚掌着地，不宜穿硬底鞋和皮鞋，可以根据个人的身体条件来定速度，应该是由慢到快。据测定，以120次/分钟的速度连续跳5分钟，其运动量约为中速跑步750米，产生179.75千焦的热量消耗。如果觉得运动负荷大，可采用间性的跳跃，每次跳30秒，共跳10次，这样累计也就达到5分钟了。每天练习2次最好，如果隔天练习1次，其效果只能达到预期的90%。这种活动简单、方便，除了能达到增强人体内脏器官的功能外，对发展跳跃、敏捷、力量、耐力和其他素质方面也有很好的作用。

（5）登楼梯

登楼梯是一项理想的室内健身锻炼方法，对促进身体健康能够起到很大帮助。

①跑楼梯法

用30秒到1分钟的时间原地跑作为准备活动，然后采用正常跑步的动作跑楼梯。脚步用力均匀，前脚掌着地，先跑上2~3层楼，往返80~90级台阶，逐渐跑上4~5层。每趟3~4分钟，每次锻炼不超过5趟，时间为15~18分钟，每趟间歇时间不超过2分钟。

②跳台阶法

屈膝、下蹲、弯腰、背手，在楼梯上按台阶逐级"兔跳"。可逐级跳跃，每跳10~14级台阶，便步行走下楼梯；也可连续跳跃，即跳上一阶段（如5层）再走下楼。跳跃速度为每级1秒左右，锻炼时间不超过10分钟。

③持重登楼梯法

手提重物登楼梯也是加大运动量的锻炼方式之一。一般手持总重量在5千克左右，为了保持平衡，应双手同时提取等重量的重物，但是要注意重物的体积不宜过大。

（6）登山

登山是一项价值极高的全身心的运动方式，是有氧运动，其运动强度较大，可以明显改善心肺功能，还可使全身的关节和肌肉得到有效锻炼，尤其是下肢肌群能得到充分的锻炼，还能治疗和缓解哮喘、偏头痛等病症，是健身防病的最好锻炼方法之一。

（7）足球

足球运动是世界第一大运动，深受大家的喜爱，其影响力在所有的运动中是最大

的。足球是大学生最喜爱的运动之一，有利于帮助学生锻炼身体，增强体质，并对他们培养顽强的意志品质起着重要的作用。

（8）篮球

篮球运动是在激烈对抗的情况下进行的一种由跑、跳、投各种动作组成的综合性体育运动项目。它对发展学生的跑、跳、投等运动能力，提高学生身体素质，改善内脏器官的功能，培养顽强意志、参与意识、团队意识和合作精神有重要的作用。

（9）健美操

健美操以肢体动作为基本手段，根据练习者的特点，从全面、协调发展的角度出发，在音乐伴奏下进行练习。有助于学生增进健康，塑造良好的体态与肌肉线条优美的形体，对培养学生感受美、鉴赏美和创造美的能力起促进作用。健美操在现代生活中功能日益多元化，赢得了人们越来越多的青睐。健身性健美操运动的对象可根据不同针对性来进行练习。一般每套动作的节数和每节动作的重复次数应根据练习者的特点和身体需要而定，通常为 10 节左右，每节操可反复做 2~3 遍，时间为 20 分钟，也可做 40 分钟左右。总之，健美操节奏感强、运动负荷适中，并伴有简单的舞蹈动作，练习有音乐伴奏，也可激发练习者的热情，提高练习效果，对人的身心健康非常有益。目前，健美操早已逐渐成为人们健身运动的一种重要形式，深受大学生尤其是女生的喜爱。

（10）骑自行车

自行车既是一种常用的交通工具，还是一种极佳的健身设备。选择一个合适的路线（优选有上下坡的道路），并注意掌握骑车的行进速度，才会使身体有一定的负荷，心率一般为 120~140 次/分钟。可以充分利用上学、放学或休息日的时间参加此项体育锻炼。骑自行车时，主要是通过双腿交替的周期运动，使人体的血液循环加快，从而有利于心功能改善。应当指出的是，骑自行车时应校正不正确的骑车姿势，如膝盖向内转动或外撇，车座过低导致过度地弯曲膝盖会使髌骨劳损。人在骑车时，颈部、腰部相对静止，但上肢甚至是下肢的局部肌肉需要起支撑作用，静止用力时间长了也会产生酸痛，应经常活动一下头颈部和腰部肌肉。

3. 注意事项

（1）从事有氧锻炼之前应做相应的体检，以确定身体是否能够从事有氧运动。这种检查的目的是了解心、肺、血管和其他器官是否都正常，是否有可能在运动中发生事故

隐患。患有严重的心脏疾病、高血压、糖尿病和过度肥胖者，除步行外，绝不能从事长距离跑步等剧烈的运动。上述疾病症状较轻者以及肾脏病、贫血、肺部疾病、下肢血管疾病、关节炎患者，应相对禁止运动。相对禁止运动并非完全不可运动，而是要在医学监督下因人而异地进行运动。

（2）要根据有氧锻炼的特点选择锻炼项目，有氧锻炼以提高心血管系统和呼吸系统功能为目的的，以有氧耐力水平的提高为标志，其特点是长时间、小强度、匀速运动。因此，在项目选择上，一般不采用举重、力量、体操等一类的肌肉练习方法，也不主张采用短跑等无氧运动手段，因为这些项目或手段是与有氧锻炼的目标不相吻合的。当然，也不是说这些项目或手段对身体无锻炼价值，从身体全面发展的角度来说也是必要的。

（3）锻炼要因人而异，每个个体在不同的年龄阶段，其心血管系统和呼吸系统的功能是有差异的，有氧锻炼的强度也应有所不同。为此，首先要通过耐力测验的结果来衡量锻炼者的体力情况，据此制订出个人的有氧锻炼方案。此外，在锻炼的时间安排上，也应因人而异。

（4）要做好准备活动和整理活动。心血管系统和呼吸系统从相对安静状态转入功能较高的运动状态，要有一个准备过程。否则，关节、肌肉就容易受伤，对于 40 岁以上的人来说更是如此。跑的准备活动应使全脚掌着地，以利伸展下肢和关节，准备活动的节奏也要由慢到快，逐步达到基本练习的要求。许多人往往不太注意整理活动，运动结束后马上坐下休息，这就难免发生眩晕或昏迷。因此，在有氧锻炼后应该进行 5 分钟左右的走步或慢跑。

### （二）改善大学生身体形态的运动处方

大学生大多为 19～24 岁，男女学生在这个阶段的形态指标的增长基本保持定型，身高基本稳定，体重逐年增加。在此期间，女生身体的皮下脂肪增厚，体重明显增加，乳房发育基本成熟，显示出有曲线的形体，骨盆发育也日趋成熟，髋部和大腿部明显增粗，小腿围度增长较多，但肩带窄，胸廓小，因而形成下肢粗短、上肢单薄窄细的体形；而男生则上身体围宽度增长较快，形成了上身宽厚、下肢修长的体形。男生肌肉增长较快，肌肉纤维增粗明显，肌肉强度显著增加；而女生相对脂肪较多。大学生处于青春发育后期，身体发育逐渐成熟，通过积极参加体育锻炼，可以使男生的肌肉更加健

美，女生则可减少体内脂肪堆积使体态健美匀称。这一时期女生身体形态主要的锻炼部位是胸部、腰背部、大腿和臀部，男生则主要进行肩带、上臂、胸廓和腰部以及腿部的练习，可以通过一些徒手或器械练习，增加肌肉力量，形成结实而健美的体形。

1. 大学女生身体形态练习的运动处方

根据这一时期的生长和发育规律，女孩喜静厌动，她们的腰、腹和腿等部位脂肪堆积比较多。因此，这一时期女生的练习应以腰、腹、背、臂和腿的针对性练习为主，应该进行有一定强度、持续时间较长的有氧运动。

（1）波浪练习

波浪练习是一种全身运动，是踝、膝、髋、腰、胸、颈等全方位的屈伸，练习内容有向前全身波浪、向后全身波浪和向侧身体波浪。向前全身波浪要求从两腿直立、双臂上举开始，然后体前屈，做一个手臂波浪，然后低头含胸，踝关节、膝关节、髋关节、腰部、胸部、颈部依次向前挺出，手臂经前、下、后绕至上举，最后提踵立，需要各关节依次前挺充分，动作连贯、柔和。

（2）腰、腹部练习

通过腰部侧屈、前后屈和收腹练习，改善腰、腹部线条，有效地防止脂肪堆积，改善扁平腹，同时对腹腔和盆腔内器官起到很好的按摩作用。腰、腹肌练习要平衡发展，每次练习完成后要进行放松练习，可屈膝抱腿将膝拉至胸部或轻触腹部。

（3）臀部和腿部练习

臀部练习可以起到固定骨盆的作用，同时臀部也是女性美感的主要部位。基于收缩臀部肌肉为主的练习，有助于提高臀部重心，使臀部的肌肉富有弹性，改善下肢的体形。下肢匀称是形体美的一部分，通过大、小腿肌肉的练习，可以减少脂肪的积累，使腿部的肌肉结实而丰润，围度适中，改善小腿围度，使下肢显得修长。腿部练习可对臀部、腹部等部位的肌肉起到很好的促进作用，同样对臀部的肌肉练习也可以锻炼腿部肌肉。

（4）把杆练习

把杆练习是一种身体形态练习的辅助手段，对于建立准确的肌肉感觉、改善腿形和形成正确的腿部姿势有很大的作用。可以结合不同的动作进行把杆练习，如一位脚擦地结合移重心；一位、二位蹲交替进行；也可改变双手扶杆为单手扶杆，侧对把杆进行。

（5）体操和韵律操练习

通过结合各种步伐和身体的姿势，配以节奏欢快的音乐，以有氧练习为基础。如球操等，可改善形体，使之更具女性柔美特征，同时也可增加女生的协调性、柔韧性和审美意识等综合素质。在进行各种健美操锻炼以及各种步伐组合及手臂的动作时，动作应由简到繁，幅度应由小到大，速度应由慢到快，运动量和难度逐渐增加，因为这些操主要以有氧练习为主，所以有助于体内脂肪的全面消耗，使身体全面协调发展。

2. 大学男生身体形态练习的运动处方

爱美之心人皆有之，体育运动可以塑造健美的体形。学生进行体育锻炼的直观视觉效果是肌肉、体形的变化，这也是学生们最感兴趣的。男生在此阶段主要进行一些肌肉力量练习，包括静力性和动力性的力量练习以增加肌肉体积和围度，可使肌肉更强壮，更具男子健力美感。

（1）上肢练习

主要进行三角肌、肱二头肌、肱三头肌、斜方肌、胸大肌的锻炼，可采用徒手操练习，也可持小哑铃，如果没有哑铃，可用矿泉水瓶装满水或沙子来代替，适当地调整练习的次数与速度。

（2）腰、背、腹部练习

主要进行腹直肌、腹斜肌、肋间肌、背阔肌的锻炼，可以多采用一些设备器械负重物和体操器械进行练习。

（3）下肢练习

主要是进行臀肌、股四头肌的练习，使下肢肌肉结实和饱满。以跑、跳练习为基础，采用一些蹲跳起、各种踢腿动作和跳跃练习。

（4）器械体操练习

通过器械体操练习可以充分锻炼全身肌肉。如双杠支撑摆动、屈臂撑前摆上、分腿坐前滚翻成分腿坐，分腿坐慢起成肩倒立，单杠的慢翻身上成支撑、骑撑前回环、支撑后回环以及跳马的分腿腾越等。另外，通过进行篮球、排球、足球等其他全身性的运动也有助于改善身体的形态。

进行肌肉力量练习时，增加肌肉体积采用最多的是动力性力量练习。这时由于运动肌肉的血液循环和物质新陈代谢的改进，容易取得发达肌肉的效果。也可以采用静力性

紧张练习，它是在肌肉收缩时其长度不发生变化，并维持某一特定姿态的肌肉力量练习。可用不同重量或克服自身负荷维持这种姿势，使肌肉紧张用力 6～8 秒钟，然后放松再做，如此反复进行。用动力性力量练习发达肌肉时，采用的负荷不同，增加肌肉体积与肌力的效果也是不同的。一般来说，增加肌肉的体积必须增加负重练习的总量，它是通过每次负重量与负重次数（组数）的乘积而得出的，每次负重量和负重次数（组数）之间存在相互依存和相互成反比的关系。重量增加时，负重的练习次数就会减少，而负重的练习次数增加，其负重量必定减小。例如，采用本人最大力量的90%以上的负重量，有利于发展肌肉力量，但重复数量相对较少的次数和组数，对增加肌肉体积并不明显。

采用小负荷练习（最大负荷的40%以下）能改善肌肉的血液循环，增加骨骼肌中毛细血管的数量，对增加肌肉体积有所帮助，但需要重复很多次才能达到此种效果。从增加肌肉力量的角度来看，它有助于保持已经获得的肌肉力量，提高肌肉耐力，但对发展绝对力量作用不大。因此，用于增加肌肉体积的最为有效的负重量，应该是中等和中等偏大的负重量（60%～85%），并力争重复更多的次数（组数），从而使负重总量提高。这种负荷一方面能改善肌肉组织的物质供给和新陈代谢，使肌肉体积增大；另一方面，又能够改善神经系统对肌肉收缩的协同作用，改善肌肉间协调和肌肉内协调，使肌肉力量得以增加。这种负荷特别适合于健美爱好者和力量型运动员。

进行肌肉力量练习时，应该特别注意的是：①要使身体各部位肌肉协调发展，如上肢肌与下肢肌的协调、左侧肌与右侧肌的协调、四肢肌与躯干肌的协调等；②要把发展力量素质与发展柔韧素质和放松练习结合起来，避免肌肉过于僵硬；③要把发展大肌肉群与发展小肌肉群结合起来，使肌肉既有力又灵活；④发达肌肉的锻炼要经常坚持，要知道肌肉增长快，但消退也快，只有经常反复练习，才会使发达的肌肉巩固、持久，并逐渐形成相应的形态学特征；⑤要注意加强营养和休息。体形锻炼往往体力消耗较大，要特别注意补充蛋白质和糖，这是实现超量恢复的重要条件，锻炼后的休息也要安排充分。

## （三）矫正大学生身体形态的运动处方

### 1. 肥胖人群运动处方

单纯性肥胖是由于人体体内脂肪沉积过多造成的，吃进的食物若长期超过机体的需

要，那么多余的热量将转化为脂肪贮存起来。如果体重超过标准体重 25%，则称为肥胖。

（1）肥胖的判定

肥胖可以通过标准体重进行计算判定，判断肥胖简单的公式如下：

标准体重（千克）＝身高（厘米）－105

男子标准体重（千克）＝身高（厘米）－100－［身高（厘米）－150］/4

女子标准体重（千克）＝身高（厘米）－100－［身高（厘米）－150］/2

肥胖度分为三度，体重超过标准体重的 25%～30% 为轻度，超过标准体重的 30%～50% 为中度，超过标准体重 50% 以上为重度。肥胖度计算公式如下：

肥胖度（%）＝｛［实际体重（千克）/标准体重（千克）］－1｝×100%

肥胖类别如下：

①单纯性肥胖：绝大多数机能正常的肥胖者都属于这一类。此类肥胖是因为每天或每周摄入的能量物质（脂肪、糖、蛋白质）高于身体的需求量，收入大于支出而能量物质的节余，转变为体脂藏于皮下，尤其是在腰腹部，积累越多人也就越胖。

② 继发性肥胖：由各种内分泌腺的器质性病变引起，如头部损伤、脑炎或其他疾病所引起的胰岛素分泌过多，脂肪合成旺盛，也可能导致肥胖。

在正常饮食的情况下，积极地运动使之消耗高于身体的摄入量，以达到减肥的目的，不仅可以改善心肺功能，加强神经肌肉的灵活性，也对于美化形体、培养良好的心理品质有重要作用。

（2）运动处方

① 运动项目。长跑、散步、游泳、划船、爬山，或者是有氧体操、健美操和球类运动等。

②运动强度。运动强度应达到本人最大吸氧量的 60%～70%，或本人最大心率的 70%～80%。

③运动频率。很多年轻肥胖者有强烈的减肥意愿，尤其是女大学生，为了提高健身减肥效果运动频率可以适当增加，以每周练习 4～5 次为宜。

④运动时间。每次的运动时间应不少于 1 小时，持续的具体时间按减肥的要求来定，晚餐前 2 小时运动最佳。减肥者应结合自己的实际情况在实践中不断自我观察、总

结，长期坚持锻炼就可以达到很好的效果。只要减肥者机体健康无病按照循序渐进的原则，是有百利而无一弊的。

2. 矫正驼背的运动处方

驼背是一种较为常见的脊柱变形，是因胸椎后突所引起的形态改变。许多大学生由于长期伏案学习，肩负较重的书包，走路时又不注重行走的姿态，长此以往背部肌肉薄弱、松弛无力导致驼背。矫正练习的目的是加强背部伸肌的力量，并牵拉胸部前面的韧带，可以采用下面的运动方法进行矫正练习。

练习 1 手扶墙压胸腰练习：距墙一步距离站立，两臂上举，扶墙，上体尽量向前压挺胸、凹腰，腹部不能前移，胸贴住墙，保持 4 拍再还原。这个练习应经常性练习，以逐渐形成大学生挺胸拔背的姿态。

练习 2 两臂翻握挺胸腰练习：背对杠一步距离站立，两臂内旋后反举握杠，然后抬头挺胸至最高，两臂尽量内收夹拢，两腿直立，保持 4 拍再还原，做 6~8 次，注意呼吸自然。

练习 3 背手挺胸练习：两腿开立，两手体后十指交叉握紧，然后两肩胛骨后锁，两臂后上举至最高，挺胸立腰，再还原，2 拍 1 动，做 16 次。

练习 4 坐位挺腰背：椅背上绑一物（不要太硬），如小皮球等，人正坐于椅子上，臀部尽量靠里边，后背顶住物体，两手向后扶住椅子后背，然后尽量内夹两臂，抬头挺胸，4 拍完成 1 次，做 6~8 次。

练习 5 扩胸运动：两腿开立，两臂前平举，然后两臂向侧打开扩胸，再还原，如此反复练习 16~20 次。要求向后扩胸速度要快，有一定力度，扩胸时抬头、挺胸、收腹。

练习 6 俯卧两头起：俯卧地上，膝关节伸直，蹦脚尖，两臂前举，两臂与两腿同时向上抬起，腰背肌肉紧缩，然后还原，做 8~12 次。要求起时两腿夹紧，抬头挺胸。

练习 7 仰卧拱背：仰卧，两臂于体侧伸直撑地，背部离地，用力向上挺胸，保持 2 秒，再还原，做 8~10 次。要求挺胸时，背部离地面至最高点，脖子不能放松。

练习 8 持棍绕肩：两腿开立，两手握棍比肩略宽，举棍过头，双臂后绕，木棍落至后背，然后双臂再从后绕至体前，练习 12~15 次。要求前后绕肩时手臂要伸直，挺胸收腹。

3. 矫正脊柱侧弯的运动处方

脊柱侧弯是在青少年发育阶段比较常见的一种脊柱畸形现象，它是指脊柱向左或向右弯曲，超过正常的弯曲。初期表现是肩膀不等高，腰凹不对称，此时进行矫正效果比

较好。其目的是通过矫正练习，加强肌力，恢复脊柱周围肌力的平衡，矫正练习为脊柱左弯便向左侧前屈练习，脊柱右弯便向右侧前屈练习。

练习1 手拉肋木体侧屈练习。身体一侧对肋木站立，一手拉住肋木，另一手上举，做体侧屈，练习3组，每组30~50次。要求抬头、挺胸、收腹，上体不能前倾。

练习2 俯卧，两臂弯曲体前撑地，将脊柱侧弯一侧的腿用力向上抬起，同时异侧手臂伸直前举，保持3~4秒，再还原，练习3组，每组10~15次。

练习3 两腿开立，侧弯一侧的手臂自然下垂，另一侧手臂肩侧屈抱头，上体向侧弯、侧弯曲，手自然伸至最低，保持3秒，还原，练习3组，每组10~15次；或侧弯一侧手臂提一重物（如哑铃、书包等）进行练习。

练习4 向脊柱侧弯方向侧卧，两臂屈臂撑地，外侧腿用力向肩侧方踢腿至最大限度，再还原，练习25~30次。要求踢腿时身体要正，踢腿幅度要大。

4．矫正溜肩的运动处方

溜肩指肩膀和颈部的角度较大，主要原因是肩部锁骨和肩胛骨周围的肌肉群不发达、无力，引起锁骨和肩胛骨远端下垂，这是在青少年中比较常见的现象，加强锻炼，可以采用适当的运动方法进行矫正练习。

练习1 侧平举。两脚开立，两臂下垂，双手握拳，拳眼向前，或手持重物，然后两臂侧平举，保持手臂与肩平位置下3~4秒，再还原，每组12~15次，练习3组。

练习2 俯卧撑。要求俯撑时肘外展，并保持两肘与肩在一水平线上。每组10次，练习3组。

练习3 屈臂提肘。两腿开立，两手于体侧持一哑铃或其他重物，然后上体前屈，屈两臂提肘上拉至上臂与地面水平，肘外展，保持3秒再还原。

练习4 坐推。双手持重物或哑铃垂直向上推起至两臂完全伸直，保持3秒再还原，每组10~12次，练习3组。要求保持挺胸、收腹、立腰。

练习5 推小车练习。练习者两手支撑向前爬行，帮助者双手抱练习者两腿于体侧，爬行时手臂伸直，不塌腰，臀不能左右摇摆，至爬不动停止，练习3组。

**（四）改善大学生身体机能的运动处方**

大学生处于青年期的中后期，这一时期的大学生身体器官系统发展趋于完善，身体

发育基本稳定，肌肉力量不断增强，骨骼骨化过程趋于完成。血压趋于稳定，自身运动能力和运动协调能力进一步提高，这一时期增进大学生身体机能的运动处方应采取必要的锻炼手段，以促进大学生呼吸系统、心血管系统等各系统机能的进一步提高，强度应适当加大，时间适当延长。根据大学生因长时间学习，体育锻炼时间不足，容易产生的几种疾病，提出改善大学生身体机能的运动处方。

1. 颈椎病的运动处方

颈椎病是一种以退行性病理改变为基础的疾病，主要由于颈椎长期疲劳，即长时间埋头工作，如看电脑、看手机，导致骨质增生，或椎间盘脱出、韧带增厚，导致颈椎脊髓、神经根或椎动脉受压，出现一系列功能障碍的临床综合征。轻者仅在颈后、肩部有不适或轻度疼痛，颈项部活动不利；稍重者可伴有手指麻木、头晕、耳鸣、视物不清、心悸、恶心呕吐等。颈椎病近些年来有年轻化的趋势，且男性发病率高于女性。

（1）运动目的

①加速血液循环，改善颈椎的营养供应，增强肌肉、韧带、关节囊等的紧张力，加强颈椎稳定性，改善颈椎椎间关节的功能。

②促使神经系统保持适度的紧张性和兴奋性，改善了神经系统的调节功能。

③改善器官系统的功能并提高新陈代谢水平，有助于药物的吸收，提高治疗效果。

④提高患者的心肺功能，矫正不良的身体姿势。

（2）运动项目与锻炼方案

颈椎病的体育锻炼都应该使颈椎有一定的活动度，都要提高肢体关节的柔韧性，还要配以肌肉力量、身体稳定性和协调性练习。伸展练习要放在运动项目内容中的第一位，然后进行相关力量练习，最后是有氧练习或其他练习。

① 羽毛球

在进行羽毛球运动过程中，头部会随着羽毛球的运动做前屈、后伸、左转、右转等放松性运动。对于长期伏案，埋头工作的大学生而言，在回接高球时，抬头看球的动作还可以起到很好的"反向治疗"的效果。

② 瑜伽练习

瑜伽练习注重整个脊柱的锻炼，使得长期因不当使用而失调的颈椎及其周围组织重新恢复到正常水平，使得颈椎的营养和能量供应与身体的其他部分回到相互作用的良性状态。

③增强颈部肌肉柔韧性和力量的锻炼方法

练习 1 双掌擦颈：十指交叉贴于后颈部，左右来回摩擦 100 次。

练习 2 左盼右顾：头先向左转动，然后向右转动，幅度宜大，以感觉到酸胀为好，练习 30 次。

练习 3 前后点头：头部按先前再后的顺序运动，前俯时颈部尽量前伸拉长，反复练习 30 次。

练习 4 旋肩舒颈：双手置于两侧肩部，掌心向下，两臂先由后向前旋转 20～30 次，再由前向后旋转 20～30 次。

练习 5 颈项争力：两手紧贴大腿两侧，两腿不动，头转向左侧时，上身旋向右侧，头转向右侧时，上身旋向左侧，反复练习 10 次。

练习 6 摇头晃脑：头依次向左、前、右、后方向旋转 5 次，再反方向旋转 5 次。

练习 7 头手相抗：双手交叉，紧贴后颈部，头颈向后用力，互相抵抗 5 次。

练习 8 翘首望月：头用力左旋，并尽量后仰，眼看左上方 5 秒。复原后，再旋向右侧，眼看右上方 5 秒。

练习 9 双手托天：双手上举过头，掌心向上，仰视手背 5 秒。

练习 10 放眼观景：手收回胸前，右手在外，眼看前方，保持 5 秒，收操。

（3）运动强度

一般采用最大心率的 60%～85%。

（4）运动时间

运动时间一般每次 40～60 分钟。

（5）运动频率

运动频率控制在每周 3～5 次，间隔时间不要超过 3 天，可采用每隔一天锻炼 1 次的运动频率。

（6）注意事项

保持良好的学习、生活习惯。睡姿正确，以侧卧为宜，这样有利于颈部肌肉放松，不会增加心肺负担，利于休息。枕头应适合自己，柔软适中，高矮合适。坐姿要正确，坐时身体自然放松，腰部靠椅背，肘部不负担身体重量，仅起到保持稳定的作用。

2. 腰肌劳损的运动处方

腰肌劳损主要是指腰骶部肌肉、筋膜、韧带等软组织的慢性损伤，导致局部出现无菌性炎症，从而引起腰骶部一侧或两侧发生弥漫性疼痛。腰肌劳损与长期久坐有一定的关系，主要症状是腰或腰骶部胀痛、酸痛，疼痛可随气候变化或劳累程度而变化且反复发作。腰肌劳损日积月累，可使肌纤维变性，甚至少量撕裂，形成瘢痕、纤维条索或粘连，可遗留下长期慢性腰背痛。

（1）运动目的

① 加强腰背肌和腹肌的锻炼，防止肌肉张力失调，维持腰背肌正常的动力平衡。

② 增强肌肉弹性和耐力，改善肌肉的供养状态，减少肌肉痉挛，松解粘连。

③ 发展腰背部肌力并纠正腰部形态，缓解疼痛，减少复发。

（2）运动项目与锻炼方案

由于腰骶关节是承受身体重量的大关节，是腰部活动的枢纽，应有目的地加强腰背部肌肉的锻炼。如做一些前屈、后伸、侧弯、回旋及仰卧起坐的动作，使腰部肌肉发达有力、韧带坚强、关节灵活，可增加未受损肌肉的代偿能力，也是预防慢性损伤发生的关键性措施。

练习1 腰部前屈后伸运动：站立位，两足分开，与肩同宽，两手叉腰，腰部充分前屈、后伸各4次，运动时要尽量使腰部肌肉放松。

练习2 腰部回旋运动：姿势同上。腰部作顺时针和逆时针方向旋转各一次，然后由慢到快，运动幅度由小到大，顺时针和逆时针方向旋转各8次。

练习3 倒走运动：双手叉腰或左右摆动，挺胸收腹，行走时脚尖稍离或轻擦地面。倒走时还要配合呼吸，即起步时深吸气，向后退步时深呼气。如上反复练习，可根据场地情况走直线或圆圈，每次练习5~10分钟。

练习4 拱桥式支撑：仰卧位，屈双膝，以双足、双肘和头后部五处为支撑点，用力将臀部抬高，似拱桥状。随着肌力的增加，可不再用双肘支撑，仅以双足和头后部三处为支点进行练习，反复练习20~40次。

练习5 飞燕式支撑：俯卧位，双臂放于身体两侧，双腿伸直，然后头、上肢和下肢用力向上抬起，肘和膝关节始终保持伸直，似飞燕状，反复练习20~40次。

（3）运动强度

腰肌劳损患者进行练习时，其运动幅度、时间及次数均应循序渐进，逐步增大运动量。运动强度控制在自己最高心率的70%～80%。

（4）运动时间

病情较重者每次练习5～10分钟，病情较轻者每次练习15～20分钟。

（5）运动频率

病情较重者每天重复练习1～2次，病情较轻者每天重复练习3～4次。

（6）注意事项

腰肌劳损患者应避免久坐久站及弯腰负重。练习时，如遇腰部疼痛或活动不适，应停止练习，确认无新的损伤后再继续练习。练习应持之以恒，避免时断时续。

3. 神经衰弱的运动处方

神经衰弱是大脑皮质中枢神经的兴奋和抑制功能失调而引发的一种疾病，一般表现为精神容易兴奋、脑力容易疲劳，并伴有睡眠障碍和各种躯体不适感等症状，如失眠、多梦、精神不振、情绪不稳、头晕、记忆力减退等。大学生导致神经衰弱的主要因素有学习负担过重，持续的精神过度紧张，考试压力大等。

（1）运动目的

① 调节大脑皮质的兴奋和抑制过程，使皮质活动功能逐步恢复正常。研究表明：体育运动能促进人体释放一种叫作β－内啡肽的化学物质，它能改善中枢神经系统的调节能力，还能提高机体对有害刺激的耐受力，缓解精神紧张。

② 通过运动能够增强体质，提高健康水平。经常锻炼的人，会感到精力充沛、食欲好、睡眠质量高、消除疲劳快、工作学习效率也会随之提高。

（2）运动项目

治疗神经衰弱的运动项目很多，可以选择中低强度的竞技运动、娱乐运动以及一些放松性运动。如棋牌类运动、球类运动、放松术、气功和伸展体操等。一般采用有氧运动、无氧运动、集体运动和个人运动相结合的方式进行。

练习1 容易情绪激动者，可选择散步、太极拳、八段锦等运动项目。

练习2 精神不振、孤僻、不爱运动者，可选择篮球、乒乓球、羽毛球等具有游戏性和竞赛性的球类运动项目。

练习3 体质尚好者，可选择游泳、跑步等运动项目。

（3）运动强度

采用中等强度的运动对神经衰弱者的恢复效果较好，即运动时的心率相当于自己最高心率的65%～75%。

（4）运动时间

为保证锻炼的效果，每次运动时间一般维持在20～30分钟。

（5）运动频率

每周坚持运动3～5次，锻炼效果最佳。每周运动不得少于2次，若时间充裕，可以坚持每天运动，但应注意控制运动量。

（6）注意事项

神经衰弱康复治疗的运动处方应通过合理安排生活以实现劳逸结合，建立良好的身心健康机制。注意做好体育锻炼的自我监督，如锻炼后出现大量出汗、兴奋、过分激动、失眠、运动后心率加快且长期不恢复等现象，表明运动量过大，要及时调整。

4. 治疗失眠的运动处方

失眠是指无法入睡或无法保持睡眠状态，从而导致睡眠不足。失眠又称入睡和维持睡眠障碍，为各种原因引起入睡困难、睡眠深度或频度过短、早醒及睡眠时间不足或睡眠质量差等，是一种常见病。失眠往往会给患者带来极大的痛苦和心理负担，又可能因为滥用失眠药物而损伤身体其他方面。目前有很多方法可以缓解和治疗失眠，其中体育锻炼是治疗失眠的最佳方法。体育运动中产生的消耗需在睡眠中得到补偿。双肩、双臂等运动产生的疲劳后，会增加血流量，而双肩、双臂距大脑最近，在其血流量上升的同时，会使大脑的血流量下降，从而降低大脑的兴奋性，人就容易入睡。

（1）运动目的

增强体质，疏泄负面心理能量，使身心放松，促进睡眠。

（2）运动项目

锻炼时，要根据个人兴趣选择体育锻炼的项目。应以有氧运动项目为主，如选择快走、跑步、游泳、自行车、健身操、跳绳、踢毽、登山和球类等。体质较好者，也可选择强度较大的无氧运动项目。

（3）运动强度

采用中等强度的运动对神经衰弱者的恢复效果较好，即运动时的心率相当于自己最高心率的65%～75%。运动强度太大，机体过于兴奋，反而不容易入睡。此外，参加体育竞赛活动使人的精神在运动结束后长时间处于紧张状态，也容易导致失眠。

（4）运动时间

每次运动30～60分钟，准备活动和整理活动保证5分钟以上。锻炼的时间最好是在下午4～5点，这样距晚上睡觉时保持一个合理的时间，且运动时产生一定程度的肌肉疲劳并消耗一定的体力，在上床睡觉时还没有完全恢复，所以下午运动更有助于睡眠。

（5）运动频率

每周3～5次，可根据具体情况酌情调整。

（6）注意事项

要根据自身的体质选择运动项目，尽量不要选择运动强度较大，对抗激烈的运动项目。睡前锻炼不可进行太过于剧烈的运动，这样会兴奋人的神经，可能引起抑制睡眠的作用。通过锻炼来预防和克服失眠症，贵在坚持，只有经过一段时间的锻炼才能充分显示出治疗效果。

**思考练习题**

1. 试述运动负荷的内容及体育锻炼中的要求。
2. 根据自身和学校的情况，制订一个自主锻炼身体的周计划。
3. 根据自身体质状况以及身体上出现的问题，制订一个相应的运动处方。
4. 简述体育锻炼的原则。

# 第 五 章

## 《国家学生体质健康标准》
## 测试内容与锻炼

## 本章导言

《国家学生体质健康标准》（以下简称《健康标准》）是经国务院批准实施的我国重要的体育制度，是国家对大学生体质健康方面的基本要求，也是学生体质健康的个体评价标准，更是与学校体育密切相关的学生身体健康范畴。针对许多同学对于《健康标准》普遍缺乏认识、锻炼无从入手的情况，编者在我校大学体育国家级精品课程以及《健康标准》线上课程的基础上编写了本章内容，详细介绍了《健康标准》体系，通过讲授多种实用有效的练习方法及手段，解决同学们的困扰和疑惑，让大家在体质健康测试中拿到一个满意的成绩。

## 学习目标

本章知识的学习旨在帮助大学生丰富健康知识、学习多样化的健身手段，达到能够自主练习、实现课内外一体化的锻炼水平，提高体质健康水平和测试成绩，通过测试培养吃苦耐劳、勇于攀登、顽强拼搏的优良品质，把锻炼身体变为自觉的行动、变为生活的一部分，为终身体育奠定基础，并通过课程达成以下学习任务：

1. 了解《健康标准》的内涵、功能以及实施的重要意义
2. 知晓《健康标准》测试指标、评分标准与组织实施
3. 掌握《健康标准》测试内容、测试方法及成绩评定
4. 学会《健康标准》测试项目的练习方法

# 第 一 节

## 《健康标准》 概述

《健康标准》是为了贯彻落实"健康第一"的指导思想，切实加强学校体育工作，促进学生积极参加体育锻炼，养成良好的锻炼习惯，提高体质健康水平而制定，是《国家体育锻炼标准》的有机组成部分和在校体育的具体实施方法，也是国家对学生体质健康方面的基本要求，适用于全日制小学、初中、普通高中、中等职业学校和普通高等学校的在校学生。

《健康标准》是测量学生身体状况和锻炼效果的评价标准，也即学生体质健康的个体评价标准。健康的概念包括身体健康、心理健康和社会适应，《健康标准》涵盖的是与学校体育密切相关的学生身体健康范畴，为了界定它的内涵，又避免与三维的健康概念混淆，故将"体质"作为"健康"的定语以示其内涵。

### 一、 《健康标准》 的演变发展

中华人民共和国成立以来，党和国家一直非常关心和重视广大学生的身体健康，原国家教委、原国家体委等有关部门从鼓励和推动学生积极参加体育锻炼，增强学生体质的目的出发，在不同时期先后制定了《劳卫制》《国家体育锻炼标准》《大学生体育合格标准》，并于 2002 年开始在全国试行《学生体质健康标准》，2007 年试行《国家学生体质健康标准》。这些制度的制定和实施，对于增强学生体质，促进我国学校体育工作具有积极作用，其突出表现在以下三点：

第一，对于贯彻落实《体育法》《全民健身计划》和《学生体育工作条例》，促进和保证体育课教学，以及早操、课间操和课外活动的开展起到了重要的促进作用。

第二，有利于学生按照要求参加体育锻炼，促进学生身体素质的发展和自觉参加体

育活动的行为习惯养成。

第三，这些标准的测试和评价有效地促进了学校体育工作的展开，对于学校体育评价发挥了重要的作用，是学校体育总体评价的重要内容。

我国学生体质健康测量与评价制度的演变和发展，是与我国不同时期社会、经济、科技、文化和教育的发展水平相适应的；是与全国提高青少年身体素质、满足国家对受教育者全面发展和培养人才战略的基本要求相一致的。新的《国家学生体质健康标准》是在新的历史条件下，根据社会发展的变化要求，面对新的情况、新的问题所采取的积极措施。中华人民共和国成立以来，《劳卫制》《国家体育锻炼标准》《学生体质健康标准（试行方案)》的制定、颁布和实施，促进了学生体质健康测量与评价制度的发展和完善，为新的《健康标准》积累了丰富的经验，了解这些标准的演变和发展，以及当时的社会背景将有利于正确认识并实施新的《国家学生体质健康标准》。

（一）第一阶段：《劳卫制》

《劳卫制》全称为《准备劳动与卫国体育制度》（1951—1963 年），《劳卫制》中明确指出："劳卫制是国家根据社会主义建设事业需要，对人民在体育锻炼上的基本要求而制定的"。从中可以看出，它的出台与实施建立在苏联《劳卫制》的基础上，是对苏联《劳卫制》的移植和模仿，带有强烈的改变民族形象、为生产和国防建设服务的色彩。1959—1961 年，国家经历三年自然灾害，《劳卫制》因此停滞不前。这一时期对于建国不久，百废待兴的中国来说无疑是雪上加霜，影响着劳苦大众的身体健康，尤其是对处于生长发育关键阶段的青少年来说，增强体质、促进学生健康成长迫在眉睫。20 世纪 60 年代初，中国开始探寻适合中国国情的社会主义道路。在 1964 年，国家体委在全国体育工作会议上将《劳卫制》更名为《青少年体育锻炼标准》，并在全国展开实施，从此《劳卫制》退出中国的舞台。《青少年体育锻炼标准》仍然沿用《劳卫制》的测试项目和评价标准，两者测试内容没有明显变化。从政策实施的角度来看，这一阶段体育测试的开展受到当时社会环境的严重制约，自然灾害与"文革"等一系列社会因素成为政策实施的重大障碍。尽管两次《标准》的落实均受到社会因素的影响，但对我国体质研究发展的意义不可否定，一方面充分反映了国家对学生体质健康的重视，另一方面，为后续《国家体育锻炼标准》的制定和实施奠定了基础。总之，《劳卫制》是特殊时期的历史产物，它的诞生拉开了我国学生体质测试的帷幕，成为我国学生体质健康测试的开端。

（二）第二阶段：《国家体育锻炼标准》

《国家体育锻炼标准》（1975—2001 年），是我国真正意义上由本国制定的测试标准，长达 26 年的时间里历经了两次调整。从测试内容上看，最初的测试标准并未迅速从《劳卫制》中脱离开来，测试的难度有所提升，反映了国家建设和发展对学生良好身体素质的渴求。同《青少年体育锻炼标准》相比，《国家体育锻炼标准》有突破性的进展，更多地关注学生自身的发展，除此之外，《国家体育锻炼标准》打破了学校体育由体育职能部门统揽的格局，开创了一个由学校多方面参与的管理模式，成为我国体育锻炼标准历史上的一次重大变革。

（三）第三阶段：《学生体质健康标准》

《学生体质健康标准》（2002—2006 年）。《国家体育锻炼标准》实施期间，党的十一届三中全会于 1978 年在北京召开，学校体育卫生工作也逐步与国际接轨，走上了改革开放的健康发展道路。但与此同时不良生活方式充斥着人们的生活，导致人民体质健康不断下降，为解决这一问题，2002 年《学生体质健康标准》（试行）应运而生。它的出台与实施标志着我国学生体质健康测试评价工作即将进入一个崭新的时代即学生体质健康评价改革时代。同《国家体育锻炼标准》相比，《学生体质健康标准》（试行版）显得更加科学合理。

（四）第四阶段：《国家学生体质健康标准》

《国家学生体质健康标准》（2007—至今）。在《学生体质健康标准》（试行）实施五年的过程中，存在诸多困惑，且学生体质健康状况并未得到明显的提升，为进一步完善测试体系，解决测试项目存在的问题，进一步对试行版测试标准进行修订，并于 2007 年在各级学校实施。2014 年，《国家学生体质健康标准》做了最新修订，坚持"健康第一"，落实《国家中长期教育改革和发展规划纲要（2010—2020 年）》《国务院办公厅转发教育部等部门关于进一步加强学校体育工作若干意见的通知》（国办发〔2012〕53号）和《教育部关于印发"学生体质健康监测评价办法"》（教体艺〔2014〕3号）等三个文件通知的有关要求，着重提高《标准》应用的信度、效度和区分度，着重强化其教育激励、反馈调整和引导锻炼的功能，着重提高其教育监测和绩效评价的支撑能力。

## 二、 实施 《健康标准》 的重要意义

### （一） 贯彻落实《体育法》

我国《体育法》明确规定："学校必须实施《国家体育锻炼标准》，对学生在校期间每天用于体育活动的时间给予保证"。《国家体育锻炼标准》是经国务院批准实施的我国重要的体育制度，目的在于鼓励广大青少年自觉积极地锻炼身体，促进身体的正常发育和全面发展，增强体质，为培养德、智、体、美、劳全面发展的建设人才这一目标而服务。《国家体育锻炼标准》的实施不仅会促进学生积极锻炼，纠正和改变目前学生体质健康状况出现的突发问题，使学生拥有健康的体魄和健全的人格，而且还是依法办学、依法执教的重要内容。

### （二） 贯彻落实"健康第一"的指导思想和全国学校体育工作会议的精神

《国家学生体质健康标准》是在积极贯彻落实《中共中央国务院关于深化教育改革全面推进素质教育的决定》的目标下提出的。"健康体魄是青少年为祖国和人民服务的基本前提，是中华民族旺盛生命力的体现，学校教育要树立"健康第一"的指导思想，切实加强体育工作"这一思想的重大举措，也是深化学校体育改革、推进素质教育的重要步骤。《国家学生体质健康标准》是学生体质健康的个性评价标准，也是学生是否能够毕业的基本条件之一。《健康标准》同时也是激励学生积极参加体育锻炼，促进学生体质健康发展的一种教育手段，引导广大青少年学生努力拥有健康的体魄和健全的人格，将"健康第一"的指导思想落到实处，充分发挥学校体育在素质教育中的作用。

### （三） 满足社会发展对人体健康的需要

《健康标准》采用的是个体评价标准，针对身体形态、身体机能、身体素质和运动能力，设置了专门的测评项目，这些项目具有简单易行、锻炼身体、时效性较强等特点，能够帮助学生发现自身的不足或个体差异，并通过测评促进学生积极参加体育锻炼，通过锻炼改善体质健康状况，促进身体的全面发展。《国家学生体质健康标准》的实施对于唤起学生的健康意识、改变学生不良的生活习惯和生活方式、促进学生健康成长，必将起到积极的作用，并进一步满足社会发展对人体健康的需要。

### （四）发展和完善学生体质健康评价体系

学生体质健康评价是学校体育工作中的重要环节，也是学校教育评价体系中的重要组成部分。正确合理地对学生进行体质健康评价，对于促进学校体育和教育工作有着重要的意义。《国家学生体质健康标准》是在继承了《劳卫制》《国家体育锻炼标准》的成功经验、认真总结《学生体质健康标准》试行工作经验的基础上，根据当前学校体育工作中的有关问题，特别是学生体质调研中发现的肺活量水平继续呈下降趋势，速度、爆发力、力量耐力、耐力素质水平进一步下降，肥胖检出率继续上升等问题，参考国际上有关研究的成功经验和先进做法，对《学生体质健康标准》进行了修改和完善，定名为《国家学生体质健康标准》并正式颁布实施。《国家学生体质健康标准》在评价学生的体质健康状况、引导学生积极锻炼等多方面都有了新的发展。《国家学生体质健康标准》从建立和完善我国学校教育评价体系的目标出发，体现了学校体育的价值，回答了学校体育为什么要以"体质健康"为本和怎样以"体质健康"为本的问题，明确了"体质健康"不仅应是学校教育和学校体育追求的目标，而且还是学校体育课程存在的根本理由。《国家学生体质健康标准》的实施对我国深化学校体育改革、完善体质健康评价体系、促进全体学生综合素质的提高，具有深刻的影响和深远的历史意义。

## 三、《健康标准》的功能

### （一）教育和激励功能

《国家学生体质健康标准》是促进学生体质健康发展，激励学生积极进行身体锻炼的教育手段，所选用的指标可以反映与身体健康关系密切的身体成分、心血管系统功能、肌肉的力量和耐力以及关节和肌肉的柔韧性等要素的基本情况。《国家学生体质健康标准》的实施将使学生和社会能够对影响身体健康的主要因素有一个更加明确的认识和理解，引导和帮助人们积极追求身体的健康状态，实现学校体育的目标。《国家学生体质健康标准》的实施办法还规定对达到合格以上等级的学生颁发证章，以激发学生进行体育锻炼的内在积极性。

## （二）反馈功能

《国家学生体质健康标准》是学生体质健康的个体评价标准，并规定每年测试数据按时上报至国家学生体质健康标准数据管理系统，该系统具有按各种要求进行统计分析检索的功能，并定期向社会公告。同时，系统为学生及其家长提供了在线查询和在线评估服务，向学生提供了个性化的身体健康诊断，使学生能够在准确地了解自己体质健康状况的基础上进行锻炼。该系统还可为各级政府机关、教育行政部门以及学校提供详实的统计和分析数据，使其了解学生的体质健康状况，及时采取科学的干预措施。

## （三）引导锻炼功能

《国家学生体质健康标准》增加了一些简便易行、锻炼效果较好的项目，并提高了部分锻炼项目指标的权重，对引导学生进行体育锻炼具有较强的实效性。同时，通过《国家学生体质健康标准》数据管理系统，学生还可以查询到针对性较强的运动处方，便于自身因地制宜地进行科学体育锻炼，提高身体健康水平。

# 第 二 节
# 《健康标准》 测试与实施

## 一、 《健康标准》 测试指标及评分标准说明

《健康标准》是国家学校教育工作的基础性指导文件和教育质量基本标准，是评价学生综合素质、评估学校工作和衡量各地教育发展的重要依据，也是《国家体育锻炼标

准》在学校的具体实施，适用于全日制普通小学、初中、普通高中、中等职业学校、各级普通高等院校的学生。标准在高校中的测试指标、权重及具体要求如下：

## （一）单项指标与权重

**表 5 - 1　测试指标与权重**

| 测试对象 | 单项指标 | 权重/% |
|---|---|---|
| 大学各年级 | 身高/体重 | 15 |
| | 肺活量 | 15 |
| | 50 米跑 | 20 |
| | 坐位体前屈 | 10 |
| | 立定跳远 | 10 |
| | 引体向上（男）/1 分钟仰卧起坐（女） | 10 |
| | 1000 米跑（男）/800 米跑（女） | 20 |

《健康标准》的学年总分由标准分与附加分之和构成，满分为 120 分。标准分由各单项指标得分与权重乘积之和组成，满分为 100 分。附加分根据实测成绩确定，即对成绩超过 100 分的加分指标进行加分，满分为 20 分；大学的加分指标为男生引体向上和 1000 米跑，女生 1 分钟仰卧起坐和 800 米跑，各指标加分幅度均为 10 分。

## （二）评分表

1. 单项指标评分表，如表 5 - 2 至表 5 - 8 所示。

**表 5 - 2　体重指数（BMI）单项评分表**　　　　　（单位：千克/米$^2$）

| 等级 | 单项得分 | 男 | 女 |
|---|---|---|---|
| 正常 | 100 | 17.9 ~ 23.9 | 17.2 ~ 23.9 |
| 低体重 | 80 | ≤17.8 | ≤17.1 |
| 超重 | | 24.0 ~ 27.9 | 24.0 ~ 27.9 |
| 肥胖 | 60 | ≥28.0 | ≥28.0 |

注：体重指数（BMI）= 体重（千克）/身高$^2$（米$^2$）。

表 5 - 3　肺活量单项评分表　　　　　（单位：毫升）

| 等级 | 单项得分 | 大一大二（男） | 大三大四（男） | 大一大二（女） | 大三大四（女） |
|------|------|------|------|------|------|
| 优秀 | 100 | 5040 | 5140 | 3400 | 3450 |
| | 95 | 4920 | 5020 | 3350 | 3400 |
| | 90 | 4800 | 4900 | 3300 | 3350 |
| 良好 | 85 | 4550 | 4650 | 3150 | 3200 |
| | 80 | 4300 | 4400 | 3000 | 3050 |
| 及格 | 78 | 4180 | 4280 | 2900 | 2950 |
| | 76 | 4060 | 4160 | 2800 | 2850 |
| | 74 | 3940 | 4040 | 2700 | 2750 |
| | 72 | 3820 | 3920 | 2600 | 2650 |
| | 70 | 3700 | 3800 | 2500 | 2550 |
| | 68 | 3580 | 3680 | 2400 | 2450 |
| | 66 | 3460 | 3560 | 2300 | 2350 |
| | 64 | 3340 | 3440 | 2200 | 2250 |
| | 62 | 3220 | 3320 | 2100 | 2150 |
| | 60 | 3100 | 3200 | 2000 | 2050 |
| 不及格 | 50 | 2940 | 3030 | 1960 | 2010 |
| | 40 | 2780 | 2860 | 1920 | 1970 |
| | 30 | 2620 | 2690 | 1880 | 1930 |
| | 20 | 2460 | 2520 | 1840 | 1890 |
| | 10 | 2300 | 2350 | 1800 | 1850 |

表 5 - 4  50 米跑单项评分表 （单位：秒）

| 等级 | 单项得分 | 大一大二（男） | 大三大四（男） | 大一大二（女） | 大三大四（女） |
|---|---|---|---|---|---|
| 优秀 | 100 | 6.7 | 6.6 | 7.5 | 7.4 |
| | 95 | 6.8 | 6.7 | 7.6 | 7.5 |
| | 90 | 6.9 | 6.8 | 7.7 | 7.6 |
| 良好 | 85 | 7.0 | 6.9 | 8.0 | 7.9 |
| | 80 | 7.1 | 7.0 | 8.3 | 8.2 |
| 及格 | 78 | 7.3 | 7.2 | 8.5 | 8.4 |
| | 76 | 7.5 | 7.4 | 8.7 | 8.6 |
| | 74 | 7.7 | 7.6 | 8.9 | 8.8 |
| | 72 | 7.9 | 7.8 | 9.1 | 9.0 |
| | 70 | 8.1 | 8.0 | 9.3 | 9.2 |
| | 68 | 8.3 | 8.2 | 9.5 | 9.4 |
| | 66 | 8.5 | 8.4 | 9.7 | 9.6 |
| | 64 | 8.7 | 8.6 | 9.9 | 9.8 |
| | 62 | 8.9 | 8.8 | 10.1 | 10.0 |
| | 60 | 9.1 | 9.0 | 10.3 | 10.2 |
| 不及格 | 50 | 9.3 | 9.2 | 10.5 | 10.4 |
| | 40 | 9.5 | 9.4 | 10.7 | 10.6 |
| | 30 | 9.7 | 9.6 | 10.9 | 10.8 |
| | 20 | 9.9 | 9.8 | 11.1 | 11.0 |
| | 10 | 10.1 | 10.0 | 11.3 | 11.2 |

表 5 - 5　坐位体前屈单项评分表　　　　　　（单位：厘米）

| 等级 | 单项得分 | 大一大二（男） | 大三大四（男） | 大一大二（女） | 大三大四（女） |
|------|------|------|------|------|------|
| 优秀 | 100 | 24.9 | 25.8 | 25.8 | 26.3 |
| | 95 | 23.1 | 24.0 | 24.0 | 24.4 |
| | 90 | 21.3 | 22.2 | 22.2 | 22.4 |
| 良好 | 85 | 19.5 | 20.6 | 20.6 | 21.0 |
| | 80 | 17.7 | 19.0 | 19.0 | 19.5 |
| 及格 | 78 | 16.3 | 17.7 | 17.7 | 18.2 |
| | 76 | 14.9 | 16.4 | 16.4 | 16.9 |
| | 74 | 13.5 | 15.1 | 15.1 | 15.6 |
| | 72 | 12.1 | 13.8 | 13.8 | 14.3 |
| | 70 | 10.7 | 12.5 | 12.5 | 13.0 |
| | 68 | 9.3 | 11.2 | 11.2 | 11.7 |
| | 66 | 7.9 | 9.9 | 9.9 | 10.4 |
| | 64 | 6.5 | 8.6 | 8.6 | 9.1 |
| | 62 | 5.1 | 7.3 | 7.3 | 7.8 |
| | 60 | 3.7 | 6.0 | 6.0 | 6.5 |
| 不及格 | 50 | 2.7 | 5.2 | 5.2 | 5.7 |
| | 40 | 1.7 | 4.4 | 4.4 | 4.9 |
| | 30 | 0.7 | 3.6 | 3.6 | 4.1 |
| | 20 | -0.3 | 2.8 | 2.8 | 3.3 |
| | 10 | -1.3 | 2.0 | 2.0 | 2.5 |

表5－6　立定跳远单项评分表 （单位：厘米）

| 等级 | 单项得分 | 大一大二（男） | 大三大四（男） | 大一大二（女） | 大三大四（女） |
|---|---|---|---|---|---|
| 优秀 | 100 | 273 | 275 | 207 | 208 |
| | 95 | 268 | 270 | 201 | 202 |
| | 90 | 263 | 265 | 195 | 196 |
| 良好 | 85 | 256 | 258 | 188 | 189 |
| | 80 | 248 | 250 | 181 | 182 |
| 及格 | 78 | 244 | 246 | 178 | 179 |
| | 76 | 240 | 242 | 175 | 176 |
| | 74 | 236 | 238 | 172 | 173 |
| | 72 | 232 | 234 | 169 | 170 |
| | 70 | 228 | 230 | 166 | 167 |
| | 68 | 224 | 226 | 163 | 164 |
| | 66 | 220 | 222 | 160 | 161 |
| | 64 | 216 | 218 | 157 | 158 |
| | 62 | 212 | 214 | 154 | 155 |
| | 60 | 208 | 210 | 151 | 152 |
| 不及格 | 50 | 203 | 205 | 146 | 147 |
| | 40 | 198 | 200 | 141 | 142 |
| | 30 | 193 | 195 | 136 | 137 |
| | 20 | 188 | 190 | 131 | 132 |
| | 10 | 183 | 185 | 126 | 127 |

表 5-7  男生引体向上、女生一分钟仰卧起坐评分表    （单位：次）

| 等级 | 单项得分 | 大一大二（男） | 大三大四（男） | 大一大二（女） | 大三大四（女） |
|------|----------|----------------|----------------|----------------|----------------|
| 优秀 | 100 | 19 | 20 | 56 | 57 |
|      | 95 | 18 | 19 | 54 | 55 |
|      | 90 | 17 | 18 | 52 | 53 |
| 良好 | 85 | 16 | 17 | 49 | 50 |
|      | 80 | 15 | 16 | 46 | 47 |
| 及格 | 78 |    |    | 44 | 45 |
|      | 76 | 14 | 15 | 42 | 43 |
|      | 74 |    |    | 40 | 41 |
|      | 72 | 13 | 14 | 38 | 39 |
|      | 70 |    |    | 36 | 37 |
|      | 68 | 12 | 13 | 34 | 35 |
|      | 66 |    |    | 32 | 33 |
|      | 64 | 11 | 12 | 30 | 31 |
|      | 62 |    |    | 28 | 29 |
|      | 60 | 10 | 11 | 26 | 27 |
| 不及格 | 50 | 9 | 10 | 24 | 25 |
|      | 40 | 8 | 9 | 22 | 23 |
|      | 30 | 7 | 8 | 20 | 21 |
|      | 20 | 6 | 7 | 18 | 19 |
|      | 10 | 5 | 6 | 16 | 17 |

表 5-8 男生 1000 米、女生 800 米耐力跑单项评分表① （单位：分·秒）

| 等级 | 单项得分 | 大一大二（男） | 大三大四（男） | 大一大二（女） | 大三大四（女） |
|---|---|---|---|---|---|
| 优秀 | 100 | 3′17″ | 3′15″ | 3′18″ | 3′16″ |
| | 95 | 3′22″ | 3′20″ | 3′24″ | 3′22″ |
| | 90 | 3′27″ | 3′25″ | 3′30″ | 3′28″ |
| 良好 | 85 | 3′34″ | 3′32″ | 3′37″ | 3′35″ |
| | 80 | 3′42″ | 3′40″ | 3′44″ | 3′42″ |
| 及格 | 78 | 3′47″ | 3′45″ | 3′49″ | 3′47″ |
| | 76 | 3′52″ | 3′50″ | 3′54″ | 3′52″ |
| | 74 | 3′57″ | 3′55″ | 3′59″ | 3′57″ |
| | 72 | 4′02″ | 4′00″ | 4′04″ | 4′02″ |
| | 70 | 4′07″ | 4′05″ | 4′09″ | 4′07″ |
| | 68 | 4′12″ | 4′10″ | 4′14″ | 4′12″ |
| | 66 | 4′17″ | 4′15″ | 4′19″ | 4′17″ |
| | 64 | 4′22″ | 4′20″ | 4′24″ | 4′22″ |
| | 62 | 4′27″ | 4′25″ | 4′29″ | 4′27″ |
| | 60 | 4′32″ | 4′30″ | 4′34″ | 4′32″ |
| 不及格 | 50 | 4′52″ | 4′50″ | 4′44″ | 4′42″ |
| | 40 | 5′12″ | 5′10″ | 4′54″ | 4′52″ |
| | 30 | 5′32″ | 5′30″ | 5′04″ | 5′02″ |
| | 20 | 5′52″ | 5′50″ | 5′14″ | 5′12″ |
| | 10 | 6′12″ | 6′10″ | 5′24″ | 5′22″ |

① 注：数据来源于中华人民共和国教育部网站，《国家学生体质健康标准（2014 年修订）》

2. 加分指标评分表（如表5-9至表5-10所示）。

### 表5-9 男生引体向上、女生仰卧起坐评分表 （单位：次）

| 加分 | 大一大二<br>（男） | 大三大四<br>（男） | 大一大二<br>（女） | 大三大四<br>（女） |
|---|---|---|---|---|
| 10 | 10 | 10 | 13 | 13 |
| 9 | 9 | 9 | 12 | 12 |
| 8 | 8 | 8 | 11 | 11 |
| 7 | 7 | 7 | 10 | 10 |
| 6 | 6 | 6 | 9 | 9 |
| 5 | 5 | 5 | 8 | 8 |
| 4 | 4 | 4 | 7 | 7 |
| 3 | 3 | 3 | 6 | 6 |
| 2 | 2 | 2 | 4 | 4 |
| 1 | 1 | 1 | 2 | 2 |

### 表5-10 男生1000米跑、女生800米评分表 （单位：分·秒）

| 加分 | 大一大二<br>（男） | 大三大四<br>（男） | 大一大二<br>（女） | 大三大四<br>（女） |
|---|---|---|---|---|
| 10 | -35 | -35 | -50 | -50 |
| 9 | -32 | -32 | -45 | -45 |
| 8 | -29 | -29 | -40 | -40 |
| 7 | -26 | -26 | -35 | -35 |
| 6 | -23 | -23 | -30 | -30 |
| 5 | -20 | -20 | -25 | -25 |
| 4 | -16 | -16 | -20 | -20 |
| 3 | -12 | -12 | -15 | -15 |
| 2 | -8 | -8 | -10 | -10 |
| 1 | -4 | -4 | -5 | -5 |

注：1000米跑、800米跑均为低优指标，学生成绩低于单项评分100分后，以减少的秒数所对应的分数进行加分。

## 二、《健康标准》实施办法

为建立健全国家学生体质健康监测评价机制，激励学生积极参加身体锻炼，引导学校深化体育教学改革，推动各地加强学校体育工作，促进青少年身心健康、体魄强健全面发展，在认真总结各地实施现行《健康标准》的基础上，结合新时期青少年体质健康状况和学校体育工作实际，教育部特出台了修订版的《健康标准》实施办法。

（1）《健康标准》是国家学校教育工作的基础性指导文件和教育质量基本标准，是评价学生综合素质、评估学校工作和衡量各地教育发展的重要依据，是《国家体育锻炼标准》在学校的具体实施，适用于全日制普通小学、初中、普通高中、中等职业学校、普通高等学校的学生。

（2）《健康标准》的修订坚持健康第一，落实《国家中长期教育改革和发展规划纲要（2010—2020 年）》《国务院办公厅转发教育部等部门关于进一步加强学校体育工作若干意见的通知》（国办发〔2012〕53 号）和《教育部关于印发〈学生体质健康监测评价办法〉等三个文件的通知》（教体艺〔2014〕3 号）有关要求，着重提高《国家学生体质健康标准》应用的信度、效度和区分度，强化其教育激励、反馈调整和引导锻炼的功能，提高其教育监测和绩效评价的支撑能力。

（3）《健康标准》从身体形态、身体机能和身体素质等方面综合评定学生的体质健康水平，是促进学生体质健康发展、激励学生积极进行身体锻炼的有效教育手段，是国家学生发展核心素养体系和学业质量标准的重要组成部分，是学生体质健康的个体评价标准。

（4）《健康标准》将适用对象划分为以下组别：小学、初中、高中按每个年级为一组，其中小学为 6 组、初中为 3 组、高中为 3 组。大学一、二年级为一组，三、四年级为一组。

（5）小学、初中、高中、大学各组别的测试指标均为必测指标。其中，身体形态类中的身高、体重，身体机能类中的肺活量，以及身体素质类中的 50 米跑、坐位体前屈为各年级学生共性指标。

（6）《健康标准》的学年总分由标准分与附加分之和构成，满分为 120 分。标准分

由各单项指标得分与权重乘积之和组成，满分为 100 分。附加分根据实测成绩确定，即对成绩超过 100 分的加分指标进行加分，满分为 20 分；小学的加分指标为 1 分钟跳绳，加分幅度为 20 分；初中、高中和大学的加分指标为男生引体向上和 1000 米跑，女生 1 分钟仰卧起坐和 800 米跑，各指标加分幅度均为 10 分。

（7）根据学生学年总分评定等级：90.0 分及以上为优秀，80.0 ～ 89.9 分为良好，60.0 ～ 79.9 分为及格，59.9 分及以下为不及格。

（8）每个学生每学年评定一次，记入《〈国家学生体质健康标准〉登记卡》。特殊学制的学校，在填写登记卡时可以按规定和需求相应地增减栏目。学生毕业时的成绩和等级，按毕业当年学年总分的 50% 与其他学年总分平均得分的 50% 之和进行评定。

（9）学生测试成绩评定达到良好及以上者，方可参加评优与评奖；成绩达到优秀者，方可获体育奖学分。测试成绩评定不及格者，在本学年度准予补测一次，如补测仍不及格，则学年成绩评定为不及格。普通高中、中等职业学校和普通高等学校学生毕业时，《健康标准》测试的成绩达不到 50 分者，按结业或肄业处理。

（10）学生因病或残疾可向学校提交暂缓或免予执行《健康标准》的申请，经医疗单位证明，体育教学部门核准，可暂缓或免予执行《健康标准》，并填写《免予执行〈国家学生体质健康标准〉申请表》，存入学生档案。确实丧失运动能力、被免予执行《健康标准》的残疾学生，仍可参加评优与评奖，毕业时《健康标准》成绩需注明免测。

（11）各学校每学年应开展覆盖本校各年级学生的《健康标准》测试工作，《健康标准》测试数据经当地教育行政部门按要求审核后，通过中国学生体质健康网上传至国家学生体质健康标准数据管理系统。测试和数据上传时间由教育行政部门确定。

（12）《国家学生体质健康标准》由教育部负责解释。

第 三 节

《健康标准》 测试内容与方法

在实施《国家学生体质健康标准》的过程中，学生体质测试内容与方法是所有测评人员和受试人员都迫切需要了解的内容。测试工作必然和所使用的测试仪器有一定的关系，现如今，测试器材多种多样，有全手工操作、也有电子仪器操作，手工操作与电子仪器操作的流程不完全相同，如使用带有 IC 卡的测试仪器就可以减少测试人员的记录和计算工作，但无论使用何种仪器，对测试人员的基本操作要求是一致的，本节拟对《国家学生体质健康标准》中各个项目基本的测试方法及操作要求进行介绍，关于不同测试器材的使用方法则可参考相应器材的说明书。

## 一、 身高测试的操作方法

### （一）测试目的

测试学生身高，与体重测试相配合，评定学生的身体匀称度，评价学生生长发育的水平及营养状况。

### （二）场地器材

身高测量计，使用前应校对 0 点，检查钢尺测量基准板平面至立柱前面红色刻线的高度是否为 10.0 厘米，误差不得大于 0.1 厘米。同时应检查立柱是否垂直，连接处是否紧密，有无晃动，零件有无松脱等情况，并及时加以纠正。

### （三）测试方法

受试者赤足，背向立柱站在身高测量计的底板上，上肢自然下垂，足跟并拢，足尖

开成 60 度角，足跟、骶骨部及两肩胛骨间与立柱相接触，躯干自然挺直，头部正直，耳屏上缘与眼眶下缘呈水平位。测试人员站在受试者右侧，将水平压板轻轻沿立柱下滑，轻压于受试者头顶，测试人员读数时，双眼应与压板水平面等高。记录员复述后进行记录，以厘米为单位，精确到小数点后一位。测试误差不得超过 0.5 厘米。

（四）注意事项

（1）身高测量计应选择平坦靠墙的地方放置，立柱的刻度应面向光源。

（2）严格掌握"三点靠立柱"，"两点成水平"的测量姿势要求，测试人员读数时两眼一定要与压板等高，两眼高于压板时要下蹲，低于压板时应垫高。

（3）水平压板与头部接触时松紧要适度，头发蓬松者要压实，头顶的发辫、发结要放开，饰物要取下。

（4）读数完毕，立即将水平压板轻轻推向安全高度，以防碰坏。

（5）测量身高前，受试者应避免进行剧烈体育活动和体力劳动。

## 二、 体重测试的操作方法

（一）测试目的

测试学生的体重，与身高测试相配合，评定学生的身体匀称度，评价学生生长发育的水平及营养状况。

（二）场地器材

杠杆秤或电子体重计，使用前需检验其准确度和灵敏性。准确度要求误差不超过 0.1 千克，即每千克误差小于 0.1 千克。准确度的检验方法是：以备用的 10 千克、20 千克、30 千克标准码（或用等重标定重物代替）分别进行称量，检查指标读数与标准码误差是否在允许范围内。灵敏度的检验方法是：置 100 克重的砝码，观察刻度尺变化，如果刻度抬高了 3 毫米或游标向远移动 0.1 千克，而刻度尺维持水平位时，则达到要求。

（三）测试方法

测试时杠杆秤应放在平坦的地面上，调整 0 点至刻度尺水平位。受试者赤足，男性

受试者身着短裤，女性受试者身着短裤、短袖衫，站在秤台中央。测试人员放置适当砝码并移动游标至刻度尺平衡，读数以千克为单位，精确到小数点后一位。记录员复述后记录读数，测试误差不超过 0.1 千克。

### （四）注意事项

（1）测量体重前受试者不得进行剧烈体育活动或体力劳动。

（2）受试者应站在秤台中央，上下杠杆秤时动作要轻。

（3）每次使用杠杆秤前均需校正，测试人员每次读数前都应校对砝码标准，以避免差错。

### 三、 肺活量测试的操作方法

### （一）测试意义

肺活量（Vital Capacity，VC），是指在不限时间的情况下，一次最大吸气后再尽最大能力所呼出的气体量，代表肺一次最大的机能活动量，是反映人体生长发育水平的重要机能指标之一。

### （二）场地器材

电子肺活量计，应放置于平稳桌面，且测试房间应保持通风良好。

### （三）测试方法

测试人员打开电源开关，按"按键"，显示屏上出现提示，当数值定格在"0"时，表明肺活量计已进入工作状态。将一次性吹嘴装在进气口上，受试者手握手柄，头部略向后仰，尽力深吸气直到不能再吸气为止；然后将嘴对准吹嘴缓慢呼气，直到不能呼吸为止。此时显示屏上显示的数值即为肺活量值，测试两次，记录最大值，以毫升为单位，不计小数。

### （四）注意事项

（1）测试应使用一次性吹嘴，如需重复使用时，必须严格消毒。

（2）测试前测试人员应向受试者讲解测试要领，做示范演示，受试者可试吹一次。

（3）测试时受试者呼气不可过猛，防止漏气。

（4）受试者在呼气开始后至测试结束前不能吸气。

（5）测试人员要及时纠正受试者用鼻呼气的错误动作，如无法纠正，可让受试者带上鼻夹或用手捏住鼻子，防止鼻呼气。

（6）下一次测试开始前，需要按"按键"，使数值回到"0"位。

### 四、 50 米跑测试的操作方法

#### （一）测试目的

测试学生速度、灵敏素质及神经系统灵活性的发展水平。

#### （二）场地器材

50 米直线跑道若干条，地面平坦，地质不限，跑道线要清楚。发令旗一面，口哨一个，秒表若干块（一道一表）。使用前应用标准秒表校正，每分钟误差不得超过 0.2 秒。标准秒表的选定以北京时间为准，每小时误差不超过 0.3 秒。

#### （三）测试方法

受试者至少两人一组测试，站立式起跑，受试者听到"跑"的口令后开始起跑。发令员在发出口令的同时要摆动发令旗。计时员视旗动开表计时，受试者躯干部达到终点线的垂直面时停表。以秒为单位记录测试成绩，精确到小数点后一位，小数点后第二位数按非"0"时则进 1，如 10.11 秒读成 10.2 秒记录之。

#### （四）注意事项

（1）受试者测试时最好运动鞋或平底布鞋，赤足亦可，但不得穿钉鞋，皮鞋，塑料凉鞋。

（2）发现有抢跑者，要当即召回重跑。

（3）如遇风时一律顺风跑。

### 五、 立定跳远测试的操作方法

#### （一）测试意义

立定跳远是发展下肢爆发力与弹跳力的运动项目，它要求下肢与髋部肌肉协调快速用力，并与上肢的摆动相配合，所以它也需要一定的灵巧性。

#### （二）场地器材

沙坑、丈量尺，沙面应与地面平齐，如无沙坑，可在土质松软的平地上进行。起跳线至沙坑近端不得少于 30 厘米，起跳地面要平坦，不得有坑凹。

#### （三）测试方法

受试者两脚自然分开站立，站在起跳线后，脚尖不得踩线（最好用线绳做起跳线）。两脚原地同时起跳，不得有垫步或连跳动作。丈量起跳线后缘至最近着地点后缘之间的垂直距离，每人试跳三次，记录其中成绩最好一次，以厘米为单位，保留两位小数。

#### （四）注意事项

（1）发现犯规时，此次成绩无效。三次试跳均无成绩者，应允许再跳，直至取得成绩为止。

（2）可以赤足，但不得穿钉鞋、皮鞋、塑料凉鞋参加测试。

### 六、 坐位体前屈测试的操作方法

1. 测试意义

坐位体前屈反映的是关节和肌肉的柔韧性，测量学生在静止状态下躯干、腰等关节可能达到的活动幅度。柔韧性，是指身体各个关节的活动幅度以及髋关节的韧带、肌腱、肌肉、皮肤和其他组织的弹性和伸展能力，是构成体能标准的重要成分；柔韧性差，则意味着相应的关节和肌肉缺乏运动。

2. 场地器材

坐位体前屈测试仪。

3. 测试方法

受试者两腿伸直，两脚平蹬测试纵板坐在平地上，两脚分开约 10～15 厘米，上体前倾、两臂伸直，用两手中指尖逐渐向前推动游标，直到不能前推为止，测试仪的脚蹬重板内沿平面为零点，向内为负值、向前为正值记录，以厘米为单位，保留一位小数测试，两次取最好成绩（如图 5-1）。

图 5-1 坐位体前屈

4. 注意事项

身体前倾，两臂向前推游标时，两腿不能弯曲，受试者应匀速向前推动游标，不得突然发力。

## 七、800 米跑（女生）或 1000 米跑（男生）测试的操作方法

### （一）测试意义

测试学生耐力素养素质的发展水平，特别是心血管呼吸系统的机能及肌肉耐力。

### （二）场地器材

需要 200 米、300 米或 400 米田径跑道，地质不限。也可以使用其他不规则场地，但必须丈量准确，地面平坦。发令旗一面，口哨一个，秒表若干块，使用前需要校正，每分钟误差不得超过 0.2 秒。标准秒表选定，以北京时间为准，每小时误差不超过 0.3 秒。

### （三）测试方法

受试者至少两人一组进行测试，站立式起跑，当听到"跑"的口令后开始起跑。发令员在发出口令的同时要摆动发令旗。计时员看到旗动或听到枪声开表计时，当受试者的躯干部达到终点线垂直面时停表。以分、秒为单位记录测试成绩，不计小数。

### （四）注意事项

（1）如果在非 800 米或 1000 米标准场地上进行测试，测试人员应向受试者报告剩余圈数，以免跑错距离和长度。

（2）测试人员应告知受试者在跑完后应继续缓慢走动，不要立刻停下，以免发生意外。

（3）受试者不得穿皮鞋，塑料凉鞋，钉鞋参加测试。

（4）对分、秒进行换算时要细心，防止差错。

## 八、仰卧起坐（女生）测试的操作方法

### （一）测试意义

测试学生的腹肌耐力。

### （二）场地器材

垫子若干块（或代用品），铺放平坦。

### （三）测试方法

受试者仰卧于垫上，两腿稍分开，屈膝约成 90 度角左右，两手指交叉贴于脑后。另一同伴压住其踝关节，以固定下肢。受试者坐起时两肘触及或超过双膝为完成一次。仰卧时两肩胛必须触垫，测试人员发出"开始"口令的同时开始开表计时，记录一分钟内完成次数。一分钟结束时，受试者虽已坐起，但肘关节未达到双膝者不计该次数，精确到个位。

### （四）注意事项

（1）如发现受试者借用肘部撑垫或臀部起落的力量坐起时，该次不计数。

（2）测试过程中，观测人员应向受试者报数。

（3）受试者双脚必须放于垫上。

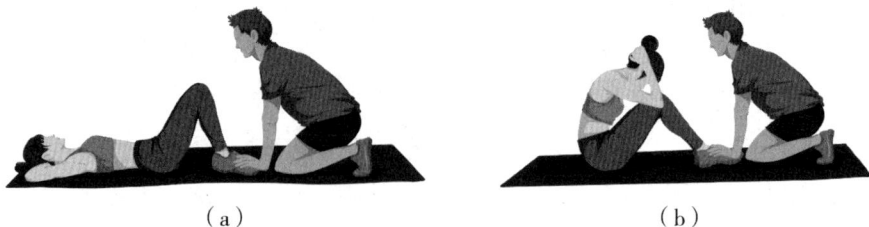

（a）　　　　　　　　　　　　（b）

图 5－2　仰卧起坐

## 九、 引体向上 （男生） 测试的操作方法

### （一）测试意义

引体向上是以自身力量克服自身重量的悬垂力量练习，对发展上肢悬垂力量、肩带力量和握力有重要作用，是以按动作规格完成的次数来计算成绩的，做得多则成绩好，因此它是一种力量耐力项目。

### （二）场地器材

需要高单杠或高横杠，杠粗以手能握住为准。

### （三）测试方法

受试者跳起，双手正握杠，两手与肩同宽成直臂悬垂。静止后，两臂同时用力引体（身体不能有附加动作），上拉到下颌超过横杠上缘为完成一次，记录引体次数（如图 5 - 3）。

### （四）注意事项

（1）受试者应双手正握单杠，待身体静止后开始测试。

图 5 - 3 引体向上

（2）引体向上时，身体不得做大的摆动，也不得借助其他附加动作撑起。

（3）两次引体向上的间隔时间超过 10 秒停止测试。

## 十、 视力测试的操作方法

### （一）测试意义

视力是指视网膜分辨影像的能力。视力的好坏由视网膜分辨影像能力的大小来判定，视力测试是通过标准对数视力表，进行视力比较、视力平均及视力统计。

### （二）场地器材

标准对数视力表，悬挂高度使 5.0 行视标与多数受检者的双眼呈水平位置，视力表

照度约300~500勒克斯。

（三）测试方法

（1）受检者在据视力表5米处站立，用遮眼板将左眼轻轻遮上，先查右眼，后查左眼，均为裸眼视力。

（2）可先从5.0一行视标认起。如果看不清再逐行上查，如辨认无误则逐行下查。要求对每个视标的识别时间不超过5秒。规定4.0~4.5各行视标中每行不能认错1个；4.6~5.0各行视标中每行不能认错2个；5.1~5.3各行中每行不能认错3个。超过这一规定就不再往下检查，而以本行的上一行记为该受检者的视力。

（3）如5米处不能辨认视力表最上一行视标时，令受检者站立于距视力表2.5米处或1米处进行检查。所得视力值应分别减去校正数值0.3或0.7后，记为该受检者的视力。

例如，某受检者在5米处不能辨认最上一行视标，令其在2.5米处检查。所得视力为4.2，则4.2-0.3=3.9，该受检者视力即为3.9；某受检者在5米和2.5米处都不能辨认最上一行视标，令其在1米处检查。所得视力为4.2，则4.2-0.7=3.5，该受检者视力为3.5。

（4）视力记录方式：将受检者的左、右眼裸眼视力分别计入相应方格内。

例如，某受检者的左、右眼裸眼视力分别为5.0和4.6。应在与"左"对应的方格内填入"5.0"，在与"右"对应的方格内填入"4.6"。

（四）注意事项

（1）检查视力前，应向受检者讲解检查视力的目的、意义和方法，取得他们的配合。佩戴眼镜者应摘去眼镜（包括隐形眼镜），检查裸眼视力。

（2）检查如采用自然光线，应选择晴天，在固定时间和地点进行，以便前后对比。

（3）检查前不要揉眼，检查时不要眯眼或斜眼看。检测人员应随时注意监督。

（4）用遮眼板时，检测人员要提醒受检者不要压迫眼球，以免影响视力。

（5）不宜在长时间用眼、剧烈运动或体力劳动后即刻检查视力。至少要休息10分钟以后再做检查。检查若在室内进行，受检者从室外进入后也应有15分钟以上的适应时间。

## 第 四 节
## 《健康标准》 测试项目的锻炼方法

身体素质是衡量一个人体质水平的重要标志。一个人的身体素质特征随着生长和发育的基本完善，在大学阶段渐入佳境。但是如果不经常锻炼会加快退步速度。因此，我们要通过不同形式的体育锻炼，来维持和提高身体素质。大学时期，重视个人的健身运动，将在人一生的生活中起到重要的作用。《健康标准》其测试目的是为了提高学生健康标准的成绩，目标是为了增强体质，增进健康，为大学生养成终身体育奠定基础。因此，大学生应当将《健康标准》中的身体素质部分作为参加体育锻炼核心内容。在《健康标准》测试中，身体素质测试包括：男生引体向上、女生仰卧起坐、立定跳远、50 米、男生 1000 米、女生 800 米、坐位体前屈。

在锻炼过程中，各项目的锻炼可采用专项练习和辅助练习相结合的形式。专项练习是指在场地、器材条件允许的情况下，对各个专项进行专门性的练习，如在田径场或者健身房等进行的专项锻炼；辅助练习是指在没有场地、器材的情况下，借助身边各种工具进行的辅助性练习，如在宿舍进行的练习；或者为提高专项成绩，进行的有针对性的基础练习，比如为提高引体向上而进行的各部位肌肉的练习等。本节内容我们针对《健康标准》中的身体素质部分，讲述具体的练习方法。

### 一、 引体向上的练习方法

引体向上是检验学生力量素质的项目，主要锻炼背部肌肉群和手臂肌肉群，包括腹直肌、腹横肌、腹内外斜肌、竖脊肌、背阔肌、斜方肌、三角肌后束、肱二头肌、肱肌、菱形肌、大小圆肌等。锻炼过程中，在进行一些专项练习的基础上，可以针对上述

部位的肌肉，有针对性地进行一些辅助练习。

## （一）引体向上的专项练习方法

### 1. 斜身引体

练习要领：用高度适宜的低单杠，使杠面高度与胸部齐平。面向单杠，自然站立，两手分开与肩同宽，正握杠，两腿前伸，两脚着地，保持身体斜向下垂；然后做屈臂引体，当下颌能触到或超过横杠时，伸臂复原，为完成一次（如图5-4）。屈臂时呼气，还原时吸气，15～30次为1组，练习3～5组。

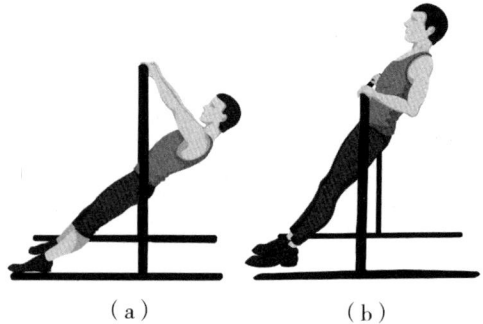

（a） （b）

图5-4 斜身引体

### 2. 低杠屈腿引体向上

练习要领：屈腿在低单杠下，脚掌触地做悬垂姿势。练习时脚尖点地助力，同时双臂顺势上拉过杠，稍停，还原。上拉时呼气，还原时吸气。10～20次为1组，练习3～5组（如图5-5）。

### 3. 屈臂悬垂

练习要领：站于凳上，两臂全屈正握横杠，两手与肩同宽，使横杠位于颌下，然后双脚离凳做静止用力的悬垂姿势，但下颌不得挂在杠上。自然呼吸，垂悬时间越长越好。练习3～5组（如图5-6）。

图5-5 低杠屈腿引体向上

图5-6 屈臂悬垂

### 4. 弹力带助力引体向上

练习要领：将弹性拉力带绑紧固定在横杠中间，将拉力带另一端下拉，一只脚（或腿弯起）套进拉力带，收紧背阔肌，手肘弯屈向上拉，尽力让下巴超过横杠，短暂的停歇后，还原

为起始位置。上拉时呼气，还原时吸气，每一组尽力做，练习3~5组（如图5-7）。

（二）引体向上的辅助练习方法

1. 弯举

练习要领：身体直立，反握哑铃（重量根据自身情况调整），握距同肩宽，屈前臂将哑铃举至胸前然后还原。屈臂时呼气，还原时吸气。可坐着练习，也可用杠铃杆练习，还可在综合练习器上进行手持杠铃或哑铃的练习。10~15次为1组，练习3~5组（如图5-8）。

图5-7　弹力带助力引体向上

作用：主要发展肱二头肌、肱肌、肱桡肌等力量。

2. 仰卧撑

练习要领：仰卧，两臂伸直撑在约50厘米高的台上，屈臂，背部贴近高台，然后快速推起至两臂伸直，屈臂时吸气，推起时呼气。也可将双脚抬高加大难度或负重练习。10~15次为1组，练习3~5组（图5-9）。

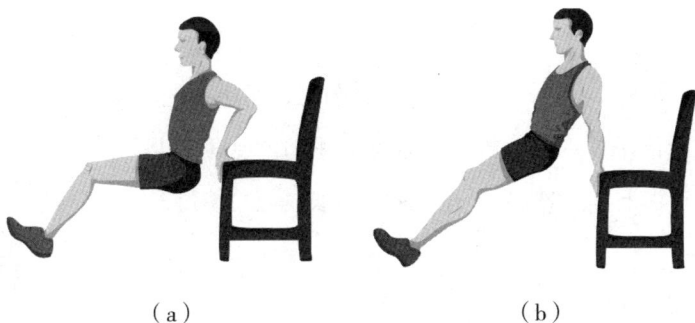

图5-8　弯举

（a）　　　　　　　　（b）

图5-9　仰卧撑

作用：主要发展肱三头肌、三角肌、背阔肌力量。

3. 胸前推举

练习要领：两手持杠铃（重量根据自身情况选择），将杠铃翻起至胸部，然后立刻上推过头顶，再屈臂将杠铃放至胸部，再上推过头顶，反复练习。推起时呼气，还原时吸气。8~10次为1组，练习3~5组（如图5-10）。

图5-10 胸前推举

作用：主要发展三角肌侧前部肌肉以及斜方肌、前锯肌、肱三头肌力量。

4. 俯卧飞鸟

练习要领：俯卧于练习凳上，两臂稍屈，向外侧举哑铃呈飞鸟姿势，两臂还原时放松，反复练习。上举时呼气，还原时吸气。此动作也可仰卧飞鸟进行。还可用杠铃片进行练习（重量根据自身情况选择）。10~15次为1组，练习3~5组（如图5-11）。

图5-11 俯卧飞鸟

作用：主要发展三角肌后部以及斜方肌、胸大肌、大圆肌力量。

5. 高翻

练习要领：两脚站距约同肩宽，双手正握杠铃，握距同肩宽，挺胸紧腰，将杠铃提起至大腿中下部迅速发力，翻举至胸部。还原后，再重复练习。翻起时呼气，还原时吸气。根据杠铃重量选择每组所做次数，中等偏下重量每组可做8~10次，重量较大每组可做3~5次，练习3~5组（如图5-12）。

作用：主要发展背阔肌、斜方肌、骶棘肌力量。

图 5 - 12　高翻

6. 直腿硬拉

练习要领：两腿伸直站立，上体前屈，挺胸紧腰，两臂伸直，用宽握或窄握距握住杠铃，然后伸髋、展体将杠铃拉起至身体挺直，还原后重复练习。上拉时应注意腰背肌群要收紧，杠铃靠近腿部。拉起时呼气，屈体时吸气。5 ~ 8 次为 1 组，练习 3 ~ 5 组（如图 5 - 13）。

图 5 - 13　直腿硬拉

作用：主要发展骶棘肌、背阔肌、斜方肌、臀大肌及股二头肌、半腱肌、大收肌等伸展躯干和伸髋的肌肉力量。

7. 负重体侧屈

练习要领：身体直立，两脚开立约与肩宽，单手持哑铃做左右体侧屈。练习时，速度不宜太快，反复练习。屈体时呼气，还原时吸气。10 ~ 15 次为 1 组，做 3 ~ 5 组（如图 5 - 14）。

作用：主要发展腹内外斜肌、腹直肌、竖脊肌、臀中肌等使躯干侧屈的肌肉力量。

图 5 - 14　负重体侧屈

## 二、 仰卧起坐的练习方法

仰卧起坐是检验学生力量素质的项目，仰卧起坐包含了两部分的关节运动：脊柱屈和髋关节屈。脊柱屈的动作指的是仰卧起坐的前半段，背部由平躺地面的状态变成脊柱弯曲的状态。而负责这一段的肌肉就是大家最为熟知的六块腹肌（腹直肌）。髋关节屈的动作指的是仰卧起坐后半段，上半身完全离开地面，这时候躯干和大腿折叠约为90°。这里主要是靠屈髋肌群（髂腰肌群，股直肌，缝匠肌等）。因此，仰卧起坐并不止锻炼腹直肌，同时还会锻炼到我们的屈髋肌群，严格地来说，屈髋肌群会更占据主导地位，它是一个多肌肉群，多关节的运动。

### （一）仰卧起坐的专项练习方法

1. 仰卧卷腹

练习要领：身体仰卧于垫子，膝部屈成90度左右，双脚脚尖朝前，臀部腰部头部紧贴于地面，双手交叉放于胸前，向上时用腹肌发力，起坐时呼气两到三秒，身体自然卷起，向下时吸气两到四秒，头部尽量不要贴

图5-15　仰卧卷腹

于地垫，保持腹肌持续收缩。初学者做10~20次为1组，练习3~5组，可根据自身素质调整次数和组数（如图5-15）。

作用：主要锻炼腹直肌上部

2. 反向卷腹

练习要领：平躺在垫子上，双腿伸直，手放置头后面，抬腿屈膝成90度，呼气时朝胸部方向抬膝，保持2秒，吸气时缓慢地回到起始位，下巴与胸之间保持一定空间（眼睛斜看天花板）。15~20次为1组，练习3~5组，一般建议将反向卷腹和其他的

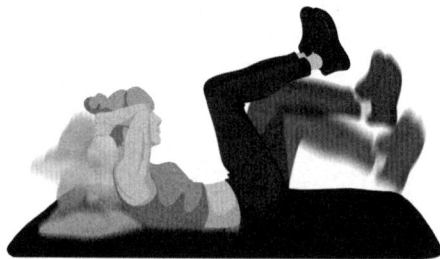

图5-16　反向卷腹

腹肌锻炼动作结合起来做，反向卷腹难度会大些（如图 5 - 16）。

作用：主要锻炼腹部肌肉，提高下背部、臀部的稳定性。

3. 仰卧抬腿

练习要领：身体平躺在垫子上，背部及臀部贴于地面，双手放于两身体两侧，双腿伸直，下腹收紧双腿同时由地面向上快速抬起，抬高至与身体成 90 度，然后将两腿慢慢向下放回到地面，特别是小于 45 度后，双腿下落速度越慢越好，主要是利用腹肌的拉力控制双腿下落的速度。做此动作要注意快速举腿，慢速放腿。10 ~ 15 次为 1 组，练习 3 ~ 5 组（如图 5 - 17）。

图 5 - 17 仰卧抬腿

作用：主要锻炼腹直肌下部。

4. 垂直举腿

练习要领：身体平躺在垫子或凳子上，背部及臀部贴于地面，双手放于两身体两侧，双腿伸直，下腹收紧，双腿同时由地面向上快速抬起，抬高至与身体成 90 度，轻微上抬臀部，感觉腹部完全收缩，臀部不能继续往上抬时，停止运动，慢慢地回到初始位置。抬起臀部时呼气，返回到初始位置的过程中吸气（如图 5 - 18）。5 ~ 10 次为 1 组，练习 3 ~ 5 组。此练习是在仰卧抬腿的基础上增加了难度，初学者可先练习仰卧抬腿，待具备一定腹部力量后，再做垂直举腿。

图 5 - 18 垂直举腿

作用：主要锻炼腹直肌下部。

5. 仰卧直腿两头起

练习要领：平躺在垫子上，双腿并拢伸直，双手向头后伸直。弯曲腰部，将腿和手臂同时抬起，并呼气。抬起过程中，双腿要伸直并抬起与地面呈 30 度~45 度角，上身要离开地面，直至手臂摸到脚面。然后慢慢将腿和手臂放回起始位置，同时吸气（如图 5 -

19)。15~20次为1组，练习3~5组。

作用：锻炼腹直肌整体。

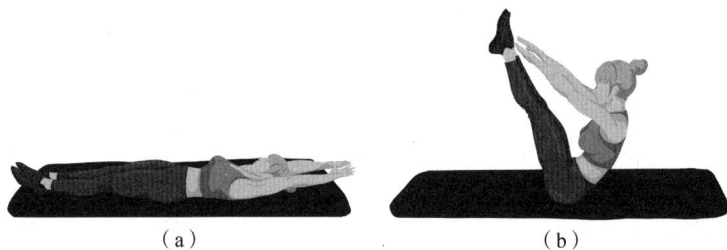

（a）　　　　　　　　（b）

图5-19　仰卧直腿两头起

（二）仰卧起坐的辅助练习方法

1. 马步

练习要领：双脚打开大于肩宽，脚尖稍朝外，双手交叉自然放于身体前侧，自然呼吸，身体下蹲，直至大腿与小腿成90°，保持30秒为1组，练习3~5组（如图5-20）。随着练习的增加，可逐渐将下蹲静止时间增加至60秒。

作用：提高股直肌力量。

（a）　　　　　　　　（b）

图5-20　马步

2. 平板支撑

练习要领：俯卧于垫子上，自然呼吸，双脚微微打开，脚尖着地，与肩同宽，并用两手手肘撑地，腹部和臀部、腿部的肌肉用力撑起身体，除了前臂和脚尖，其他身体部位都必须离地，此时臀部往内缩，背脊打直，面部朝下，使得整个身体呈平板状，整个过程中肩部、腹部、臀部都

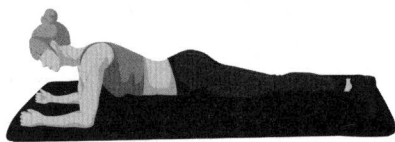

图5-21　平板支撑

必须用力，不是只靠手臂支撑（如图5-21）。保持静止30秒，然后休息1分钟左右，再撑30秒，如此反复5~10组。初期练习时如撑不到30秒，可以先从10秒开始，再慢慢延长时间。

作用：主要锻炼背部、腹部、下背部、臀部等地方的肌肉群和内收肌、膈肌等核心肌群。

3. 悬垂举腿

练习要领：背靠肋木，两手上举正握肋木，身体悬垂，双脚离地，两腿并拢伸直向上举至地面水平高度，然后缓缓放下至准备姿势。上举时呼气，放下时吸气，10～15次为1组，练习3～5组。对于初学者来说，双腿上举时，可屈膝，大腿举至水平位置时，小腿伸直，然后双腿保持伸直缓缓放下；经过一段时间练习，双腿尽可能举高（如图5-22）。

(a)       (b)

图 5-22 悬垂举腿

作用：主要锻炼腹直肌、髂腰肌力量。

### 三、 立定跳远的练习方法

立定跳远是检验学生弹跳素质的项目，主要发展下肢爆发力与弹跳力，是集弹跳、爆发力、身体的协调性和灵敏性为一体的身体素质运动。因此，在锻炼过程中，应加强有关肌肉、关节快速收缩、屈伸能力和协调性的锻炼。锻炼手段可采用半蹲、深蹲、登台阶、直腿跳、纵跳、跳深，发展腰、腹、背、髋、膝肌群的力量来提高运动员的弹跳力。

#### （一）立定跳远的专项练习方法

1. 跳小绳

练习要领：可采用正、反摇的双脚跳、单脚交换跳、编花跳、双摇跳等多种方式。每次跳跃时间控制在10～30分钟之间（如图5-23）。

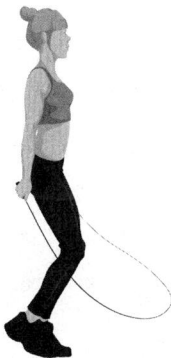

图 5-23 跳小绳

2. 蛙跳

练习要领：蹲至膝关节弯曲小于90度左右，两脚蹬地，腿蹬直向前上方跳起，腾空后挺胸收腹，快速屈腿前摆，双脚掌落地后不停顿地连续做，要求快速起跳，身体充分伸展开，可先不要求远度，待动作做完整后，逐渐增加远度要求（如图5-24）。跳跃

10~15 次为 1 组，练习 3~5 组。

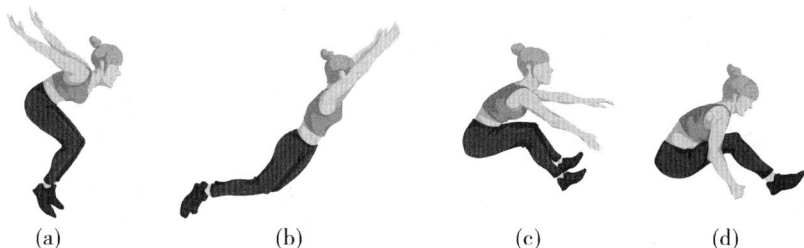

图 5-24　蛙跳

3. 原地收腹跳

练习要领：两脚打开与肩同宽，然后原地起跳，跳起后在上体前倾同时收腹举腿，身体成蜷曲型，标准动作是收腹时膝盖能碰到下巴，然后身体打开落地。10~20 次为 1 组，练习 3~4 组（如图 5-25）。

图 5-25　原地收腹跳

4. 跳障碍

练习要领：小海绵垫 5~10 块（或栏架 5~10 个），每个障碍距离 1 米左右。练习者站在障碍物后，两脚左右开立，脚尖平行，屈膝向下，两臂自然后摆，用脚掌力量向前上方跳过障碍，两臂配合向前上方摆动，落地时屈膝缓冲，落地后迅速做下次跳跃。练习 5~6 组（如图 5-26）。

图 5-26　跳障碍

5. 跳台阶

练习要领：单腿或双腿屈膝半蹲，用前脚掌力量做连续跳台阶动作。跳 20~30 个台阶为 1 组，练习 3~4 组。采用双腿跳台阶时，可一次跳跃 2~3 个台阶（如图 5-27）。

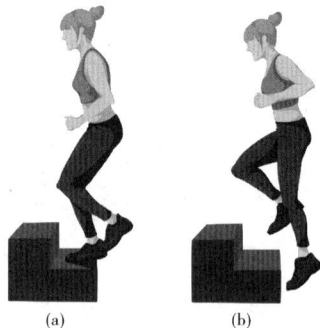

图 5-27　跳台阶

（二）立定跳远的辅助练习方法

1. 负重颈后深蹲

练习要领：上体正直，挺胸紧腰，抬头，两手握杠将杠铃放置颈后肩上。做动作时保持腰背挺直，抬头收腹，平稳屈膝下蹲。下蹲时吸气，起立时呼气，根据不同的任务和要求，可采用不同的速度（快速、中速、慢速）来做。下蹲或起立时膝与脚尖方向应一致。根据不同重量选择每组所做次数，练习4~6组（如图5-28）。

作用：主要发展股四头肌、股二头肌、臀大肌，以及伸髋肌群力量。

图 5 - 28　负重颈后深蹲

2. 负重半蹲

练习要领：正握杠铃于颈后肩上，挺胸紧腰，屈膝下蹲近水平位置时，随即伸腿起立。其余要领同"颈后深蹲"。4~6个为1组，练习4~6组（如图5-29）。

作用：发展伸膝肌群力量与躯干支撑力量，特别是股四头肌的内、外侧肌、股后肌群和小腿三角肌。

图 5 - 29　负重半蹲

3. 半静蹲

练习要领：将杠铃置于肩上，下蹲至大腿水平部位，保持这个姿势静止不动，自然呼吸。静止30~60秒为1组，练习3~5组。可根据杠铃的重量调整每组静止的时间（如图5-30）。

作用：主要发展伸膝肌群力量和躯干支撑力量。

4. 肩负同伴深蹲起

练习要领：侧对肋木（墙面亦可）站立，单手扶肋木（墙面），做肩负同伴深蹲起动作。起立时腿蹬直，要求快而有力，两人交替练习。下蹲时吸气，起立时呼气。此练习可在没有杠铃等器械的情况下进行。8~10次为1组，练习4~6组。

作用：主要发展腿部伸膝、伸髋肌群力量。

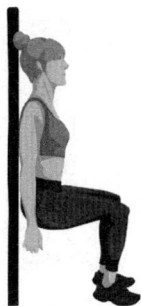

图 5 - 30　半静蹲

5. 负重提踵

练习要领：身体直立，颈后负杠铃两脚站于杠铃片或平地上，用力起踵，稍停再还原。提踵时呼气，还原时吸气，15～20次为1组，练习3～5组（如图5–31）。

作用：主要发展小腿三角肌及屈足肌群力量。

### 四、 1000 米和 800 米的练习方法

图5–31　负重提踵

男生1000米和女生800米是检验学生耐力素质的项目，属于有氧耐力素质。发展有氧耐力主要是提高心肺功能水平，有氧耐力的主要指标是最大吸氧量，即运动时每分钟能够吸入并被身体所利用的氧气的最大数量。有氧耐力锻炼的负荷强度，一般用运动过程的心率来衡量，控制130～160次/分为宜。发展有氧耐力的方法多采用慢速跑步、越野跑、变速跑等周期性运动。有氧耐力锻炼持续时间一般在15分钟以上，最好能每天坚持30分钟的锻炼。

#### （一）1000 米/800 米跑的专项练习方法

专项耐力的练习是在缺氧情况下的一种练习，也是提高专项成绩的一种手段。可以采用以下练习方法：

1. 专项速度

专项速度采用距离为300米、600米、1200米跑的练习，可用上述三个距离来检查400米、800米、1000米的专项成绩，要求脉搏达到每分钟160次左右。具体安排：

（1）按照300米、600米、1200米的顺序跑完为1组，每个距离之间间歇5～8分钟，每次练习2组，组间间歇10分钟。

（2）300米×5～6个，间歇5～8分钟，要求以最快速度80%的强度完成。

（3）600米×3～4个，间歇10～12分钟，要求以最快速度70%的强度完成。

（4）1200米×2～3个，间歇14分钟，要求以接近个人跑1000米的最快速度完成。

在练习时，可根据不同的阶段，采用以上四种方法相结合的锻炼方式，如：每周可从中选择其中的两种方式进行练习；冬季以第（1）和第（4）种练习为主；测试前1个月以第（3）和第（4）种练习为主。女生可用1000米代替1200米进行练习。

2. 专项耐力

（1）以200米间歇跑为主，脉率达到每分钟160次以上，等脉搏降到每分110～120

次，再进行下一个，跑 4 ~ 5 个为 1 组，练习 3 ~ 4 组。

（2）采用 "4—3—2—1" 形式的变速跑，即 4 就是 400 米、3 就是 300 米、2 就是 200 米、1 就是 100 米，上述每个距离之间有 100 米的慢跑，要求慢跑 100 米在 60 秒之内跑完（间歇的慢跑）即可，每次练习 3 组。

### （二）1000 米/800 米跑的辅助练习方法

#### 1. 一般耐力

中长跑的耐力练习，一般是以有氧耐力为主的跑的练习，能改进氧气输送系统和肌肉代谢的功能。可采用以下练习方法：

（1）采用 3000 米、4000 米、5000 米等距离跑，如在田径场练习，根据练习者不同的耐力水平，每圈可在 2 分钟至 2 分 30 秒之间完成，最后 3 ~ 5 圈可逐渐加快速度。

（2）采用 30 分钟跑完一项长距离的练习，每次练习时记录所完成的实际距离，作为练习的参考，心率在每分钟 150 次至 160 次之间。同时注意呼吸的节奏。

以上两种练习方法可交替进行，每周可练习 1 ~ 2 次。

#### 2. 速度耐力

速度锻炼是长跑中必不可少的，通过严格的速度练习来提高频率。通常采用短距离变速跑、原地快速高抬腿、80 米加速跑、150 米重复跑、行进间快频率小步跑接快速放松跑等练习。上述练习力求多种形式，每次练习时间不宜过长，多采用比赛形式进行，练习时不觉枯燥。每周 2 次速度锻炼，总距离 0.5 ~ 0.8 公里。具体练习方法如：

（1）100 米变速跑，在田径场进行，直道 100 米冲刺跑，弯道 100 米慢跑，2 圈为 1 组，每次练习 2 ~ 3 组。

（2）80 米加速跑×4 ~ 6 个，以站立式起跑方式快速跑 80 米，每个间歇 2 ~ 3 分钟。

（3）150 米重复跑×3 ~ 5 个，以最快速度 90% 的强度完成，每个间歇 3 ~ 5 分钟。

在上述练习之前，可先完成 3 ~ 5 组的原地快速高抬腿、行进间快频率小步跑接快速放松跑等练习。

### 五、50 米跑的练习方法

50 米跑是检验学生速度素质的项目。速度素质是指人体进行快速运动的能力或在最短时间而完成某种运动的能力。按其运动的表现可分为反应速度、动作速度、周期性运

动的位移速度三种形式。反应速度是指人体对外界各种信号刺激作出快速应答的能力，在 50 米跑的起跑阶段尤为重要。动作速度是指人体快速完成某一动作的能力，与四肢肌肉的爆发力密切相关，在 50 米跑中表现为摆臂、摆腿和蹬伸等动作的速度，也表现为完成单个动作时重复的次数（即动作频率）。位移速度是指人体快速移动的能力，增加步频和增大步幅是提高 50 米跑中位移速度的关键因素。在锻炼过程中，可以围绕着以上三个方面的专项练习，结合辅助练习进行锻炼。

### （一）50 米跑的专项练习方法

50 米跑锻炼重点是运动负荷，通过短距离的锻炼来提高动作频率和绝对速度，通过稍长距离的锻炼，来积累运动量。通常采用 30 米、60 米、100 米及 50 米专项跑等练习。上述练习根据不同的要求，合理安排不同的运动量和运动负荷，如 100 米可适当降低运动负荷，增加运动量，30 米、60 米和 50 米专项跑可在运动负荷较高的情况下完成，但是运动量可适当减少，冬季锻炼时，上述锻炼内容可适当增加运动量，降低运动负荷。每次在专项练习开始前，可先完成辅助练习，具体专项练习方法如下：

1. 30 米跑

30 米 ×3～5 个，从站立式起跑开始，用力快速后蹬获取加速度，步幅不宜太大，加快步频，始终保持低重心直至冲过终点，间歇 2～3 分钟，要求以最大强度完成。

2. 50 米专项跑

50 米 ×3～5 个，从站立式起跑开始，用力快速后蹬获取加速度，前 30 米降低重心，步幅缩小，加快步频，30 米过后逐渐抬起重心，加大步幅，保持快步频，间歇 2～3 分钟，要求以最大强度完成。

3. 60 米跑

60 米 ×3～5 个，从站立式起跑开始，用力快速后蹬获取加速度，前 30 米降低重心，步幅缩小，加快步频，30 米过后逐渐抬起重心，加大步幅，保持快步频，节奏同 50 米跑，间歇 2～3 分钟，要求以最大强度完成。

4. 100 米跑

100 米 ×6～8 个，从站立式起跑开始，用力快速后蹬获取加速度，前 30 米降低重心，步幅缩小，加快步频，30 米过后逐渐抬起重心，加大步幅，保持快步频，途中跑动作放松，并体会向前的惯性，间歇 2～3 分钟，要求以 80%～90% 的强度完成。

5. 组合跑

30 米×2～3 个，60 米×2～3 个，100 米×2 个，要求以最大强度完成，每个项目之间间歇 5～8 分钟。

6. 跑台阶（楼梯）

从楼梯底部开始，以最快的速度冲上楼梯，前脚掌着地，尽力保持快步频，步行回起点。每步一个台阶，跑 10～15 个台阶即可。6～8 趟为 1 组，练习 3～5 组。

7. 斜坡跑

（1）上坡跑：提高后蹬力量和小腿爆发力。

（2）下坡跑：提升最高速度，增加步长。

跑 30～50 米，3～4 趟为 1 组，练习 4～6 组。


（二）50 米跑的辅助练习方法

1. 摆臂练习：提高身体跑动中平衡，统一协调身体动作，提高步频。

练习要领：两臂屈肘约 90 度半握拳（或五指伸直）。肩关节为轴，肘关节为发力点，两臂前后摆动，后摆时拳心通过腰际，前摆时与鼻同高，动作频率由慢到快。60～100 次为 1 组，练习 5～6 组，也可结合高抬腿、小步跑等同时练习。

2. 小步跑

练习要领：躯干正直，两眼平视前方，肩和双臂放松，提起脚跟保持高重心。一腿伸膝蹬地，一腿屈膝前摆，大腿积极下压，膝关节放松小腿自然稍向前下方伸出，接着前脚掌迅速向前下方着地。双臂屈肘前后摆动，步幅小频率快，整个动作配合协调连贯（如图 5 - 30）。

图 5 - 32　小步跑

（1）原地或行进间的小步跑，听到信号后加速快跑 10～20 米，此练习目的是提高练习者的反应速度。

（2）快速小步跑 15～30 米，两腿频率越快越好。要求大腿发力，小腿放松，膝踝关节放松，脚落地后有"扒地"动作。此练习的目的是提高练习者的动作速度。

3. 高抬腿

练习要领：上体正直稍前倾，大腿高抬与上体成约 90 度直角，小腿放松与大腿自

然折叠。蹬地支撑腿的髋、膝、踝关节充分蹬伸直，髋部前送，落地时大腿积极下压，用脚前掌着地，两臂前后摆动，身体重心提起，目视正前方，逐渐加快抬腿频率（如图5－33）。

（1）原地快速高抬腿，两腿频率越快越好，大腿抬至水平。此练习的目的是提高练习者的动作速度。

（2）原地或行进间的高抬腿，听到信号后加速快跑10～20米，此练习目的是提高练习者的反应速度。

4. 后踢腿跑

练习要领：上体正直或稍前倾，两臂前后自然摆动。足前掌着地，离地时足前掌用力扒地，离地后小腿顺势向后踢与大腿折叠，膝关节放松，足跟接近臀部（如图5－34）。

此练习的目的是体会前脚掌"扒地"的动作，发展跑的频率。

图5－33 高抬腿

5. 后蹬跑

练习要领：上体正直或稍前倾，两臂自然摆动。摆动腿积极向前上方摆出，由躯干扭转，同侧髋带动大腿充分向前摆动。在摆腿的同时，另一大腿积极下压，足前掌着地，膝、踝关节缓冲，迅速转入后蹬。后蹬时摆腿送髋动作在先，膝踝蹬伸在后，腾空阶段重心向前性好，腾空时要放松，两腿交替频率要快（如图5－35）。

此练习的目的是发展腿部力量和掌握膝、踝关节缓冲能力，提高后蹬能力，加大步长。

图5－34 后踢腿跑

6. 弓箭步练习

（1）弓箭步走：双手放在体侧。右腿向前迈一大步，同时左腿膝盖落地。胸口打开，背部挺直，屈双膝，髋关节向下。右腿发力上蹬，将左腿向前带。另一条腿前迈，交替换边进行（如图5－36）。走30米为1组，练习2～3组。

图5－35 后蹬跑

图5－36 弓箭步练习

（2）弓箭步跳：开始时前腿呈90度下蹲至最低点，

后脚尖点地，身体保持平衡不要乱晃，身体重量均衡在两脚上，起跳后，交换双腿，前腿换到后面，后腿换到前面，双臂也自然交换位置，轻轻落地，不要让后腿膝盖着地。15～20次为1组，每次练习4组。

以上两个练习的目的是增强腿部肌肉，加大步幅。

7. 起跑反应练习

（1）俯撑起跑：从俯撑开始，听信号后迅速收腿起跑10～20米，根据情况进行多组重复练习。

（2）转身起跑：背对跑的方向站立，听信号后迅速转体180度，加速跑20米，根据情况进行多组重复练习。

以上两种练习目的是提高练习者的反应速度。

## 五、 坐位体前屈的练习方法

坐位体前屈是检验学生柔韧素质的项目。提高柔韧素质的锻炼方法有很多，主要以徒手练习为主，分为单人练习和多人辅助练习。在练习过程中，为避免受伤，要在热身活动充分的情况下进行，因此，坐位体前屈可在其他项目练习前或结束后进行，也可单独进行练习。

### （一）坐位体前屈的专项练习方法

1. 单腿坐位体前屈动作

练习要领：坐于垫子上，以右腿在体前伸直为例，左腿弯曲，脚跟接触伸展腿的内侧并尽可能靠近骨盆区域，左小腿外侧贴近地面，与右腿组成三角形，背部挺直，下压向伸直的右腿，双手抓住右脚脚尖，右腿膝部保持伸直，拉伸到自己最大承受点，保持这个姿势10秒钟，然后交换腿进行拉伸，每条腿每次拉伸3～5组。

2. 分腿坐位体前屈

练习要领：坐于垫子上，双腿膝部伸直尽可能左右分开，双手体前扶于地面。背部挺直向前下压，保持双手向长向远伸直，拉伸到自己最大承受点保持这个姿势30秒钟，每次拉伸3～5组。

3. 搬腿坐位体前屈

练习要领：坐于垫子上，双腿伸直，以右腿搬腿为例，左腿伸直与地面平行，双手

搬右腿尽可能靠近于鼻梁方向，背部挺直，双肩放松向后展，拉伸到自己最大承受点保持这个姿势 10 秒钟，然后交换腿进行拉伸，每条腿每次拉伸 3~5 组。

4. 弓步拉伸

练习要领：双腿站于地面，呈弓步姿势，背部挺直，前腿弯曲，后腿伸直，重心在两腿之间，双脚指尖朝向前方。双手置于前腿膝盖之上，前腿向下弯曲拉伸后腿小腿肌肉与韧带，后脚跟尽可能贴于地面，再对另一条腿重复此拉伸。拉伸到自己最大承受点保持这个姿势 1 分钟，然后交换腿进行拉伸，每条腿每次拉伸 2~3 组。

5. 站位前后分腿体前屈

练习要领：双腿站立于地面，右脚位于左脚前方适当的位置，保持双脚指尖向前，右膝与左膝伸直，上体保持直立，向位于前腿方向下压，身体重心保持在两腿之间。双手放于前腿膝盖上。当拉伸到最大承受点保持这个姿势 15 秒钟，对另一条腿重复此拉伸动作，然后两腿交替拉伸，每条腿每次拉伸 3~5 组。

6. 站位分腿体前屈

练习要领：双腿平行站立于地面，两脚分开大于肩宽，保持双脚指尖向前，上体保持直立向前下压，双臂伸直尽可能触摸地板，身体重心保持在两腿之间。当拉伸到最大承受点保持这个姿势 15 秒钟，每次拉伸 3~5 组。

7. 站位并腿体前屈

练习要领：双腿并立站于地面，上体保持直立向前下压，双臂伸直尽可能触摸地板（也可两手扶小腿后部来做），双膝伸直，上体与腿尽量贴近。当拉伸到最大承受点保持这个姿势 15 秒钟，每次拉伸 3~5 组。拉伸腿部肌肉与韧带。

8. 高支撑腿压腿练习

练习要领：站立于地面，以右腿高支撑压腿为例，重心放于左腿上，将右腿放在比髋部更高的桌面、长凳或其他稳定物体上，膝盖伸直，脚背朝向上方，上体挺直朝右腿方向下压，双手抓于右脚脚踝，保持双腿伸直，对另一条腿重复此拉伸，拉伸到自己最大承受点保持这个姿势 20~30 秒钟，然后交换腿进行拉伸，每条腿拉伸 2~3 组。

（二）坐位体前屈的辅助练习方法

多人配合辅助拉伸方法，人数是在两人及以上进行互助式拉伸，同伴之间可以很好地起到互相鼓励的作用，在有同伴的帮助和监督下，可以实现更大的灵活度和活动幅度，并

且可以增进同伴之间的配合能力，还可以相互纠正错误动作，获取更有效的建议。

1. 辅助搬腿拉伸

练习要领：拉伸者平躺向上抬起右腿，另一只腿贴于地面，双腿膝盖伸直，搭档站在右侧面朝拉伸者，搭档右手抓住拉伸者抬起的腿，调整好身体，另一只手放在拉伸者膝盖骨上，帮助拉伸者膝盖伸直，提供适当的拉伸，保持 10 秒钟。之后交换腿进行拉伸，每条腿拉伸 2 ~ 3 组。

2. 双人辅助坐式体前屈

练习要领：拉伸者坐于垫子上，两腿并拢伸直做体前屈，搭档站于拉伸者身后。用双手压其后背，拉伸者做出适当阻力时保持 10 秒钟，再间歇 10 秒，重复进行 3 组，两者互换。

3. 双人拉锯式体前屈

练习要领：坐于垫子上，两腿并拢伸直做体前屈，两个人面对面坐，脚对脚，两腿并排伸直，上体前屈，手手相扣，互相拉动。上体与腿尽量贴近，膝关节不得弯曲，两人互相拉锯，保持这个姿势 10 秒钟，休息间歇 10 秒钟，重复 3 ~ 5 组。

4. 多人配合拉伸

练习要领：两腿左右打开至最大角度，上体前屈，臀部自然后移，双膝伸直，多个人面对面坐在垫子上，依次脚对脚，两腿互相蹬直，上体前屈，手手相握，互相拉动。上体与腿尽量贴近，膝关节不得弯曲，保持这个姿势 10 秒钟，休息间歇 10 秒钟，重复 3 ~ 5 组。

5. 单腿支撑体前屈

练习要领：主要用来练习腿部向后运动的柔韧性。并步站立，体前屈，练习时一腿支撑，另一腿向后上直腿抬起，同时，两臂扶地保持平衡，这是一个高等级拉伸腿部后群动作，根据个人能力保持 10 秒，之后交换腿进行拉伸，每条腿拉伸 2 ~ 3 组。

**思考题**

1. 简述《国家学生体质健康标准》的内涵、功能。

2.《国家学生体质健康标准》实施的重要意义有哪些？

3. 简述《国家学生体质健康标准》测试指标及评分标准。

4.《国家学生体质健康标准》测试内容有哪些？

# 第 六 章

## 大学生体育锻炼卫生指导与防护

## 本章导言

体育卫生是指为达到增强体质、增进健康的目的，在体育锻炼过程所中应采取的卫生措施和要求。违反体育卫生原则和要求而盲目地进行体育锻炼，不但不能起到良好的锻炼效果，而且会导致各种运动伤病，损害身体健康。学校体育有着严格的体育卫生要求，根据学生的生理体质特点，对运动内容、方式、运动量、体育器材和场地等采取卫生和防护措施，实行医务监督，预防运动创伤和运动性疾病，以达到增强体质、促进健康的目的。因此，我们不仅要积极鼓励和指导大学生经常参加体育锻炼，而且要注重引导学生重视体育卫生保健预防和运动安全防护知识的学习，使学生掌握一些体育卫生、安全防护、运动急救、运动性伤病的处理与预防等有关体育卫生保健预防的知识和方法。这对于学生体质的增强、身心健康的发展以及意志品质、完全人格的培养与形成都具有良好的作用。

## 学习目标

通过本章节的学习，大学生能够了解和掌握体育锻炼卫生常识、安全防护知识、常见运动性伤病处理和预防方法以及运动中常见的急救方法。本章学习主要实现以下目标：

1. 了解体育锻炼的卫生常识
2. 了解体育锻炼的安全防护知识
3. 掌握常见运动性疾病的处理及预防方法
4. 掌握常见运动性损伤的处理方法
5. 掌握运动中常用的急救方法

**第一节**
**体育锻炼的卫生常识**

体育卫生是指根据体育锻炼过程中影响人体健康的各种外界环境因素，制定体育锻炼中各项体育卫生要求和措施，帮助并指导人们进行科学、合理的体育锻炼，达到增强体质、增进健康的目的。大学生参加体育活动，主要是掌握体育基本知识，学会正确的体育技能，增进健康，提高抗病能力，精力充沛地进行学习与工作，这是高校体育的主要任务之一。但是，在体育锻炼中，学生由于不注意运动卫生或缺乏对运动卫生知识的掌握，而发生各种伤病，就会给学生的身体以及学习和生活带来不同程度的影响，甚至会造成学生害怕锻炼身体。因此，大学生参与体育锻炼并收到预期的效果，除注重体育锻炼的科学性以外，还要重视并了解必要的体育卫生常识，预防运动伤病，提高锻炼效果。

## 一、体育锻炼的准备与整理放松

### （一）运动前的准备活动

1. 准备活动的必要性

人体在运动前，各种器官和机能都是处于相对静止的状态。如果在进行运动尤其是进行剧烈运动之前，不做好准备活动，运动开始后相当长的时间内，内脏器官的活动不能适应剧烈的运动，容易使植物性神经系统的调节机能紊乱，造成运动者面色苍白，恶心、出冷汗，严重者甚至发生休克等现象；或者由于关节、韧带、肌肉尚未活动开而引起运动性伤病。因此，运动前必须要做好准备活动，把整个机体从相对静止状态中调动起来，使之逐渐适应锻炼的需要从而获得锻炼效果。

2．准备活动的作用

（1）可以提高机体对突然变化的内外环境的适应性，否则突然加大运动量会使神经系统来不及传递兴奋，造成内脏和运动器官功能的不协调，而发生心慌、腹痛和呼吸困难等不良反应。

（2）可以把中枢神经系统的兴奋提高到适应运动要求的水平，使过低的兴奋变为较强的兴奋，从而在整个机体神经系统的统一调节下，迅速进入工作状态并达到最高运动水平。

（3）可以提高内脏器官的机能水平，有助于克服内脏器官的生理惰性，使之很快地适应运动的需要，避免或减少因内脏器官的活动跟不上运动器官的要求，而发生运动性伤病。

（4）可以加强体内代谢，减少肌肉的粘滞性，提高韧带的伸展性和力量，增加关节内的滑液，使关节的灵活性加大，消除肌肉和关节的僵硬状态，防止运动损伤的发生。

（5）可以调节心理状态。体育锻炼不仅是身体活动，而且也是心理活动，现在越来越多的研究认为心理活动在体育锻炼中起着非常重要的作用，体育锻炼前的准备活动就可以起到这种心理调节作用，从而达到锻炼时的心理状态。

3．准备活动的内容、量和时间

（1）内容。准备活动可分为一般性准备活动和专门性准备活动，专门性准备活动又分为训练前准备活动和比赛前准备活动。一般性准备活动主要是一些全身性身体练习，主要包括走、跳、跑、徒手操、游戏等，活动部位较全面，从颈、躯干、臂、腿直到脚，练习时应柔和细致；一般性准备活动的作用是提高身体整体的代谢水平和大脑皮层的兴奋状态，减少运动损伤的发生。专门性准备活动是指与所从事的体育锻炼内容相适应的运动练习，如打篮球前慢跑、牵拉练习、投篮、运球、传球等。除非进行一些专门性运动和比赛，一般人体育锻炼时只需进行一般性准备活动，即可进行正式的体育活动内容。

（2）量和时间。准备活动的量和时间随体育锻炼的内容和量而定，由于以健身为目的的体育锻炼量较小，所以准备活动的量也相对较小，时间不宜过长，否则，还未进行体育锻炼身体就疲劳了。30分钟的体育锻炼，其准备活动的时间一般为10分钟左右。气温较低时，准备活动的时间也适当长一些，量可大一些。气温较高时，时间可短一些，量可小一些。

（3）时间间隔。与运动员正式参加比赛不同，一般人进行准备活动后就可马上从事体育锻炼，运动员准备活动后适当地休息是为了使身体机能有所恢复，以便在比赛中创造优异成绩。而一般人参加体育活动是为了增强体质，不是为了创造成绩，所以准备活动后接着进行体育锻炼即可。

总而言之，在选择使用准备活动的具体内容、项目、活动时间、强度和量大小等时要根据实际情况灵活运用。决定准备活动的内容最主要是要依据教学训练课或锻炼的主要内容进行，还应考虑季节、气温和气湿、性别以及身体机能状况等因素。

4. 准备活动的分类与运用

从总体上来讲，准备活动的内容丰富，分类方式繁多，如根据练习的主要生理学作用分类；根据练习动作的动力学特征分类；根据实施准备活动的目的分类等。为了便于实际运用，本章节从生理学作用的角度将准备活动分为以下三大类：

（1）全身性准备活动

全身性准备活动是以全身整体活动为主要运动形式，以动力性练习项目为主要练习内容，旨在提高人体整体系统（如心血管、呼吸、神经、代谢等）的工作水平，是准备活动中最基本、最重要的部分之一。

a. 活动内容分类：主要内容分为四大类，即跑步（如慢跑、小步跑、高抬腿跑、交叉步跑、变速跑、短距离快跑、迎面接力跑等）；跳跃（如原地跳、跨步跳、蛙跳等）；体育游戏（如推火车赛跑、老鹰抓小鸡、鸭子走、抱腿走等）；练习性球类活动（如篮球、足球等）。

b. 基本运用原则：整体性活动是准备活动的第一部分，无论每次教学课或训练课的内容是什么性质，都必须首先实施整体性活动，以提高人体的整体机能水平。一般而言，内容实施的顺序是：跑步或游戏在前，跳跃和球类在后；练习的运动强度应控制在心率120次/分钟以下；时间应控制5～10分钟内；若环境温度较低，可适当延长一点时间；反之，可适当缩短一些。练习内容的选择必须依据即将进行的课目内容确定。但最常用、首先应进行的内容是慢跑3～5分钟。

（2）局部性准备活动

局部性准备活动是以身体或肢体某一部位活动为主要形式，以静力性和动力性练习项目相结合为主要练习内容，旨在有针对性地预防人体局部肢（躯）体（肌肉、韧带、

关节）因过度牵拉或磨损出现运动损伤。局部性活动是准备活动中预防肌肉、韧带、关节损伤（如拉伤、撕裂伤、关节面软骨损伤）的关键环节之一。

a. 活动内容分类：主要分为主动性准备活动和被动性准备活动。主动性准备活动的内容可分为三大类，一是转动关节或身体，如转腰、转膝、转肩、转髋、转踝、转腕、转体等；二是动力性牵拉，如压腿、踢腿、压肩、侧摆腿、伸展运动等；三是静力性牵拉，如持续性后扳或背腿、持续性前压腿以及持续性体前屈等。被动性准备活动主要是采用按摩手法，由同伴或辅助人员相互实施。

b. 基本运用原则：局部性准备活动是准备活动的后续衔接部分，是为预防运动损伤而进行的专门性练习。活动练习内容的选择，应依据即将进行体育锻炼的主要内容、特点以及涉及的主要身体部位等进行。一般而言，内容实施的顺序原则是："先小后大"，即先活动小关节，再活动大关节；"先转后拉"，即先进行转动性练习，后进行牵拉性练习；"先动后静"，即先进行动力性牵拉，后进行静力性牵拉。局部性活动的强度不宜过大，动作不宜过快或过猛；时间一般控制在 5 分钟左右，局部性活动后应适当休息 2 ~ 3 分钟，待身体基本恢复至安静状态时，方可进行锻炼的主要内容。

（3）技术性准备活动

技术性准备活动是与特定的锻炼内容相联系，以重复练习特定项目的某些关键技术环节或完成某些特殊的辅助练习为主要练习内容，旨在有针对性地不断练习将要进行的锻炼项目难点，为顺利完成整个锻炼过程做好准备。技术性准备活动必须在整体性和局部性准备活动的基础上进行。一般来讲，并非每次锻炼都必须做技术性准备活动，但是，对于那些专业性强，技术动作复杂，练习难度大，通过障碍或者器材有一定危险性的锻炼内容（如攀岩、障碍赛等）而言，为了确保完成锻炼且预防运动损伤的发生，必须进行技术性准备活动。

a. 活动内容分类：主要内容分为两大类，一是关键技术动作，即锻炼项目本身中的一些技术难点。二是辅助练习，即为掌握和有效完成某些技术难点而专门设计的一些相近或相似的练习。

b. 基本运用原则：进行技术性准备活动，应遵循以下原则："先易后难"，即先进行难度低、动作简单的练习，再进行难度高、技术动作复杂的练习；"先安后险"，即先练较安全的动作，最后练危险性高的动作；"先单个后组合"，即先练单个动作，后练组合动作。

#### （二）运动后的整理放松活动

1. 整理放松活动的必要性

体育锻炼后，特别是剧烈运动之后，四肢的血管大量扩张，血液循环明显加快，需要依靠肌肉有节奏的收缩和放松以及胸廓的扩张收缩作用，使血液从四肢和腹部流回心脏。如果锻炼后突然停下来不动或者坐下来休息，静脉血管失去骨骼肌节律性收缩作用，大量血液受重力作用就会积聚在下肢血管中，造成回心的血液量减少，脑部血液暂时供应不足，造成暂时性脑缺血，从而导致运动者头晕无力、眼前发黑，严重者出现"休克"现象。因此，在运动锻炼结束之后，做适当的整理放松运动非常有必要。

2. 整理放松活动的作用

运动后的整理放松活动首先可以促使人体从紧张的运动状态逐步过渡到安静状态；其次能够加速全身血流的重新分配，促进肌肉中乳酸的消除和利用，减少肌肉的延迟性酸痛，有助于消除疲劳。我们在运动锻炼结束后，即便是感到非常疲乏，也应该做适当的放松活动。譬如，慢走200～300米或慢跑2～3分钟，然后躺在海绵垫上休息一会儿，注意平躺时的脚最好是放置高于头，这样对下肢血液回流回心脏是非常有利的；之后可以做5～10分钟伸展操，拉伸主要的肌肉群，如肩背部、腰腹部、上臂、大腿及小腿等。再次可以加速下肢血液的回流，保持心血管系统的正常机能，减缓头晕、恶心等不良症状。如果说运动锻炼后不做任何整理放松活动，突然就停止或坐下休息，会严重影响静脉的回流，血液回流到心脏的量会减少，同时降低血压，并出现大脑一时性的缺血情况，从而引发头晕等不适的感觉，严重的甚至可能会导致休克。而放松整理活动使血液循环加快，为肌肉细胞恢复到正常的血流量、电解质、酶以及营养平衡提供了可能，减缓不良症状的发生。

因此，在参加剧烈运动之后，不要马上坐下休息，而应逐渐放慢脚步或慢走一会儿，做些深呼吸，再坐下来请别人或自己进行按摩、揉搓、牵拉等，让血管扩张，血液循环加快，增加肌肉的养料和氧气，使余留在肌肉内的乳酸等废物迅速地氧化排出体外，从而改善肌肉的营养状况，加快肌肉疲劳的消除，并能预防机体运动损伤。

3. 整理放松活动的方法

（1）主动性放松。采用积极的恢复手段，如走、低强度慢跑、徒手操、抖动、摆振等有助于加快血液循环，挤压血液向上回流。而且血液循环的加快有助于乳酸的排出，

使学生的心肺功能逐渐恢复到安静状态，有利于学生的健康。慢跑的方式不仅能够达到身体放松的目的，而且可以起到调节心理的作用。

（2）牵拉性放松。运动后及时做一些拉长肌肉韧带的静力牵拉练习，能促进肌肉的乳酸代谢，以缓解肌肉和关节的酸痛感觉，促进肌肉疲劳的恢复，减少再次运动时由于肌肉没有恢复而造成的伤害。牵拉包括前臂肌的屈伸牵拉、肘关节的牵拉、肩关节内收牵拉、肩关节上举牵拉、腰背肌腹肌牵拉、大腿屈伸肌的牵拉。使用何种牵拉方法，可根据参与活动的肌肉疲劳感做不同的练习。

（3）按摩放松。按摩可以反射性地改善和调节中枢神经系统的机能，消除疲劳；改善肌肉的血液循环，使肌肉组织得到充分供氧，改善肌肉的代谢，并使其得到充分的放松。按摩放松手法主要有按、揉、捏、捶、拍打、叩击等。学生可以自己按摩，也可以同学之间相互进行按摩。

（4）心理放松。心理放松主要是靠第二信号系统来调节中枢神经系统的兴奋性，使高度紧张的精神状态平静下来，可采用自我暗示、接受暗示和音乐伴奏等形式进行。

4. 整理放松活动的选择

整理放松活动可以选择一些简单的，容易掌握的，在较短时间内可以完成的，而且适用于个人或者集体组织的练习。比如慢跑、慢走、徒手操、牵拉练习、按摩、深呼吸、心理暗示等。整理放松内容的选择上可以将主动放松与被动放松有机结合，将集体放松与个人放松有机结合。另外针对不同的教学内容对关节、肌肉活动量需求不同，也可以进行有针对性的整理放松活动和按摩。

## 二、 运动环境卫生

运动环境是指人们进行体育活动时的外界条件，如空气、水、场地和运动建筑、设备等。运动环境也是人类赖以生存的自然环境中的一个部分，因此它也受自然环境的影响。人体在进行体育活动时，体内物质代谢增强，与环境的关系更加密切，受环境的影响就会更大。因此，要获得强身健体、防治疾病的锻炼效果，就必须注意运动环境的卫生。

（一）空气卫生与体育锻炼

体育活动时应注意空气的卫生状况。由于进行体育活动时，体内代谢加强，肺通气量增加。若空气中含有有害成分（如刚装修的场馆、雾霾天气等），运动时吸入体内的有害物质就比平时多得多，对身体的危害更大。因此，应当选择没有空气污染的地方或时间进行锻炼。

（二）气温和气湿的变化与体育锻炼

（1）在高温环境下运动产生的热量会蓄积在体内而使体温升高，一旦中枢神经的温度升高，就可能引起一系列的机能失调，甚至死亡；同时由于机体以大量出汗来增加蒸发散热，体内大量水分和无机盐丢失，可引起脱水和热痉挛等病症。

（2）气温过低可使肌肉僵硬，粘滞性提高，因而容易造成运动损伤，还会造成机体的局部冻伤或全身体温降低，当大脑温度下降时，可发生意识丧失，甚至死亡。有心血管疾病的患者应注意减少在低温下活动，避免心血管疾病的发作。进行一般体育活动时的适宜气温为15℃左右，进行马拉松跑等大负荷运动时的适宜气温为10℃左右。

（3）气湿是指空气的含水量，即空气的湿度。通常所指的空气湿度是指空气的相对湿度，是空气绝对湿度与最大湿度的百分比值。相对湿度直接影响水分的蒸发，相对湿度越大，水分越难蒸发。在气温适中时，相对湿度对人体的影响不大，而在高温或低温时，较大的相对湿度对人体十分不利。高温时它阻碍人体蒸发散热，使人有闷热感，低温时它又增加体热散失，因而会加重高温或低温对人体的影响。

（4）室外运动时，要避免强烈日光过度照射，防止紫外线和红外线对人的损害。过量照射紫外线可使局部皮肤毛细血管扩张充血，使表皮细胞破坏，释放出组织胺类物质，增进血管通透性，使皮肤发红和水肿，出现红斑；过量照射紫外线还可以引起光照性皮炎、光照性眼炎、头痛、头晕、体温升高、精神异常等症状。

（三）水卫生与体育锻炼

游泳是一项很好且受欢迎的体育锻炼项目，在不洁开放水域或卫生不达标的游泳池游泳，会出现高烧、腹痛、呕吐、眼睛红肿发胀、嗓子发炎等症状。近年来游泳池水及开放水域污染导致的游泳伤害事件时有发生。因此，在选择游泳场所时，一定要注意水

的卫生条件是否符合游泳卫生的要求。

### 三、 运动场地和器材卫生

体育活动的场地不能过于狭窄，球场或跑道周围应留有一定的余地，场地应无碎石杂物，木制地板应平坦坚固，没有木刺和裂缝，场地过硬、过软或过滑，不符合体育活动的要求，就会影响运动能力的发挥，并有可能造成意外的伤害事故。体育场馆的通风状况要好，保持恒温和空气新鲜。室外运动场地周围应无空气污染。室内或夜间的场地采光和照明要充足，光线要柔和、均匀、不眩目，有利于提高运动成绩并避免发生运动损伤。

此外，运动环境中的场地或水质要清洁，土壤或水中不应含有较多致病菌。否则，当人体与其直接接触时，特别是皮肤有破损的情况下，很容易受到病菌感染，发生伤口化脓或黏膜发炎等病症。运动器械要坚固，安装得当，并注意检查维修，防止生锈以及连接处脱落。器械旋转应保持一定距离，避免练习时发生冲撞而受伤。

### 四、 运动服装卫生

运动服装应符合运动项目要求，并具有透气性、吸湿性，既有利于身体活动，又能防止运动创伤，越野跑及马拉松比赛时最好穿旧鞋及旧运动服，防止发生足部水泡和皮肤擦伤。在炎热的夏季，运动服装应通气、质轻、宽松和淡色。在冬季，室外运动服装既要保暖，又不能妨碍动作的完成。运动后潮湿的运动服装应立即换掉，以免受凉感冒。

### 五、 运动饮食卫生

饭后应休息2.5小时，再进行激烈运动比较适宜。饮食与运动时间也不宜间隔太长，餐后4~5小时，可出现饥饿感或血糖下降，从而影响人体的运动能力，并增加对蛋白质的消耗。有些学生不吃早餐而参加上午的体育课，这对身体健康是十分有害的。

空腹时间过长会出现神经肌肉震颤增强，血糖降低，出现注意力不集中、头晕、心慌等现象。经常这样，还会引起肠胃病的发生。运动结束后不宜立即进餐，这是因为消化系统的功能此时还处于相对抵制状态，因此，应当在运动后休息30分钟以上再进食。大运动量训练后应当休息45分钟以上。由于运动后会产生饥饿感，用餐时应注意不要狼吞虎咽，更不能暴饮暴食。

### 六、　运动饮水卫生

体育运动中出汗较多，需要及时补充水分，否则会造成机体缺水，影响正常的生理机能。注意事项：

（1）应坚持少量多次的饮水原则，为身体充分补水的同时，利于水分的快速吸收，减轻心脏、肾脏等器官的负担。如果饮水过量，一方面，过多的水分聚集在胃肠，使其沉重闷胀，容易引发慢性胃炎；另一方面，血液中水的含量剧增，会引发多排汗的症状，并带走体内大量盐分，从而破坏体内水平衡并降低血液内盐分的浓度，导致抽筋现象。

（2）应喝温开水和淡盐水，不宜喝自来水、冰水、饮料等，否则会剧烈刺激食道、胃肠，不利于健康。

（3）运动前后也不宜大量饮水。运动前饮水过多，会使腹部沉重，影响呼吸，不利于运动；运动后，身体消耗的能量较大，人体需要补充大量的营养物质，饮水太多会把胃内的消化液冲淡，直接影响到对食物的消化和吸收。

### 七、　运动后的洗浴卫生

体育锻炼后不宜立即洗澡，这是因为停止运动后，血液大量流向肌肉的情况仍会持续一段时间，这时如果立即洗热水澡，就会导致其他重要器官血液供应不足（如心脏和大脑的供血不足），出现头昏、恶心、全身无力等状况，严重的还会诱发其他疾病。运动后体内温度较高不要用冷水洗浴，冷水的刺激会使神经系统的兴奋性升高，体表血管收缩，心跳加快，肌肉紧张度增加，不利于疲劳的消除，并可能引起感冒等疾病。因此，运动后应休息10~30分钟（具体根据脉搏恢复到接近正常数为准）后再洗澡，最

适宜的水温为 40℃左右。

锻炼后洗澡不仅可以除去身体的汗渍和污垢，保持皮肤的清洁卫生，还能使神经系统的兴奋性降低，体表血管扩张，血液循环加快，从而改善肌肤和组织的营养状况、降低肌肉紧张、加强新陈代谢、消除疲劳、提高睡眠质量。洗浴的水温不宜过高，时间也不宜过长，最长不要超过 20 分钟。热水浴的时间过长，一方面导致皮肤毛细血管扩张后，大量血液进入毛细血管，使回心血量减少，结果是血流循环速度反而减慢；另一方面，大量毛细血管的扩张引起心输出量减少，会导致大脑供血不足发生晕厥；心肌供血不足会发生心肌缺血、心律失常，出现心慌、胸闷、胸痛等症状。这时一定要尽快平卧，并马上找医生来检查处理。桑拿浴和蒸气浴有镇静、使皮肤毛细血管扩张、加快血液循环的作用，从而加速人体内由于运动而产生的代谢产物排泄的过程，可以帮助消除疲劳。

## 八、女生体育卫生

### （一）一般体育卫生

女大学生经常参加体育锻炼，可以促进身体器官功能的发育、增进健康，提高身体各器官系统的功能水平，使之能更好地胜任繁重的学习任务，适应即将踏入社会后面临的各方面的压力。青春发育期后，由于女子在体格发育、内脏器官功能水平和身体素质方面逐渐落后于男子，根据女子身体重心较低、平衡能力较强、柔韧性较好、爱美和善于表现等体形与心理特点，适宜进行如艺术体操、健美操及体育舞蹈等项目的运动。在长距离游泳方面，女子具有一些有利条件，肩部较窄圆，游泳时受水的阻力较小；体内贮存的脂肪多，因而浮力较好、耐冷，用脂肪做能源的利用率较高，故热能供给较充足。在长距离跑方面，女子在形态和功能方面也具有优越性，体脂较多，用脂肪做能源的利用率高于男子，对在能量消耗时所引起的体温升高有较好的散发能力，对热应激的适应能力较好且脱水较好，在单位时间内能量消耗也较少。根据青春发育期女性心理特点，要注意引导和启发他们自觉积极地参加体育锻炼，克服自身弱点，提高内脏器官功能，发展力量、速度、耐力、柔韧和灵敏素质，提高身体素质和健康水平。

（二）经期体育卫生

进入青春期后，女生的内分泌和生殖系统的迅速发育，使她们身体各方面发生急剧变化，出现了月经的周期性变化。身体健康、月经正常的人，月经期参加适当的体育活动，如做徒手操、活动性游戏、打乒乓球等，可以提高和调整神经系统的活动，改善人体的功能和情绪。只要不是严重的痛经、经血量过多或有严重的妇科疾病，就不必过于限制其参加体育活动。经期参加体育锻炼，应当注意以下几点：

（1）适当减轻运动负荷，运动的时间不宜过长，对月经初潮的少女，由于她们的月经周期不稳定，负荷更不宜大，要循序渐进，要逐步养成经期锻炼的习惯。

（2）运动时要避免做剧烈的、大强度的或振动大的跑跳动作（如长跑、疾跑、跳高或跳远），也不要做腹压过大的动作和力量性练习，以免引起经期流血过多或子宫位置改变。

（3）经期不宜游泳，在月经期，具有自洁作用的宫颈管中的粘液栓被排出，子宫内膜血管破裂开口，内膜脱落，形成一个剥离的创面，子宫口稍稍张开，阴道内酸度降低，在此种情况下水，会增加感染的机会，病菌可能侵入内生殖器官，引起炎症。此外，月经期下肢和腹部受凉也不利于经血的排出。

（4）经期间应避免寒冷的刺激，特别是下腹部不要受凉。如果进行冷水锻炼也应暂时停止。

（5）如果出现月经紊乱（月经过多、过少或经期不准）或痛经（经期下腹部疼痛），月经期间应停止体育活动。女运动员在月经期间，如果月经正常，无特殊反应，可以参加训练。但在开始时应减少运动负荷，促进身体适应，然后逐渐增加运动负荷，并应加强医务监督。

第 二 节
体育锻炼的安全防护

体育与健康作为学校教育的重要组成部分，由于自身的特点（运动、器械）或其他各种因素，存在着风险，隐含着伤害，运动伤害事故（尤其是运动性损伤）偶有发生，成为学校教育过程中的不安全因素，给学生心理、生理带来了巨大的伤害。学生安全防护意识比较淡薄，缺乏运动安全知识和自护方法，是造成体育活动中安全事故的根本原因。因此，将"安全第一""健康第一"的指导思想放在的首位，让体育运动安全防护意识渗透到每一位学生的思想，指导学生学会自我保护，注意安全防范，防止受到运动伤害是十分必要的。因此，通过体育运动安全防护常识的学习，主要帮助学生树立安全观念，增强学生的安全认识、自律意识，知道体育运动伤害发生的因素，了解体育运动安全防护基本常识，具备对危险的初步判断应变能力，能够躲避危险，掌握必要的体育运动安全防护知识与技能，提高自我保护能力，促进学生在体育运动中能够合理活动、科学锻炼，最大限度地预防运动事故的发生并减少安全事件对学生造成的伤害。

## 一、 运动伤害发生的原因

### （一）认识不足

对运动伤害预防的重要性认识不足，未能积极有效地采取预防措施或措施不当，极易导致运动伤害的发生。

### （二）准备活动不足

（1）不做准备活动就进行剧烈的体育运动，极易造成肌肉和韧带拉伤、关节扭伤等

运动伤害。

（2）准备活动敷衍了事，在运动系统和神经系统的功能尚未达到适宜水平，就进行运动，易对器官功能造成伤害。

（3）准备活动内容不得当或准备活动过量，致使准备活动无效或身体功能有所下降。

（4）心理状态不良，在体育运动中由于急躁、恐惧、害羞、麻痹、缺乏经验或不自量力，也容易导致伤害发生。

（5）气候不宜，过高的气温和潮湿的天气，导致大量出汗失水；在冰雪寒冷的冬季易发生冻伤或其他伤害。

（6）体质和素质不佳，体质弱、身体素质及体育基础差，一时不能适应体育锻炼的需要，容易发生运动伤害。

（7）行为不规范，违反体育运动规律、纪律、规定和要求，也是造成身体伤害的原因。

## 二、　运动安全防护的注意事项

### （一）做好运动前的准备

1. 检查自己的身体情况

参加体育活动，首先要了解自己的身体状况，要学会自我监督，随时注意身体功能状况变化，若有不良症状要及时向教师反映情况，采取必要的保健措施。切忌有心脏病或其他不适合参与体育活动的疾病而隐瞒病情，勉强参加活动。学生有以下疾病或症状，禁止参加体育活动：体温增高的急性疾病；各种内脏疾病（心、肺、肝、肾和胃肠疾病）的急性阶段；凡是有出血倾向的疾病，如肺及支气管咳血，鼻出血，伤后不久而有出血危险，消化道出血后不久等；肿瘤疾病；传染病及慢性疾病，如乙肝等。患有心脏病、高血压等疾病的学生，禁止参加长跑等长时间剧烈运动的项目锻炼。

2. 检查场地和器材

要认真检查运动场地和运动器材，消除安全隐患。要注意场地中的不安全因素，如场地是否平整，要清除石头土块；检查沙坑的松散度、是否有石子杂物等；检查体育设

施是否牢固安全可靠，器材的完好度等。

3. 做好运动准备

体育运动时要穿运动服装、运动鞋，不要佩戴各种金属的或玻璃的装饰物，不要携带尖利物品等，积极做好热身准备活动。为什么要做热身准备活动？就是要克服内脏器官在生理上的惰性，以降低运动伤害发生的概率。如果突然进行剧烈运动，就会出现心慌、胸闷、肢体无力、呼吸困难、动作失调等现象。运动前不重视做准备活动或准备活动做得不充分、不正确、不科学，是引起运动损伤的重要原因；准备活动不充分，肌肉、内脏、神经系统机能不兴奋，肌肉供血量不足，在这样的身体状态下进行活动，动作僵硬、不协调，极易造成运动损伤，甚至导致伤害事故。

### （二）科学地进行运动

1. 要掌握动作要领

在体育运动中了解和掌握动作要领及方法，不仅能够在运动过程中发挥好技术动作，达到体育锻炼的目的，而且还能消除心理上的恐惧，增强自信心，避免不必要的伤害。

2. 要正确使用器材

要了解、熟悉并掌握器材的性能、功能及使用方法。要严格遵守相关操作规程，在一些体育器械的使用中，要注意选择适当场地，确保自身安全，同时还要注意不要伤及他人安全。

3. 运动负荷要适当

参加体育活动要根据身体素质条件，选择最有利于增强体质的运动负荷。可循序渐进，由易到难，从小到大；负荷过小，对身体作用不大；负荷过大，会损害身体；只有适宜的运动负荷，才能有效地增强体质，提高健康水平。

### （三）做好运动后的恢复

1. 认真做好恢复整理活动

做恢复整理活动的目的就是使人体更好地从紧张运动状态过渡到安静状态，使心脏逐渐恢复平静，放松身心。如果突然停止运动，就会造成暂时性的贫血，产生心慌、晕倒等一系列不良现象，对身心健康造成损害。

2．自我检查

运动反应如果感到十分疲劳，四肢酸沉，出现心慌、头晕，说明运动负荷过大，需要好好调整与休息。运动后经过合理的休息感到全身舒服、精神愉快、体力充沛、食欲增加、睡眠良好，说明运动负荷安排比较合理。

3．适当补充能量

参加体育运动要消耗大量的能量，所以在运动后（运动前也应适当补充能量）要科学饮食，保证身体的需要，确保取得最佳的锻炼效果：①半小时至1小时后进餐；②避免喝含有咖啡因的饮料；③5~10分钟后饮水（含盐）。

### 三、 体育锻炼的安全防护措施

从安全角度来看，体育运动本来就是一项附带一定危险因素的活动。大学生在锻炼中应该认识到运动项目本身的安全、运动场所安全以及锻炼者自身的安全等方面的因素，并要引起足够重视。在运动前必须做好健康状况评估，确保运动的安全关卡，同时也要认真关注运动项目、运动场所环境安全因素，做到防患于未然。

**（一）体育锻炼前的安全保护措施**

（1）把握当日的身体状况，在当日运动前，若出现不适，应终止激烈运动或强度过大的运动（超长距离跑），改换为轻度运动。

（2）注意运动的环境条件，在过热或过冷的环境条件下进行运动，存在一定的危险。因此，运动时应注意时间段的选择。夏季应选择凉爽的时间段运动，冬季则应在暖和的时间段参加运动。

（3）选择和穿戴好运动服装及运动鞋，运动服装应选择质地柔软、透气性能和吸水性好、有利于健康和身体自由活动的服装；运动鞋应选择符合自身尺寸大小、具有一定弹性及良好的透气性能、穿着舒适的鞋子，鞋跟不宜过高，并应符合季节要求和保持清洁卫生。

（4）充分进行准备活动，准备活动一般有快走、慢跑及原地连续性徒手操等全身性活动形式。这些活动能使四肢关节活动度加强，有助于一般性运动能力得到提高。准备活动

持续时间的长短、强度的大小，应根据运动者的年龄、身体情况、训练水平差异而定。在夏季时，准备活动就不要做得太久，以免引起疲劳。与正式运动之间有1~3分钟的间隔较为适宜，也可不休息直接进行锻炼，切忌准备活动后休息时间过长而失去作用。

### （二）体育锻炼中的安全防护措施

体育锻炼中的安全防护措施，最重要的是进行有效的自我保护。我们锻炼的目的是维持和增进健康，因此要尽量避免运动量过大，不能过于计较运动的胜负，而要注意在锻炼中及时发现各种不正常的症状并及时进行调整。以下是在体育锻炼中常见的几个需要引起警觉的症状：

1. 呼吸困难症状

呼吸困难时可中止运动，休息数分钟使身体恢复正常状态之后，再接着从轻运动开始练习。一般人只要运动强度不大，是可以顺利从无氧过程过渡到有氧过程的。10~20分钟的运动也能简单地完成。若连续在3分钟以内有呼吸困难症状者，就可认为该运动的强度过大不适宜。

2. 腹痛症状

当腹痛发生时，终止运动或减慢运动速度，即可自然消除疼痛症状。容易发生腹痛者，还要认真对待准备活动，使机体逐渐进入运动状态。在跑步中要掌握正确的呼吸方法，尽量用鼻呼吸而不用口呼吸，另外还要根据运动量来调整。

3. 胸闷症状

研究表明，除心前区疼痛特别严重者以外，只要不引起其他临床症状，还是可以进行适当运动的，而且适量的运动还具有一定的治疗效果。对于支气管疼痛症状，可通过间隔运动使其自然消失。若在运动中发生干咳症状时，要调整呼吸方法使其缓解，寒冷季节还应加戴口罩进行运动，以防止冷空气对呼吸道的刺激。

4. 下肢疼痛症状

运动所引起的下肢疼痛有各种各样的症状，根据症状的不同，处置方法也各不相同。

（1）长期不运动者，初次参加运动时，次日晨起会感到小腿（腓肠肌）和大腿

（股四头肌）部位的大部分肌肉疼痛。这是由于剧烈运动导致乳酸积累所引起的疼痛，不需做任何特别的处理，1～2日即可自然消失，所以对此不必过分担心。疼痛的反应可引起一次性的运动量减少，或1～2日的中断运动等，本人可根据实际情况进行判断处理，疼痛不严重时可坚持小运动量锻炼。

（2）从开始锻炼到坚持两周以上时，逐渐会出现足、膝的关节疼痛。此种疼痛比较顽固，这时应中止锻炼数日，待疼痛消失后再开始运动为宜。再度开始运动时，运动强度应该比之前减小。

（3）运动中突发的下肢疼痛，可能是由于扭挫、肌肉撕伤、肌腱断裂甚至是骨折等引起的。此时原则上要保持平静，应马上接受医生的诊断治疗，不及时治疗可能造成后遗症。

5. 中暑及日射病症状

运动引起的中暑性昏厥发生后，如果及时采取降温措施，即可很快恢复，但对身体会有一定损害，预防是上策。对日射病的应急处置原则是降温为主，一般用冷水袋和冰水湿敷治疗。当体温高达39℃以上时，可将冰袋放置在患者前额及枕部、胸部、腋区、大腿内侧等部位，用物理疗法进行降温；中度发热时（38℃）可用凉毛巾擦全身；微热时（37℃）可在阴凉的场所进行自然降温。

6. 补充水分的方法

饮水量应按照运动量和排汗量的多少来相应调整，不可暴饮，大量饮水会给心脏增加负担。轻度运动中发生口渴现象时，尽量不要饮水，这是由于口腔、咽喉黏膜干燥引起的，可以用温开水漱口，以缓解口干舌燥症状。运动中或运动后，每次饮水量要适度，绝不可开怀畅饮，一次水分的摄取量应在100毫升左右为宜，超长距离跑的途中，可根据发汗量的多少，以间隔20～60分钟一次进行补水调节。出汗失水也丢失盐分，大量的补水还有使血液渗透压降低的危险，因此，有必要在补水的同时加入一定量的盐，在运动员专用饮料中一般都加入了适量的盐分。切不可饮用生水和过量的冰水，水温约15℃为宜。考虑到能量的补充，还应在饮料中适当添加一些糖分。饮料的渗透压比血浆渗透压低，吸收迅速，是有效的能量补充剂。但是，一般人为健康而进行的轻度运动，通常没有极端的脱水现象，所以一般不需要过分考虑水、盐、糖的补充问题。

（三）体育锻炼后的安全防护措施

1. 整理活动

体育锻炼后的整理活动是加速代谢产物的清除、加快体力恢复及防止运动锻炼后昏厥，甚至是预防死亡事故发生的重要措施，因此要认真对待整理活动，不但要做还要做好。为了预防不良症状的发生，应当注意在剧烈运动后不可立即进入安静状态，而应继续进行一段时间的轻量运动，使亢进的功能逐渐恢复到常态的基础水准。这种在高强度运动之后的轻量运动，称为整理操或整理活动。整理活动的主要内容有：1~2分钟的慢跑或步行；下肢的柔软操和全身的伸展操；上肢肌肉群的按摩（特别要针对运动后容易痉挛的肌肉群）或自我抖动肌肉的放松动作。

2. 运动后洗浴

在运动后进行淋浴，可使心情爽快，促进疲劳消除。特别是在大量出汗后，沐浴更是不可缺少的。洗澡不仅可以清洁皮肤，还可促进血液循环，加速体内废物的排出并促进疲劳的消除。洗澡有如下几方面的作用：促进皮肤和肌肉的血液循环；镇痛；加快新陈代谢；使肌肉放松，肌肉张力下降；可消除精神紧张，解除疲劳。

## 四、 体育锻炼中的自我保护方法

自我保护是指练习者在运动的过程中可能出现和已经出现危险时，随机应变，化险为夷的一种方法，它可以加强体育教学和锻炼中安全保护，使学生最大程度地预防运动伤害。

### （一）顺关节支撑法

当人体后倒或侧倒着地时，须屈膝坐臀，配合手臂顺撑（手指向前），不能出现直臂反撑；当一足踏在凸凹不平的地方上即将发生扭踝时，可顺势向扭踝足侧屈膝倾坐并顺撑，同时迅速转移身体重心，减少扭踝程度。

### （二）顺惯性滚动法

当人体受惯性作用将发生跌倒时，可顺势做滚翻或滚动，以免损伤。例如：支撑跳跃落地前冲力过大而前倒时，应向前滚翻；落地后倒时，应团身后滚翻，滚翻时肌肉应

保持适度的紧张。

#### （三）缓冲着地法

当人体从高处或器械上跌落时，可屈臂、屈膝、屈髋等缓冲着地。

#### （四）增大支撑面法

人体在跳落或跌倒时，应尽可能增大着地的受力面积，切忌用肘尖膝盖着地，例如：人体从高处或远处跳落时，应并腿屈膝缓冲落地，身体向前扑倒时，须用两臂屈肘双掌撑地，切忌用单腿、单膝撑地。

#### （五）缓降重心法

在球类竞赛中，当跳起时被他人推倒发生直体后倒，可顺势收腹屈膝降低重心，配合两臂支撑，做屈体后滚动落地；在高器械上锻炼若掉落时，可先紧握器械，待接近地面时推开器械跳落地面或顺势跳滚落地。

## 第 三 节
## 常见运动性疾病的处理与预防

近年来，随着《国家学生体质健康标准》的贯彻实施、阳光体育运动的广泛开展，学生自主参与体育锻炼的意识不断增强，课外体育锻炼活动也越来越多。同时，由于体育卫生保健知识教育的滞后，学生参加课外体育锻炼、运动训练竞赛过程中运动性疾病

的发生率增多，这与学生的身体素质和精神状态、准备活动不充分、参加体育运动强度与量等有着密切的关系。在学校体育教育过程中，大学生的运动性疾病发病率呈现逐年上升趋势。

运动性疾病是指机体对体育运动不适应或者由于训练安排不当，造成机能紊乱而出现的一类疾病。表现为机体的正常功能受到损害或者受到限制的一种内在状态，引起机能、代谢和形态结构的异常变化，是机体的器官、系统之间以及与环境之间的协调发生障碍，从而引起在各种症状、体征和社会行为方面的异常，对环境的适应能力和机体活动能力减弱，甚至丧失。

## 一、 运动性疾病的产生的原因及预防

### （一）运动性疾病产生的原因

（1）运动前准备活动不充分。

（2）机体处于病理状态。

（3）饮食过多或饥饿状态下运动。

（4）睡眠不足、精神紧张，情绪焦虑。

（5）身体素质较差及运动不合理。

（6）营养素补充方法不合理。

（7）运动环境不适合。

### （二）运动性疾病预防

（1）定期进行全面的体检。

（2）加强运动性疾病的知识教育和宣传。

（3）运动前认真做好准备活动。

（4）根据体育锻炼原则，科学合理的运动。

（5）根据运动环境卫生情况，合理安排运动量和运动场地。

（6）遵守体育锻炼的饮食卫生原则。

（7）合理安排整个运动过程的饮水。

## 二、　常见运动性疾病的处理与预防

### （一）运动性晕厥

在运动中，由于脑部突然供血不足而引起的一时知觉丧失现象，叫作运动性晕厥。

1. 征象及原因

（1）征象：全身无力、头晕耳鸣、眼前发黑、面色苍白、失去知觉、突然晕倒、手足发凉、脉搏慢而弱、血压降低、呼吸缓慢等。

（2）原因：由于剧烈运动或长时间运动，使大量血液集聚在下肢，回心血量减少所致。也和剧烈运动后的低血糖有关。

2. 处理及预防

（1）处理：应立即使患者平卧，足略高于头部，并进行由小腿向大腿心脏方向按摩或拍击；同时用手指点压人中、合谷等穴位，必要时给予氨水闻嗅。如有呕吐，应将患者头部偏向一侧；如停止呼吸，应立即进行人工呼吸；轻度休克者，应由同伴搀扶慢慢走一段时间，帮助进行深呼吸，即刻消失症状。

（2）预防：平时要经常坚持体育锻炼以增强体质；剧烈运动后不要立即停下来；久蹲后不要立即站起来；不要带病参加剧烈运动；不要在饥饿情况下参加剧烈运动。

### （二）运动性腹痛

运动性腹痛是运动过程中较为常见的一种症状，常在中长跑和剧烈运动时发生。这类运动性腹痛大多在安静时才出现，而疼痛的程度与运动量大小、运动强度、运动速度等因素紧密相关。

1. 征象及原因

（1）征象：运动时多发生在右肋部（肝区）和左肋区（脾区）疼痛，表现为胃肠痉挛性疼痛、肝脾瘀血性疼痛、腹直肌部位疼痛、腹部炎症性疼痛等。

（2）原因：主要是由于缺乏锻炼或身体素质差；准备活动不充分，开始时运动过于剧烈或跑得过快，内脏功能尚未达到运动状态，致使脏腑功能失调，引起腹痛；也有的因运动前吃得太饱，饮水过多，以及腹部受凉，引起胃部痉挛；少数因运动时间过长或过于剧烈，使下腔静脉压力上升，引起血液回流受阻，或者因肝脾瘀血，膈肌运动异

常，致使两肋部胀痛。

2. 处理及预防

（1）处理：如果没有器质性病变迹象，一般可采用减慢跑速，及时调整呼吸节奏，加深呼吸；进行球类运动时，可以暂时换下场休息。用手按压疼痛部位并弯腰跑一段距离，做几次深呼吸，疼痛会减轻或消失。如果上述处理效果不理想，应该立刻停止运动，在教师的指导下按揉内关、足三里、合谷等穴位，也可以沿顺时针方向按揉腹部疼痛点并深呼吸片刻，有条件的话可以口服阿托品、十滴水，并饮用少量的热盐水，一般来说腹部疼痛可以减轻或消失。

（2）预防：锻炼时要遵守科学锻炼的原则，要循序渐进地增加运动量，全面加强身体锻炼，提高生理机能水平。膳食安排要合理，饭后 1.5~2 小时才可运动，运动前不要过饱或过饥，也不要饮汤水过多；要充分做好运动前的准备活动，运动中要注意呼吸节律；长跑时要合理分配速度；夏季运动要适当补充盐分。

（三）肌肉痉挛

肌肉痉挛俗称抽筋，是肌肉发生不自主的强直收缩所显示的一种现象，会造成肌肉僵硬、疼痛难忍。运动中最易发生痉挛的肌肉为小腿腓肠肌，其次是足底的屈拇肌和屈趾肌等。

1. 征象及原因

（1）征象：肌肉痉挛时，肌肉突然变得坚硬、疼痛难忍，痉挛肌肉所涉及的关节伸屈功能有一定障碍，而且一时不能缓解。

（2）原因：运动前缺乏热身运动；运动过度导致肌肉疲劳，使乳酸堆积，刺激肌肉疼痛，导致肌肉无法正常收缩；出汗过多导致水电解质失衡，肌肉兴奋性增高；寒冷刺激；情绪紧张；运动连续收缩过快而放松不够。

2. 处理及预防

（1）处理：先检查并确定何处的肌肉产生痉挛；通常向相反的方向均匀牵引使之拉长，一般疼痛都可以得到缓解；腹部肌肉痉挛时，可做背部伸展运动以拉长腹肌，还可进行腹部的热敷及按摩；小腿肌肉痉挛时，伸直膝关节，勾起脚尖同时双手握住脚用力向上牵引；游泳中发生肌肉痉挛时不要惊慌，可先吸一口气，仰浮于水面，并立即求救，在水中自救的方法是用没抽筋的一侧手握住抽筋的脚趾，用力向身体的方向拉，同

时用抽筋一侧的手掌按住抽筋腿的膝盖上，帮助膝关节伸直，待痉挛缓解后，再慢慢游到岸边。

（2）预防：加强身体的锻炼，提高身体素质；身体情况不佳或者是疲劳饥饿时，不要进行剧烈运动；运动前做好准备活动，对容易发生痉挛的肌肉可先做适当的按摩；在高温或进行长时间剧烈运动时，应是及时补充电解质，身体疲劳时，应休息后再进行运动；游泳下水前先用冷水淋浴并做热身运动，使全身肌肉逐渐适应冷水的刺激，水温过低时，游泳的时间不宜过长。

### （四）肌肉酸痛

在一次活动量较大的体育锻炼以后，或间隔较长时间未锻炼，刚开始锻炼之后，往往会出现肌肉酸痛。这种肌肉酸痛不是发生在运动结束后，而是发生在运动结束后 1~2 天，因此称为延迟性疼痛。

1. 征象及原因

（1）征象：由于这种肌肉纤维细微损伤及痉挛是局部的，因而就整块肌肉而言，仍能完成运动功能，但存在酸痛感。酸痛过后，经过肌肉内局部细微损伤的修复，肌肉组织变得较之前强壮，以后同样负荷将不再发生损伤（酸痛）。

（2）原因：运动后肌肉延迟性酸痛是运动时肌肉活动量大，引起局部肌纤维及结缔组织的细微损伤，以及部分肌纤维的痉挛所致。

2. 处理及预防

（1）处理：对酸痛的局部肌肉进行热敷，促进血液循环及代谢过程，有助于损伤组织的修复及痉挛的缓解；对酸痛局部进行静力性牵引练习，保持伸展状态 2 分钟，然后休息 1 分钟，重复练习，每天做几次这种伸展练习，有助于缓解痉挛；对酸痛的局部肌肉进行按摩，使肌肉放松，促进肌肉血液循环，有助损伤修复及痉挛缓解；口服维生素 C，有促进结缔组织中胶原合成的作用，这有助于加速受损组织的修复和缓解酸痛。

（2）预防：根据不同体质、不同健康状况科学地安排锻炼负荷；锻炼时，尽量避免长时间集中练习身体某一部位，以免局部肌肉负担过重；准备活动中，注意对即将练习时负荷重的局部肌肉活动得更充分；整理运动除进行一般性放松练习外，还应重视进行肌肉的伸展牵引练习，这有助于预防局部肌纤维痉挛。

（五）运动性中暑

运动性中暑是由高温环境引起的，以体温调节中枢功能障碍、汗腺功能衰竭和水、电解质丢失过多为特点的疾病。常在高温、高湿和通风不良的环境中进行运动时发生。运动性中暑是近年来提出的运动性疾病之一，是指肌肉运动时产生的热超过身体上散发的热而造成运动员体内的过热状态。此症多见于年轻的体育锻炼者、马拉松跑者等。

1. 征象及原因

（1）征象：中暑早期可有头痛、头晕、口渴、多汗、面色苍白、四肢无力发酸、注意力不集中、动作不协调、呕吐等现象，逐步发展为体温升高，皮肤灼热干燥，严重者可出现神志模糊、虚脱、抽搐、心律失常、血压下降，甚至昏迷危及生命。

（2）原因：在高温环境中，长时间体育锻炼，易发生中暑。尤其在高温、高湿、通风不良，头部缺乏保护，被烈日直接照射的情况下，最容易发病。

2. 处理及预防

（1）处理：首先将患者扶送至阴凉通风处休息，同时采用消暑降温手段，如解开衣领、额部冷敷做头部降温，喝些清凉饮料、十滴水，并补充生理盐水或葡萄糖生理盐水等。严重患者，经临时处理后，应迅速送医院进一步治疗。

（2）预防：在高温炎热季节锻炼时，应适当减少运动量和锻炼时间；安排好锻炼时间，避免在一天中最热的时间进行；室外运动时宜穿浅色宽松衣服，戴遮阳帽；室内锻炼时，应保持良好通风并备有低糖含盐饮料；安排好炎热天气锻炼、训练和比赛时营养和饮水，注意食物中的蛋白质以及维生素 $B_1$、$B_2$、C 的补充，另外需要保证充足的睡眠，并加强常规医务监督。

（六）运动性贫血

血液中红细胞数与血红蛋白量低于正常值，称为贫血。由运动引起的血红蛋白量减少而出现的贫血，称为运动性贫血。

1. 征象及原因

（1）征象：主要症状表现为头晕眼花、心慌、气短、恶心、呕吐、全身乏力、体力下降；其体征表现为运动后心悸、心率快、面色苍白等。

（2）原因：蛋白质和铁是合成血红蛋白的重要原料，运动时肌肉对蛋白质和铁的需求量增加，如果膳食中这两种物质的摄入量不足就可能出现运动性贫血；运动时人体血液循环加快，血流加速，红细胞之间以及红细胞与血管壁之间撞击和摩擦增加，同时，

由于运动时脾释放溶血卵磷脂，使红细胞的脆性增加，红细胞易破裂，致使红细胞的新生和衰亡之间的平衡遭到破坏，从而发生运动性贫血。

2. 处理及预防

（1）处理：运动时若出现头晕、无力、恶心等现象时，应适当减小运动量甚至停止运动。

（2）预防：遵循循序渐进和个别对待的原则，调整膳食。在膳食中注意补充富含铁（含铁食物如动物肝脏、蛋黄、豆类、海带、虾皮、芝麻、黑木耳、绿色蔬菜等）、蛋白质、维生素 B 和 C（如杂粮）、叶酸等食物，维生素 B 是膳食中最易摄入不足的维生素，具有促进血红蛋白合成的作用。

#### （七）运动性中耳炎

游泳性中耳炎是指在游泳时，不洁净的水进入中耳，造成细菌感染而引起的中耳炎。

1. 征象及原因

（1）征象：早期一般全身无症状，若在化脓炎症期，表现为寒战、发热、全身无力、恶心、呕吐、食欲减退、大便干燥或便秘等；局部常见耳内侧刺痛难忍、听力减退、耳鸣等症状；在乳突部有压痛，若鼓膜穿破，常有黄色液体流出。若治疗不及时，可转为慢性化脓性中耳炎，出现经常性头痛、眩晕、呕吐等现象。

（2）原因：患有感冒尤其流感、上呼吸道感染而下水游泳，此时机体抵抗力下降，水中致病菌乘虚进入咽鼓管扩散进入中耳；鼓膜受损或穿孔时，致病菌可直接侵入中耳引起感染；游泳池水质不洁净，外耳道积水时间较长，鼓膜泡软，再用硬物挖耳时，极易损伤耳鼓，水中病菌便会进入鼓膜引起中耳炎；游泳时呛水或者过度用力擤鼻，常会使感染物经咽鼓管进入中耳造成中耳感染。

2. 处理及预防

（1）处理：停止游泳，卧床休息，多饮开水，吃流质食物，保持大便通畅，在医生的指导下口服或注射抗生素控制炎症，如果化脓则及时到医院治疗。

（2）预防：不要在不清洁的水中游泳，游泳时注意正确的呼吸方法，不能在水中嬉戏，以免呛水；上呼吸道感染或感冒者，在没有治愈前，不宜下水游泳；游泳前应体检，若发现鼓膜破损或穿孔，游泳前要用棉花球或耳塞将外耳塞好以免不洁水进入，即使外耳道进水，不要随便掏耳朵，上岸后可采用同侧单脚跳法，将水倒出。

**（八）运动性猝死**

运动性猝死是指在运动中或运动后 24 小时发生的非外伤性意外死亡。其主要特征为猝死过程自发，意外发生并进展迅速。

1. 征象及原因

（1）征象：运动性猝死发生突然，多无明显症状，常表现为剧烈运动后出现的胸闷、胸痛、心悸、头晕、浑身无力、吞咽和呼吸困难、晕厥等症状，其中需引起重视的报警症状为运动过程中出现的头晕、晕厥、胸痛。

（2）原因：主要是心源性疾病（冠心病、先天性心血管病、心肌病、冠状动脉变异、高血压等）；脑源性疾病（脑血管畸形、动脉瘤破裂、脑出血等）；其他病因（中暑或者高温、服用兴奋剂、支气管肺炎、急性出血性疾患、肝肾功能衰退等）造成运动性猝死。

2. 处理及预防

（1）处理：当出现猝死情况后，在场的人要立即不失分秒地紧急抢救。首先判断患者的意识和呼吸，如果患者无反应且无呼吸或濒死叹息样呼吸，立刻向旁边的路人呼救，请求帮忙拨打 120，并取自动体外除颤仪（AED），接下来，将一只手的掌根放在患者胸部的中央，即胸骨下半部，将另一只手的掌置于第一只手上，按压时双肘须伸直，垂直向下用力按压，按压深度成人至少 5 厘米，按压频率为 100～120 次/分钟。心脏按压后还应在开放气道的前提下进行口对口人工呼吸，有效人工呼吸的判断标准为胸部微微起伏。心外按压和人工呼吸的比例为 30∶2。无论你在做什么，AED 送到后马上使用 AED，按照 AED 提示使用，不要有任何犹豫，直至 120 或医院急救人员到来。

（2）预防：加强医务监督，重视运动性猝死的先兆症状，体育教师及教练员应具备识别猝死危险信号的基本知识，学生运动中发生昏厥、心绞痛、胸闷、胸部有压迫感、眩晕、头痛等症状，要高度重视，及时中止运动并送往医院。参加运动比赛前进行严格体格检查，识别运动猝死的高危人群，主要包括心电图、超声心动图、胸部 X 线、运动试验等检查手段；严格鉴别心脏生理性变化与病理性变化；密切观察运动时出现的各种症状；重视先兆症状，如运动中发生晕厥、心绞痛、胸闷、胸部压迫感、眩晕、头痛、极度疲乏等。马凡氏综合征不宜从事竞技体育；遵守科学训练的原则、遵守体育运动的卫生和患病后康复锻炼的原则；在体育运动和比赛现场，应有现场医务监督和急救准备，运动中如感不适，要立即停止运动，一旦出现晕倒立即检查并给予急救处理；另外须在运动区设置 AED。

第 四 节
常见运动损伤的处理

运动损伤主要是在运动的过程当中引起的损伤，也有可能是运动过后引起的损伤。在体育锻炼中，时常会发生运动性损伤，不仅影响学生的身体健康和学习，而且也会造成不良的心理影响。因此运动性损伤的预防和及时处理比后期治疗更为重要，正确认识锻炼中常见运动性损伤的发生、处理，不仅对自我保护具有非常重要的意义，而且也能促进锻炼的积极性和主动性。

## 一、　运动损伤产生的原因及预防

### （一）运动损伤产生的原因

（1）思想上重视不够，认识不足，盲目地进行锻炼。

对运动损伤预防的重要性认识不足，未能积极地采取有效的预防措施；锻炼急于求成，忽视了循序渐进和量力而行的原则。

（2）不做准备活动或准备活动不当。

不做准备活动就进行激烈的体育活动，易造成肌肉损伤、扭伤；准备活动不充分，神经系统和各器官系统的功能未达到适宜水平；准备活动的内容和时间不得当；过量的准备活动将使身体机能不能达到最佳状态。

（3）体育基础差、身体素质差或技术动作不正确。错误的运动技术动作违反人体解剖学特点和人体器官系统功能活动规律，易造成运动性损伤。

（4）缺乏运动经验与自我保护能力。当身体机能状态不佳如身体疲劳、睡眠不好、心理负担过重等情况下进行运动，常会出现犹豫、注意力不集中、反应迟钝，协调性差等，容易出现损伤。

### （二）运动损伤的预防

（1）学习运动创伤的预防知识，克服麻痹思想。

（2）遵守纪律，听从指挥，做好组织工作，采取必要的安全措施，如：检查运动场地和器材，穿着合适的服装与鞋子。

（3）在激烈运动和比赛前都要做好准备活动。

（4）要根据自己的情况选择活动内容，适当控制运动量。

（5）注重拉伸练习。

（6）加强易伤部位和相对较弱部位的训练。

（7）重视小肌群的训练。

（8）注重身体中枢稳定性的练习。

（9）掌握运动要领，加强保护和帮助。

（10）加强医务监督，提高自我保健意识。

## 二、运动损伤的处理

### （一）急性期的处理

运动损伤的急性期是指组织受伤后至不再出血或水肿的时期，时间约从数分钟至72小时不等。在此急性期，受伤的组织可能会出现出血或水肿等现象，因此出现所谓的"红肿热痛"的临床症状。肿胀的组织会妨碍血液循环，以致坏死的组织无法送离，修补的养分无法送抵患部，而减缓了软组织的复原，且因代谢废物的刺激，伤者会感到十分疼痛。因此止血、消肿、止痛为急性期处理的首要任务，以提供较佳的环境让组织可以迅速增生、修补；此外，要保护患部，预防并发症的产生。

运动损伤一般分为急性损伤以及慢性损伤。通常情况下，在遇到急性运动损伤后，很多人都很害怕，不知道该怎么办。治疗前期怎样处理才是正确的呢？其实损伤后第一个最好的医生就是你自己，正确的急性期处理对后期治疗及愈后会有很大帮助。急性期

的处理应遵守"PRICE"原则。

什么是 PRICE? PRICE 是英文 Protection，Rest，Ice，Compression，Elevation 四个单词的首字母组合，意思为："保护、休息、冰敷、加压、抬高"。

保护：保护受伤组织或部位，避免受到二次伤害。

休息：减少由活动引起的疼痛、出血或肿胀现象并预防伤势恶化。

冰敷：血管收缩、止血和减少肿胀，15~20 分钟/次，1~2 小时/次，持续 2~3 天。

压迫：止血及消除肿胀。由远端往近端包扎绷带，压力要平均，松紧要适中。

抬高：在受伤后 24 小时内，尽量让患部抬高，高于心脏即可，减缓血液冲到患部伤口的速度；促进血液及淋巴液的回流效果。

PRICE 技术用于急性肌肉、韧带等软组织的拉伤、扭伤，或者其他淤肿性的损伤，是急性运动损伤治疗的金标准。急性运动损伤在最初 24~48 小时内，肌肉、韧带等软组织发生的损伤可引起诸如肌肉撕裂、血管破裂，损伤处开始发生肿胀以及疼痛，破损的血管出血增加进一步引发继发性低氧性损伤，导致细胞组织坏死。因此，早期治疗目的在于有效地控制过度出血。正确地使用 PRICE 技术可以减少血管出血，帮助缓解肿胀和疼痛，有助早期愈合，缩短康复时间。

### （二）恢复期的处理

恢复期是指组织不再出血或水肿至组织完成修补为止，临床上急性期与恢复期的分辨在于恢复期在没有动作或触碰时不会有明显的疼痛。过去有学者根据组织修补的程度将恢复期再细分为亚急性期与复健期，但在强调早期介入治疗的现代医疗，二者的界限已不再那么清楚。

恢复期的时间视受伤组织的特性及其严重度而定。不同的组织所需的修补时间不一，如果是韧带或肌腱受伤，约需 4~8 周才会愈合；如果是肌肉受伤，则约需 3~6 周；如果是骨骼受伤，则约需 6~12 周。但是这只是代表组织是否愈合而已，并不代表愈合的组织的能力和以前一样好。根据研究，如果要韧带恢复到和原来一样的强度，则可能需要耗时一年以上。

在恢复期，受伤的组织已开始结痂，因此除了继续消除临床症状外，确保受伤组织的愈合是最重要的事。受伤软组织在愈合的过程中，会逐渐增生、修补。此时如果断裂的组织的两头距离过远，则无法有效地愈合，因此治疗软组织伤害应确保其处在一个有

利愈合的位置。

恢复期有关确保受伤组织愈合的处理方式如下：冷热交替疗法、超音波治疗、自主运动、深部按摩。

在恢复期的后期，受伤的组织已不再疼痛，因此常常被误以为已经痊愈，而开始从事各种高难度运动，以致再度受伤。故恢复期的训练需强调重建运动功能与预防再度受伤。

恢复期有关预防再度受伤的处理方式如下：使用必要的护具，渐进式的运动训练，正确的卫生教育。

### 三、 运动损伤后的保护支持 （带）

保护是指根据损伤情况使用护具、贴布或石膏来固定患部，使患部不再承受外力，不会因为拉扯而再度受伤。如果受伤部位在下肢，则应使用拐杖，以减轻患部及其附近关节的负担。保护支持带常在运动损伤的预防、保护、治疗和康复中被广泛地使用。主要包括肌内效贴布、护具（如护腕、护肘、护腿、护膝、护踝及护腰等）以及粘膏、弹力绷带、纱布绷带等。

#### （一）作用
（1）限制关节的活动范围，保持关节的稳定性，防止受伤韧带或其他组织的松弛。
（2）限制肌肉、肌腱超常范围的活动，避免已伤组织再伤，有利修复。

#### （二）使用范围
（1）急性损伤：使用时应特别小心，若太紧常常会影响血液循环，引起局部肿胀及出血，如有可能最好让有经验的医生操作。
（2）以预防为目的的支持带：实践证明在踝关节使用粘膏支持带可使球类运动员预防其扭伤及韧带断裂。
（3）在创伤的康复中使用支持带：在损伤后和组织愈合过程中，粘膏支持带被广泛应用，可促进组织修复，避免局部再次受伤。

### （三）使用方法

保护支持带的使用方法要正确否则会使伤情加重，总的原则是关节能固定于相对适宜的位置，受伤组织不再受牵扯，活动时疼痛不加重。

### （四）注意事项

（1）为避免拆除粘膏支持带时引起疼痛，在使用前应将局部汗毛剃去。

（2）选用粘膏的宽窄应与损伤部位相符，粘贴时要平整、贴牢。

（3）避免用连续环形缠绕的方法，必须使用时，应注意其血液循环情况。

（4）有皮肤病或炎症者禁用。

（5）使用时间一般不应持续超过一周。

## 四、运动损伤后的康复锻炼

### （一）康复锻炼的原则

（1）尽量保持全身和未伤部位的训练。

（2）已伤部位要合理安排锻炼内容和负担量，安排时要注意个别对待，循序渐进和分期进行。急性损伤早期，伤部可暂不活动以免再度出血增加肿胀和疼痛，症状一旦减轻尽早活动锻炼。

（3）功能锻炼。主要是加强伤部有关肌肉的力量练习和关节功能练习，其目的在于发展伤部周围肌肉的负担能力，提高组织结构的适应性，恢复关节、肌肉的正常功能。

（4）加强伤部训练的医务监督。

### （二）康复锻炼的主要方法

1. 主动运动

主动运动是患者在没有辅助情况下完成的一种运动。分为等张运动、等长运动和等动运动。

（1）等长运动，又称静力性运动。是指在肌肉两端（起止点）固定或超负荷的情况下进行肌肉收缩的一种训练方式。即练习时只是肌肉保持在一个固定的长度上，关节不活动（如图6-1）。等长训练是一种静力性肌肉收缩训练，无明显的关节活动，能有

效地增加肌肉力量，特别用于被固定的肢体和软弱的肌肉及神经损伤后的早期。

（2）等张运动，又称动力性运动，可分为向心收缩和离心收缩。是肌肉长度缩短张力不变的收缩训练，可引起关节活动的肌肉收缩和放松运动，在康复体育中应用最广（如图6-2）。

（3）等动运动，又称等速运动。是利用专门器械（如等动练习器）进行的有效发展肌力的一种练习，在训练时肌肉以最大力量做全幅度的收缩运动，依靠器械的作用，运动速度基本维持不变，使肌肉在整个运动过程中持续保持高度张力，从而获得更好的锻炼效果（如图6-3）。

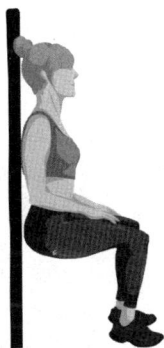

图6-1　等长运动　　　　　图6-2　等张运动　　　　　图6-3　等动运动

（4）渐进性抗阻运动。渐进性抗阻运动是指在训练过程中不断增加阻力负荷以刺激肌肉连续适应性和提高力量的过程，可以采用超过正常活动时对抗的阻力或增加运动时间和频率（如图6-4）。阻力的大小根据患肢肌力而定，以经过用力后能克服阻力完成运动为度，可有效增进肌力和耐久力，增加关节的活动范围与柔韧性，预防损伤后的肌肉萎缩，对伤愈后从事正常的锻炼时损伤预防也有益处。

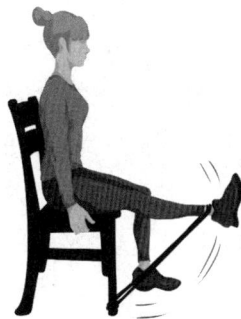

图6-4　渐进性抗阻运动

2. 被动运动

被动运动是一种完全依靠外力帮助来完成的运动。外力可以是机械的，也可以是由他人或本人健康肢体的协助。进行时，被动运动的肢体肌肉应放松，利用外力固定关节的近端和活动关节的远端，根据病情需要尽量作关节各方向的全幅度运动，但要避免动作粗暴（如图 6 - 5）。适用于运动损伤后

图 6 - 5　被动运动

引起的肢体运动功能障碍，能起到放松痉挛肌肉，牵引挛缩的肌腱、关节囊和韧带，恢复和保持关节活动幅度以及恢复关节功能的作用。

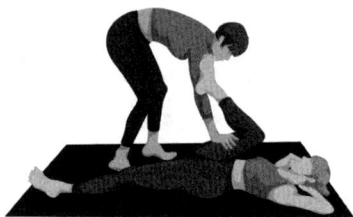

3. 本体感觉训练

在运动伤病和手术后的康复治疗和康复功能练习时，不但要系统地恢复关节活动度、肌肉力量，还要系统地练习和强化这个"经常被忽略"的本体感觉练习。因为本体感觉对于肢体和关节功能的进一步恢复，和在运动过程中避免再次损伤是至关重要的。

本体感觉训练主要是增强和恢复由于关节、组织损伤以及手术后而损伤的组织关节位置的静、动态感知能力和肌肉收缩反射、张力的调节能力。其方法主要有：运动疗法、平

图 6 - 6　本体感觉训练

衡功能训练、生物反馈（一种借助精密电子仪器进行的练习）、神经肌肉促通技术（PNF）等。在伤病之后使用的支具护膝和弹力绷带的包扎等，也都是通过外在方式加强本体感觉和关节稳定性的方法（如图 6 - 6）。

**五、　常见运动损伤的处理**

**（一）擦伤**

（1）原因：机体表面与粗糙的物体相互摩擦引起的皮肤表层损害。

（2）征象：主要为表皮剥脱，有小出血点和组织液渗出。

（3）处理：小面积擦伤，可以用红药水涂抹伤口即可；大面积擦伤，擦伤创面较脏

或有渗血时，先用生理盐水洗净，再涂抹红药水，接着用消毒布覆盖，最后用纱布包扎。面部擦伤最好不用龙胆紫等含有染色剂的药水涂抹，因为用后可能在数月内染色不褪，有碍美观。如膝关节处皮肤擦伤，先要洗净，然后用消炎油膏涂抹，盖上无菌纱布，医用胶带固定，必要时缠上绷带。轻微刺伤一般很快就能愈合；如果伤口较深、较脏，应立即到医院清洗包扎，并注射破伤风抗毒血清，以预防破伤风。

### （二）撕裂伤

（1）原因：在剧烈运动时，或受到突然强烈的撞击时，造成肌肉撕裂。其中包括开放性伤和闭合性损伤。常见有眉际撕裂等。

（2）征象：开放伤顿时出血，周围红肿；闭合伤触及时有凹陷感和剧烈疼痛。

（3）处理：轻度开放伤，用红药水涂抹即可；裂口大时，则需止血和缝合伤口，必要时注射破伤风抗毒血清，以防破伤风症。如肌腱断裂，则需要手术缝合。

### （三）挫伤

（1）原因：在足球、篮球运动中相互碰撞或被对方踢伤；因撞击器材或练习者之间相互碰撞而造成挫伤等。

（2）征象：单纯挫伤会在损伤处出现红肿、皮下出血，并有疼痛。内脏器官受伤时，则会出现头晕、脸色苍白、出虚汗、四肢发凉等现象，严重者甚至出现休克。

（3）处理：轻度损伤不需特殊处理，在24小时内冷敷或加压包扎，抬高患肢或外涂药物，24小时以后，可按摩或理疗。进入恢复期可进行一些功能性锻炼。如果怀疑内脏损伤，则临时处理后，送医院检查和治疗。

### （四）指关节扭伤

（1）原因：手指受到侧方外力冲击而致伤。篮、排球运动中手指被球撞击，接球技术动作错误，皆可引起手指侧副韧带或关节囊损伤。常发生于拇指掌指关节和其他各指近侧指间关节。

（2）征象：受伤指关节的伤侧疼痛、肿胀、压痛、无畸形，关节活动轻微受限，伸屈不灵活。如受伤指关节明显肿胀，关节畸形，运动受限，失稳，提示可能发生关节

脱位。

（3）处理：伤后即冷敷，轻度扭伤并稳定性正常者，24 小时后可于微屈位轻轻拔伸牵引，外擦舒活酒或药，轻捏，不揉，不扳，用粘膏将靠近伤侧的健指连同患指固定在一起，两天后开始练习主动伸屈活动，按摩、热敷并继续外擦舒活酒或药。若有明显的异常侧方活动或"锤状指"，应及时送医处理。

### （五）肌肉拉伤

（1）原因：主要是由于准备活动不充分，肌肉的生理机能尚未达到剧烈活动所需要的状态就参加剧烈活动；体质较弱，肌肉伸展性和力量较差，疲劳或负荷过度；姿势不正确，用力过猛，超过了肌肉活动的范围等原因产生。

（2）征象：拉伤部位剧痛，用手可摸到肌肉紧张形成的索条状硬块，触疼明显，局部肿胀或皮下出血，活动明显受到限制。肌肉拉伤的部位多为：大腿后部肌群、腰背肌、小腿三头肌、腹直肌、斜方肌等。

（3）处理：肌肉拉伤后立即进行冷敷，局部适当予以加压包扎，后续按摩、热敷、理疗等；并及早地进行功能性练习。

### （六）膝关节侧副韧带损伤

（1）原因：以内侧损伤较常见，多发生在膝关节处，小腿突然外旋，或足部固定后大腿突然内收内旋，都可使内侧副韧带损伤。如旋风脚落地方法不当，极易造成内侧副韧带损伤。另外，关节外侧受暴力撞击也可造成损伤。

（2）征象：表现为伤部疼痛、肿胀、皮下淤血、活动困难。

（3）处理：伤后应立即冷敷，严重的要用绷带固定包扎。24 小时后可按摩、热敷。

### （七）急性腰扭伤

（1）原因：运动时，身体重心不稳定或肌肉收缩不协调，腰部受力过重或脊柱运动时超过了正常生理范围都易引起腰部扭伤。

（2）征象：表现为伤后一侧或两侧当即发生疼痛，有时听到响声，有时出现腰部肌肉痉挛和运动受限。轻微扭伤当时无明显疼痛感，第二天起床时觉得腰部疼痛，不能前

屈，用不上劲，损伤部位有明显的压痛点。

（3）处理：轻微扭伤可按摩、热敷。较严重的应让患者平卧，在垫得较厚的木床上，腰下垫一枕头，先冷敷，后热敷。一般不应立即搬动。如果疼痛剧烈，应用担架抬送医院诊治。

### （八）网球肘

（1）原因：前臂外侧伸肌起点处肌腱发炎疼痛。疼痛的产生是由于前臂伸肌重复用力引起的慢性撕拉伤造成的。网球、羽毛球运动较常见。

（2）征象：主要表现肘关节外侧的疼痛和压痛，疼痛可沿前臂向手放射，前臂肌肉紧张，肘关节不能完全伸直，肘或腕关节僵硬或活动受限。做下列活动时疼痛加重：握手、旋转门把手、手掌朝下拾东西、网球及羽毛球反手击球等。

（3）处理：休息并减少活动量；进行局部的冷敷、口服一些非甾体抗炎药；局部使用护具进行制动、进行烤电热疗；局部热敷按摩、针灸、封闭治疗。对于一些保守治疗后症状缓解不明显或者加重的患者可以行手术治疗，比如像小针刀或者微创关节镜手术。

### （九）半月板损伤

（1）原因：屈膝位股骨内旋、胫骨外旋，伴随膝外翻，这时再猛烈蹬伸膝关节，半月板会在非正常位置受到挤压；屈膝位股骨外旋、胫骨内旋，而足部固定，这时在猛烈蹬伸膝关节，半月板也会受到不正常的挤压；膝关节猛烈屈伸而超出正常范围时，半月板前、后角会受到过度挤压而出现损伤。

（2）征象：急性期膝关节有明显疼痛、肿胀和积液，关节屈伸活动障碍。急性期过后，肿胀和积液可自行消退，但活动时关节仍有疼痛，尤以上下楼、上下坡、下蹲起立、跑、跳等动作时疼痛更明显，严重者可跛行或屈伸功能障碍，部分病人有交锁现象，或在膝关节屈伸时有弹响。

（3）处理：保守治疗，对半月板边缘性损伤，采用保守治疗通常能够取得较好的效果。保守治疗主要包括急性期采用 PRICE，使用非甾体类抗炎药物，配合其他物理治疗手段如针灸、推拿、刺血等并配合微电刺激；手术治疗如关节镜术；术后康复训练。

（十）前交叉韧带损伤

（1）原因：多见于足球、篮球、排球、滑冰、滑雪、羽毛球等项目。除膝关节与他人碰撞致伤外，绝大多数的前交叉韧带损伤为非接触性，常发生于落地、急停及暴力扭转等动作。

（2）征象：韧带撕裂时伴有撕裂声和关节错动感，关节内出血，导致关节肿胀，疼痛，多数不能继续从事原来的运动，甚至伸直和过屈活动受限；检查时浮髌试验（是确定膝关节损伤时是否出现关节积液的方法。患腿膝关节伸直，放松股四头肌，检查者一手挤压髌上囊，使关节液积聚于髌骨后方，另一手食指轻压髌骨，如有浮动感觉，即能感到髌骨碰撞股骨髁的碰击声；松压则髌骨又浮起，则为阳性）阳性，Lachman 检查（病人仰卧或俯卧位，屈膝约 30 度角，检查者用一只手固定大腿，另一只手试图向前或向后移动胫骨，阳性结果提示有前交叉韧带或后交叉韧带损伤）松弛、无抵抗。

（3）处理：急性期进行冰敷、关节制动、加压包扎等；部分患者可进行保守治疗，辅以药物和理疗等；手术治疗及术后康复训练如冰敷、佩戴护具、屈膝静蹲举腿等练习。

（十一）跑步膝

（1）原因：是典型的过度使用导致的慢性伤病。经常出现于自行车、长跑或竞走、篮球运动中的损伤。髂胫束与股骨外上髁的过度摩擦，导致韧带或滑囊炎症的发生。

（2）征象：主要表现为跑步时膝外侧疼痛，症状逐渐表现出来。跑步上下坡或长时间爬楼梯，膝盖出现剧痛；膝关节弯曲 20～30 度时，疼痛明显；髋关节外展时力量降低。

（3）处理：物理治疗如冰敷和热敷交替、深部按摩、拉伸、经皮神经电刺激、电针、超声波等；药物治疗如服用非类固醇消炎药、外擦山菊油或消炎凝胶、急性期封闭注射治疗等。

（十二）跟腱炎

（1）原因：跟腱炎一般指跟腱急慢性劳损后形成的无菌性炎症。由于踏跳、长跑、

负重等动作，长期大力地牵拉跟腱组织，腱止点及腱体上发生末端病样改变。

（2）征象：多数患者在运动时牵拉跟腱发生疼痛；晨起后疼痛、牵拉感较为明显；活动时脚后跟感觉有僵硬和牵拉感；跟腱有响声；踮起脚尖会感到疼痛，影响踝关节正常的活动度；严重者跟腱局部可有红肿、发热，明显肿胀，伴触痛，甚至结节包块增生。

（3）处理：物理治疗如冰敷、按摩、激光消炎、牵引拉伸、超声波、电针刺激、低频电疗、体外冲击波等；药物治疗如口服消炎止痛药品、外敷活血化瘀等中药、封闭治疗；手术。

### （十三）踝关节外侧副韧带损伤

（1）原因：以外侧副韧带损伤最为多见，反复疼痛。常见篮球、足球、田径、滑雪等项目。踝关节扭伤主要分旋后、旋前和外旋损伤，其中旋后损伤占绝大多数，多因锻炼者跳起落地时脚踩不平地面或物体，产生足旋后、踝关节内翻动作，导致踝关节外侧副韧带损伤。

（2）征象：踝外侧疼痛，疼痛轻重与伤势有密切关系。轻者患足可以持重，跛行；足踝外侧轻度肿胀；踝关节强迫内翻试验使疼痛加重，但踝关节稳定，无异常活动。若踝外侧韧带完全断裂，则患足不能持重，跳跃式跛行；外踝剧痛；肿胀严重而范围大，外踝和足背出现皮下瘀斑；踝关节强迫内翻试验时伤处剧痛，同时有踝关节不稳和异常活动。

（3）处理：如果处理不当会造成踝关节不稳，可反复扭伤。物理治疗如冷热敷交替、按摩、激光消炎、针灸、电针刺激、电疗、超短波、超声波、冲击波等；药物治疗如口服消炎镇痛类和控制水肿类药物、外敷及外擦活血化瘀药物等；手术。

## 第 五 节
## 体育运动中常用的急救方法

在发生意外情况时，伤者的健康和生命受到威胁，目击者头脑中应有急救的意识，排除那些影响急救能力发挥的思想，在专业医疗人员到来之前，对伤者进行必要的急救护理，保证伤者的生命安全。作为伤者，在有意识的情况下不要恐慌，应积极配合急救人员，以达到最好的急救效果，为进一步的医疗救治争取时间。

### 一、　急救的意义、　原则和注意事项

#### （一）急救的意义
急救是对意外或突然发生的伤病事故，进行紧急的临时性处理。其目的是保护伤病员的生命安全、避免再度伤害、减轻伤病员痛苦、预防并发症，并为伤病员的转运和进一步治疗创造条件。因此，无论何种急性损伤，做好现场急救都是十分重要的。

#### （二）急救原则和注意事项
急救时救命在先，做好休克的防治。骨折、关节脱位、严重软组织损伤或合并其他器官损伤时，伤员常因出血、疼痛而发生休克。在现场急救时，要注意预防休克，若发生休克，必须优先抢救休克。其次，急救必须分秒必争，力求迅速、准确、有效，做到快救、快送医院处理。

### 二、　体育运动中常用的急救方法

#### （一）止血的急救
健康成人平均每公斤体重约有血液 75 毫升，总血量可达 4000～5000 毫升。若出血

量超过全身血量的30%时，将可能危及生命。因此，对外出血的伤员，尤其是大动脉的出血，必须立即止血；对怀疑有内脏或颅内出血的伤员，应尽快送医院处理。

常用的外出血临时止血法有以下几种：

（1）冷敷法：常用于急性闭合性软组织损伤。

（2）加压包扎止血法：用生理盐水冲洗伤部后用厚敷料覆盖伤口，外加绷带增加血管外压，促进自然止血过程，达到止血目的。用于毛细血管和小静脉出血。

（3）抬高伤肢法：用于四肢小静脉和毛细血管出血。方法是将患肢抬高，使出血部位高于心脏，降低出血部位血压，达到止血效果。此法在动脉或较大静脉出血时，仅作为一种辅助方法。

（4）屈肢加压止血法：前臂、手或小腿、足出血不能制止时，如未合并骨折和脱位，可在肘窝和腘窝处加垫，强力屈肘关节和膝关节，并以绷带"8"字形固定，可有效控制出血。

（5）指压止血法：这是现场动脉出血常用的最简捷的止血措施。指压法的要领是在出血部位的上方，在相应的压迫点上用拇指或其余四指把该动脉管压迫在邻近的骨面上，以阻断血液的来源而达到止血的效果。这是动脉出血时的一种临时止血法，所加压力必须持续到可以结扎血管或用止血钳夹住血管为止。常用的有：

①颞浅动脉压迫止血法：一手扶伤员的头并将其固定，用另一手拇指在耳屏前上方一指宽处摸到搏动后，将该动脉压迫在颞骨上。它适用于同侧前额部或颞部出血的止血。

②面动脉压迫止血法：在下颌角前约1.5厘米处，用拇指摸到搏动后将其压在下颌骨上，可止住同侧眼以下面部出血。

③锁骨下动脉压迫止血法：在锁骨上窝内1/3处摸到搏动后，用拇指把该血管压迫在第一肋骨上。它适用于肩部及上臂出血的止血。

④肱动脉压迫止血法：将伤臂稍外展、外旋，在肱二头肌内缘中点处摸到搏动后，用拇指或示、中、环三指将该动脉压迫在肱骨上。它适用于前臂及手部出血的止血。

⑤指动脉压迫止血法：手指出血时，用健侧手的拇、食两指压迫患指两侧指根部，并抬高患肢。

⑥股动脉压迫止血法：伤员仰卧，患腿稍外展、外旋。在腹股沟中点稍下方摸到搏动后，用双手拇指重叠（或掌根）把该动脉压迫在耻骨上。它适用于大腿和小腿出血的止血。

⑦胫前、胫后动脉压迫止血法：在踝关节背侧，于胫骨远端摸到搏动后，把该动脉压迫在胫骨上；在内踝后方，将胫后动脉压迫在胫骨上。它适用于足部出血的止血。

（6）止血带止血法。在四肢较大的动脉出血时，通常用止血带止血。目前常用的止血带有充气止血带，橡皮带止血带，橡皮管止血带。现场急救中常用携带方便的橡皮管止血带，缺点是施压面狭窄易造成神经损伤。如果无橡皮止血带，现场可用宽布带或撕下一条衣服以应急需。止血带结扎的标准位置点，在上肢为上臂的上 1/3 部，下肢为大腿中、下 1/3 交界处。上臂中、下 1/3 处扎止血带易损伤桡神经，为禁区。止血带的压力要适中，既要达到阻断动脉血流又不会损伤局部组织。上止血带的时间要注明，如果长时间转运，途中上肢每半小时，下肢每 1 小时应放松 2～5 分钟，以使伤肢间断地恢复血循环。放松时应以手指在出血处近端压迫主要出血的血管，以免每放松一次丢失大量血液。止血带使用不当可引起局部损伤、周围神经损伤甚至导致肢体坏疽。因此，一般只在其他止血方法不能奏效时再用止血带。内出血中的体腔出血，如肝脾破裂或血胸多有严重的休克，应立即送医院处理。

### （二）骨折的急救

在外力的作用下，骨折连续性或完整性遭到破坏叫骨折。在剧烈运动中，特别是对抗性强的运动中，骨折并非罕见。

1. 急救原则

对骨折病人的急救原则是防止休克，保护伤口，固定骨折。即在发生骨折时，应密切观察，如有休克存在，则首先是抗休克，如有出血，应先止血，然后包扎好伤口，再固定骨折。

2. 骨折的临时固定

骨折时，用夹板、绷带将折断的部位固定包扎起来，使伤部不再活动，称为临时固定。其目的是减轻疼痛，避免再伤和便于转送。

（1）临时固定的注意事项。

①骨折固定时不要无故移动伤肢，为暴露伤口，可剪开衣裤、鞋袜，对大小腿和脊柱骨折应就地固定，以免因不必要的搬运而增加伤员的痛苦和伤情。

②固定时不要试图整复，如果畸形严重，可顺伤肢长轴方向稍加牵引。开放性骨折断端外露时，一般不宜还纳，以免引起深部污染。

③固定用夹板或托板的长度、宽度，应与骨折的肢体相称，其长度必须超过骨折部的上、下两个关节，如没有夹板和托板，可就地取材（如树枝、木棍、球棒等），或把伤肢固定在伤员的躯干或健肢上。夹板与皮肤之间应垫上棉垫、纱布等软物。

④固定的松紧要合适、牢靠，过松则失去固定的作用，过紧会压迫神经和血管。故四肢固定时，应露出指（趾），以便观察肢体血流情况。如发现异常（如肢端苍白，麻木、疼痛、变紫等）应立即松开重新固定。

（2）各部位骨折的临时固定。

①上肢骨折。锁骨骨折，用两个棉垫分别置于双侧腋下，然后用双环包扎法或"8"字形包扎法，最后以小悬臂带将伤肢挂起。

肱骨骨折，用2～4块合适夹板固定上臂，肘屈90度，用悬臂带悬吊前臂于胸前，最后以叠成宽带的三角巾把伤肢绑在躯干上加以固定。如无夹板，可用布带将上臂包缠在胸部侧方，并将前臂悬吊胸前。

前臂及腕部骨折，用1～2块有垫夹板在掌背侧固定前臂，屈肘90度，前臂中立位用大悬臂带悬吊胸前。

手部骨折，用手握纱布棉花团或绷带卷，然后用有垫夹板或木板置于前臂掌侧固定，用大悬臂带悬吊于胸前。

②下肢骨折。股骨骨折，用长短两块夹板，分别置于伤肢外侧和内侧，外侧上自腋下，下达足跟，内侧自大腿根部至足部。夹板内面应垫软物，然后用布带进行包扎固定，在外侧作结。如无夹板，可将两腿并捆在一起。

髌骨骨折，在腿后放一夹板，自大腿至足跟，用布带在膝上、膝下和踝部将膝关节固定在伸直位，防止屈曲。

胫腓骨及踝部骨折，用夹板1～2块，上自大腿中部，下达足跟部，或用一长钢丝托板，上自大腿中部，下在足跟部转成直角，包扎固定。

③脊柱骨折临时固定与搬运。搬运时必须使脊柱保持在伸直位，不能前屈，后伸和旋转，严禁1人背运，2人抱抬或用软垫搬运，否则会加重脊髓的损害。

正确搬运法：一般由3～4人搬运，分别于患者两侧，用双手托起背部，腰部，臀部和大腿，（若颈椎骨折可一人专管头部的牵引固定），几人托起的力和时间要保持一致，使脊柱保持水平位，缓慢地搬放于硬板担架上。也可用滚动法，即将担架置于病人体侧，一人稳住头，其余人将病人推滚到木板或担架上。胸腰椎骨折可在腰部垫一个薄

垫；颈椎骨折应将头颈放在中立位，头颈两侧用沙袋或衣物固定，以防头部活动。

腰椎骨折：疑有腰椎骨折时，要尽量避免骨折处有移动，更不能让伤员坐起或站起，以免引起或加重脊髓损伤，不论伤员是仰卧或俯卧，尽可能不要变动原来的位置。用硬板担架或门板放在伤员身旁，由数人协力轻轻把伤员搬至木板上，取仰卧位，并用数条宽带把伤员缚扎在木板上。若腰部悬空时，应在腰下垫一小枕或卷起的衣服。若使用帆布担架时，伤员要俯卧，使脊柱伸直，禁止屈伸。

颈椎骨折：若固定与搬动方法不当，有引起脊髓压迫的危险，可立即发生四肢与躯干的高位截瘫，甚至引起死亡。因此，务必使头部固定于伤后位置，不屈不伸不旋转，数人协力把伤员搬至木板上，头部两侧用沙袋或卷起的衣服固定，用数条宽带把伤员缚扎在木板上，严禁头颈左右旋转与屈伸。

### （三）心肺复苏

呼吸停止和心跳停止，可以单独或同时发生。呼吸停止后则全身缺氧，随即可引起心跳停止；心跳停止后，延髓血流即停止，可迅速引起延髓缺氧及中枢性呼吸衰竭而导致呼吸停止。引起呼吸、心跳骤停的原因较多，较常见的有电击伤，一氧化碳中毒或药物中毒、严重创伤和大出血、溺水和窒息等。

呼吸停止但心跳尚未停止的病人，应立即进行人工呼吸并注意心脏工作情况；心跳停止而呼吸尚未停止的伤员，应立即进行胸外心脏按压并注意维护呼吸道通畅；呼吸和心跳都停止的病人，应同时进行人工呼吸和胸外心脏按压，最好由两人配合进行，一人进行人工呼吸，一人进行胸外心脏按压，两者操作频率之比 1∶4。呼吸、心跳骤停的抢救，必须做到行动迅速，争分夺秒，才可能挽救病人生命。虽然人工呼吸和胸外心脏按压法在运动实践中应用较少，但在群众性游泳中发生溺水却并非少见。因此，体育教师和教练员掌握人工呼吸和胸外心脏按压法是非常必要的。

现场急救的最重要手段就是人工呼吸和胸外心脏按压。

1. 人工呼吸

肺位于富有一定弹性的胸廓内，当胸廓扩大时，肺也随着扩张，于是肺的容积增大，外界空气进入肺内，即为吸气；当胸廓缩小时，肺也随之回缩，肺内气体排出体外，即为呼气。对呼吸停止的人，可根据以上原理用人工被动扩张与缩小胸廓的方法，

使空气重新进出肺脏，以实现气体交换，称为人工呼吸法。人工呼吸方法较多，最有效的是口对口吹气法。

口对口吹气法：伤员仰卧，头部置于极度后仰位，打开口腔并盖上一层纱布。救护者一手托起患者下颌，掌根部轻压环状软骨，使其间接压迫食道，以防吹入的空气进入胃内；另一手捏住患者鼻孔，深吸一口气后，对准患者口部吹入。吹气完后，立即松开捏住鼻孔的手。如此反复，每分钟吹气 16～18 次。

注意事项：施行人工呼吸前，应迅速消除患者口腔、鼻腔内的假牙、分泌物或呕吐物，松开衣领、裤带和胸腹部衣服。开始时，吹气的气量和压力宜稍大些，吹气 10～20 次后应逐渐减少，以维持上胸部轻度升起为度。牙关紧闭者，可采用口对鼻吹气法，救护者一手闭住患者口部，以口对鼻进行吹气，其他操作与口对口吹气法相同。

有效的表现：吹气时胸廓扩张上抬；在吹气过程中听到肺泡呼吸音。

2. 胸外心脏按压法

心脏位于胸腔纵膈的前下部，前邻胸骨下半段，后为脊柱，其左右移动受到限制。胸廓具有一定的弹性，挤压胸骨体下半段，可间接压迫心脏，使心脏内的血液排出；放松挤压时，胸廓恢复原状，胸内压下降，静脉血则回流至心脏。因此，反复挤压和放松胸骨，即可恢复血液循环。

操作方法：病人仰卧在木板或平地上。救护者双手手掌重叠，以掌根部放在病人胸骨体的下半段，肘关节伸直，借助于自身体重和肩臂肌的力量，均匀而有节律地向下施加压力，使胸骨体下半段和相连的肋软骨下陷 3～4 厘米，随后立即将手放松（掌根不离开病人皮肤），如此反复进行。成人每分钟挤压 60～80 次；小儿用单手掌根挤压，每分钟挤压 100 次左右。

注意事项：救护者只能用掌根压迫病人胸骨体下半段，不可将手平放，手指要向上稍翘起与肋骨离开一定距离；挤压方向应垂直对准脊柱；挤压时应带有一定的冲击力；用力不可太轻或太大，太轻不能起到间接压迫心脏的作用，太猛会引起肋骨骨折。在就地进行抢救的同时，要迅速请医生来处理。

挤压有效的表现：摸到颈动脉或股动脉搏动，上肢收缩压在 8 千帕（60 毫米汞柱）以上，口唇、指甲床的颜色比挤压前红润，有的病人呼吸逐渐恢复，原来已散大的瞳孔也随着缩小而趋恢复。若出现以上表现，说明挤压有效，应坚持做到病人出现自动心跳

为止；如果没有出现上述表现，则说明挤压无效，应改进操作方法和寻找其他原因，但不可轻易放弃现场抢救。

3. 心肺复苏的有效指标

按压时在颈股动脉处应摸到搏动，听到收缩压在60毫米汞柱以上；面色、口唇、指甲床及皮肤等色泽转红；扩大的瞳孔再度缩小；呼吸改善或出现自主呼吸。只要有前1~2项有效指标出现，心脏按压就应坚持下去。无论是呼吸骤停或心跳骤停，或呼吸与心跳均骤停，在进行现场急救的同时，都应迅速派人请医生来处理。

### （四）休克的急救

休克是机体受到各种有害因素的强烈侵袭而导致有效循环血量锐减、主要器官组织血液灌流不足所引起的严重全身性综合征。

1. 原因

休克产生的原因很多，运动损伤中并发的休克主要是创伤性休克，多为严重创伤引起的剧烈疼痛，如多发性骨折、睾丸挫损、脊髓损伤等，主要是通过神经反射使周围血管扩张，血液分布的范围增大，造成相对的血容量不足，脊髓损伤可以阻断血管运动中枢与周围的血管间的联系，使血管扩张，引起休克；其次为出血性休克，由于损伤引起急剧体内外出血造成大量失血、失液均可导致循环血量减少而发生休克。如腹部挫伤致肝脾破裂的内出血，股骨骨折合并大动脉的外出血等。

2. 急救

对于休克病人要尽早进行急救。应迅速使病人平卧安静休息。患者的体位一般采取头和躯干部抬高10°，下肢抬高约20°的体位，这样可增加回心血量并改善脑部血流状况。松解衣物，保持呼吸道畅通，清除口中分泌物或异物；对病人要保暖，但不能过热，以免皮肤扩张，导致血管床容量增加，使回心血量减少，影响生命器官的血液灌注量和增加氧的消耗。在炎热的环境下则要注意防暑降温，同时尽量不要搬动病人。若伤员昏迷，头应侧偏，并将舌头牵出口外；必要时要吸氧和行口对口人工呼吸，并针刺或点掐人中、百会、合谷、内关、涌泉、足三里等穴。与此同时，应积极去除病因，如由于大量出血引起的休克，应立即采取有效的方法止血；由于外伤、骨折等剧烈疼痛所引起的休克，应给予镇痛剂和镇静剂，以减少伤员痛苦，防止加重休克；骨折者应就地上

夹板固定伤肢。

以上是一般的抗休克措施。由于休克是一种严重的、危及生命的病理状态，所以在急救的同时，应迅速请医生或及时送医院处理。对休克病人应尽量避免搬运颠簸。

### （五）溺水的急救

1. 原因与征象

在游泳时，因肌肉痉挛或技术上的原因导致溺水。溺水时，水经过鼻进入肺内，造成呼吸道阻塞，或者因吸水的刺激，引起喉部肌肉痉挛使气体不能进出，导致窒息和昏迷。如果时间稍长，则因缺氧而危及生命。窒息后，脸色苍白而肿胀，眼睛充血，口鼻充满泡沫，四肢冰冷，神志昏迷，胃腹吸满水而鼓起，甚至呼吸心跳停止。

2. 处理

（1）立即将溺水者救上岸后，清除口腔中的分泌物和其他异物，并迅速进行倒水，但不要过分强调倒水而延误了宝贵的抢救时间。

（2）立即进行人工呼吸。如果心跳已停止应同时施行心脏外挤压法。人工呼吸和心脏胸外挤压以 1:4 的频率进行，急救者之间应密切配合，进行积极而耐心的抢救，直至自主恢复呼吸为止。

（3）清醒后，立即送医院，做进一步检查和治疗，在运送途中必要时继续进行人工呼吸。

### 思考练习题

1. 学习体育锻炼卫生的意义？都有哪些方面？
2. 体育锻炼的自我保护方法有哪些？
3. 体育锻炼如何预防运动性伤病？
4. 体育锻炼中有哪些常见的急救方法？

# 第 七 章

## 大学生体育锻炼与营养

## 本章导言

膳食营养不仅与人们生存密切相关，而且与体育锻炼有着某种密切的关联。有关膳食营养方面的知识，往往也是大学生在从事体育锻炼时被忽视的问题。本章节介绍了有关人体营养与能量供给方面的知识，还针对大学生在校生活、学习的特点，着重阐述了体育运动与营养的关系以及体育锻炼与营养补充等方面的知识。其内容能够对大学生的体育锻炼提供有益的指导，起到提高体育锻炼的效果、促进体质健康水平的作用。

## 学习目标

通过本章节的学习，学生可以学到有关膳食营养与人体健康、体育锻炼与营养等方面的相关知识，从而达到预防疾病、增强体质的目的。具体的学习目标如下：

1. 学习人体营养与能量供给方面的知识
2. 了解合理膳食与体育运动相关知识
3. 了解并掌握体育锻炼与营养有关知识
4. 学习掌握体育锻炼中营养的补充

**第 一 节**
**营养与体育运动**

体育运动的目标是强身健体，在锻炼身体的同时，使得精神得以历练与提升。在体育锻炼的过程中，营养物质的及时摄取与有效补充，能够有效地改善体育锻炼的效果。作为具有多项功能并且能够进行自我调整及康复的人体，要使其各项功能趋于强大，并且具备更加有效的修复与平衡能力，在人体周密且符合规律的运行中，其基础与保障——食物的摄取显得尤为重要。

## 一、 营养

营养，完整的定义是指机体通过摄取食物，经过体内消化、吸收和代谢，利用食物中对人体有益的物质作为构建机体组织器官、满足生理功能和体力活动需要的过程。营养这一动态过程中任何一个环节发生异常，例如摄入的食物种类、数量不能满足人体需要，或是消化不良，或是不能利用某种营养成分，都可能影响营养全过程，从而损害人体健康。合理营养可以保证机体正常的生理功能，促进健康和生长发育，提高机体抵抗力和免疫力，有利于预防疾病，增强体质。相反如果膳食营养不足或食物被污染，可以引发营养失调性疾病或食源性疾病，极大地损害身体的健康。

## 二、 营养素与能量

### （一）营养素

人体存活需要能量的支撑，而能量的来源取决于两个方面：宏量营养素及微量营养

素的摄取。宏量营养素是保持人类身体结构和功能完整性的重要保证，是维持人类生命活动的基础。宏量营养素主要包括碳水化合物、蛋白质和脂肪。微量营养素是指人体必需但含量较少的营养物质，包括人体所需的所有维生素和矿物质。人体无法自身产生微量营养素，必须依靠膳食摄入，而缺乏微量营养素将影响到人体能量的转化。因此，宏量营养素与微量营养素在人体中互为支撑，彼此成就，保证了人体正常运转和各项功能趋于强大。

1. 宏量营养素

（1）碳水化合物。碳水化合物是由碳、氢、氧原子组成的一种化合物。绝大多数碳水化合物来自植物性食物，但也有些食用碳水化合物来自动物制品。人体利用碳水化合物来完成很多重要功能，就能量代谢和运动表现来说，不同组织中的碳水化合物具有以下四个重要功能：

① 碳水化合物是神经细胞和红细胞的代谢能量燃料。

② 碳水化合物是骨骼肌，特别是参与运动的骨骼肌的代谢能量燃料。

③ 碳水化合物代谢时，碳水化合物可以作为脂肪进入三羧酸循环的引物。

④ 在运动和强度训练过程中，碳水化合物起到节省蛋白质的作用。

碳水化合物种类不同，其形式与功效均有不同。碳水化合物种类包含：单糖、低聚糖、多糖等。人体中的单糖主要有三种形式：葡萄糖、果糖和半乳糖，其中葡萄糖是人体最重要的单糖，也是人体细胞使用的最主要单糖，它在人体和动物组织内的储存形式为糖原；果糖是最甜的糖，通常存在于水果和蜂蜜中；半乳糖是天然存在的，一般与葡萄糖结合在一起，形成乳糖，乳糖只存在于泌乳人群或者动物的乳腺中。

低聚糖是由 2 到 10 个单糖结合在一起构成的。大自然中发现的最主要的低聚糖是由两个单糖组成的双糖。例如，葡萄糖分子和果糖分子结合将成为蔗糖，蔗糖被誉为"餐桌上的糖"，富含于绝大多数碳水化合物之中。葡萄糖分子和半乳糖分子结合将成为乳糖，两个葡萄糖分子结合将成为麦芽糖，又称"饴糖"，常见于谷物和种子食物，仅占日常饮食碳水化合物中的一小部分。

多糖来自植物和动物，其中淀粉和纤维是多糖的植物来源。它是由十个到成千个以化学方式链接的单糖分子组成的一种碳水化合物。

碳水化合物是人体内的一种重要燃料来源，数量有限。人体在休息状态下，肝脏、

胰腺和其他器官一起将血糖水平控制在一个较小的范围内，以满足不同身体组织对碳水化合物的需求。人体在运动状态或者比赛中，通过增加碳水化合物和脂肪的分解，以及提高肝脏糖异生的速率来维持血糖水平。运动中碳水化合物和脂肪的动员程度取决于多个因素，但最重要的因素是运动本身。

人体在高强度有氧运动中，收缩的骨骼肌持续消耗血糖，血糖浓度最终会降到正常水平之下，肝糖原的存储不断在减少。血糖在提供工作肌肉能量时，仅能够满足总量的30%，其余所需的碳水化合物能源来自存储的肌糖原。一小时的高强度有氧运动会使肌糖原减少55%，两小时的高强度运动几乎可以耗尽肝脏和活动肌肉中的糖原。长时间有氧运动中的疲劳主要是参与运动的肌糖原耗竭造成的。因此，最佳的有氧耐力表现和运动前的肌糖原存储之间有直接关系。

碳水化合物对于无氧类运动项目十分重要，但是无氧运动项目的运动员碳水化合物的摄入量只是略低于有氧运动项目的运动员，其摄入量基本保持在总能量摄入的55%~65%。因此，肌肉碳水化合物的储量对于无氧运动同样重要。

碳水化合物也是力量类运动最重要的能量来源，有助于提升力量训练的整体表现。

（2）蛋白质。蛋白质是由氨基酸按照一定的遗传序列所组成的有机化合物，氨基酸是蛋白质的基本成分。蛋白质存在于身体的所有细胞内，蛋白质可以用来促进生长及修复受损细胞和组织，也可以进行各种新陈代谢和激素活动。大部分的蛋白质以肌肉蛋白的形式存储在身体中。

人体中有22种氨基酸可用于构成蛋白质。氨基酸分为必需氨基酸、条件必需氨基酸和非必需氨基酸三种类型。首先，人体需要从食物中获取蛋白质来提供必需氨基酸。如果没有必需氨基酸的食物来源，人体必须分解自身的蛋白质存储来提供必需氨基酸，从而满足基本的蛋白质需求。还有7种条件必需氨基酸，它们之所以被称为条件必需氨基酸，是因为人体难以有效合成这些氨基酸。在通常情况下，如果饮食中此类氨基酸的剂量充足，人体就会从饮食中获得此类氨基酸。人体可以很轻易地合成其他氨基酸，所以这些氨基酸被称为非必需氨基酸。

在通常情况下，有两种方式能够定义蛋白质质量的优劣。第一种方式叫作蛋白质效率（Protein Efficiency Ratio，PER），通过评价膳食中特定蛋白质和标准蛋白质相比的重量增加来确定。具有更高PER值的蛋白质类型被认为具有更高的质量。第二种方式叫作

蛋白质消化率校正氨基酸分数（Protein Digestibility-Corrected Amino Acid Score, PDCAAS），在国际上，人们普遍把这种方式看作是对比人体蛋白质来源的最佳方式。如果蛋白质消化率校正氨基酸分数为 1.0，就说明蛋白质超过了人体的必需氨基酸需求，这种蛋白质是一种很好的蛋白质。PDCAAS 越高，蛋白质的质量越高。明胶（胶原）蛋白和小麦的蛋白质是相对较差的来源；肉类和鱼类被认为是中等质量的蛋白质来源；大豆、鸡蛋、牛奶、乳清和牛初乳被归类为高质量的蛋白质来源。

蛋白质摄入对于体育运动有着十分重要的作用。高强度运动中需要的主要能源物质是碳水化合物，但是在高强度运动、间歇性运动和长时间运动中，蛋白质也可以作为能量来源。因此，为了补充运动中消耗的氨基酸并优化恢复，在运动前、运动中和运动后摄入碳水化合物和蛋白质或者蛋白质和氨基酸是非常重要的。研究表明，有氧耐力运动员的蛋白质需求比普通人的蛋白质需求稍微高一点。与久坐不动的受试者相比，有氧耐力运动员每天所需的蛋白质含量是久坐不动的受试者所需蛋白质的 1.67 倍，并且每天排出更多的尿素。因此，有氧耐力运动员每天需要比久坐不动的受试者摄入更多的蛋白质，才能满足有氧运动中的蛋白质分解代谢的需要。同时，一般情况下，参加无氧运动的运动员每天需要摄取 1.5～2.0 克/千克体重的蛋白质。因此，在训练前、训练中和训练后摄入少量的蛋白质或氨基酸会帮助运动员更好地适应训练。

（3）脂肪。脂肪，也称甘油三酯，是人类的基本能量源，在身体内储量丰富。与此同时，由于脂肪酸的构成及其在甘油主链上位置的不同，其种类繁多，因此，脂肪能影响生物系统并发挥等同于药物作用的效应。脂肪主要分为两类，饱和脂肪和不饱和脂肪。研究表明，营养师可以通过控制不同类型的脂肪来提高运动表现、增长体重、降低身体脂肪、预防炎症以及调整精神状态等。总而言之，当饮食中的脂肪含量占总能量摄入的 20%～40% 时，力量运动表现不会受到影响。

对于参与运动的人来说，膳食脂肪的长期效应并不是唯一考虑的因素，还需要关注脂肪在运动中的重要性。当膳食脂肪作为运动中的能量来源时，有两个重要现象：其一是"代谢的交叉效应"（见表 7 - 1），其二是"持续时间效应"或"脂肪转移"（见表 7 - 2）。代谢的交叉效应，是指在机体处于休息和低强度时以脂肪氧化为主，随着运动强度的增加，高强度时供能物质变为以碳水化合物为主。也就是说，脂肪燃烧比例与运动强度成反比。

表7-1　脂肪与碳水化合物在禁食状态下不同强度运动中的氧化

| 运动强度 | 呼吸交换率 | 燃烧类型 | 生化过程 |
|---|---|---|---|
| 低（耗氧量<25%） | 0.70 | 脂肪 | $C_{16}H_{32}O_2 + 23O_2 \longrightarrow$ $16CO_2 + 16H_2O$ |
| 中（耗氧量<50%） | 0.85 | 脂肪＋碳水化合物（后者逐渐增多） | 棕榈酸酯和葡萄糖混合使用 |
| 高（耗氧量100%） | 1.00 | 碳水化合物 | $C_6H_{12}O_6 + 6O_2 \longrightarrow$ $6CO_2 + 6H_2O$ |

持续时间效应却是一种相反的关系，即运动持续时间与脂肪使用呈正比。长时间的低强度运动（超过30分钟），能量代谢的来源物质会逐渐由以碳水化合物为主转向以脂肪为主。

表7-2　禁食状态下不同时长运动中的脂肪代谢

| 运动时间 | 血清甘油 |
|---|---|
| 长，>60分钟 | 高 |
| 中，30~60分钟 | 中 |
| 短，<30分钟 | 低 |

2. 微量营养素

相对于人体所需要的大量物质——宏量营养素，在人体内含量很低，但对人体的生长或新陈代谢却非常重要的是微量营养素，主要有维生素、矿物质和其他物质。微量营养素能够提高产生能量的代谢途径的活性、组织的生化适应性以及转运和代谢速率等。人体自身无法产生微量营养素，必须通过饮食来摄取，因此，如果微量营养素的摄入量过低，则会导致与营养状况有关的生化指标指数降低，相关的生理机能受到影响（见图7-1）。

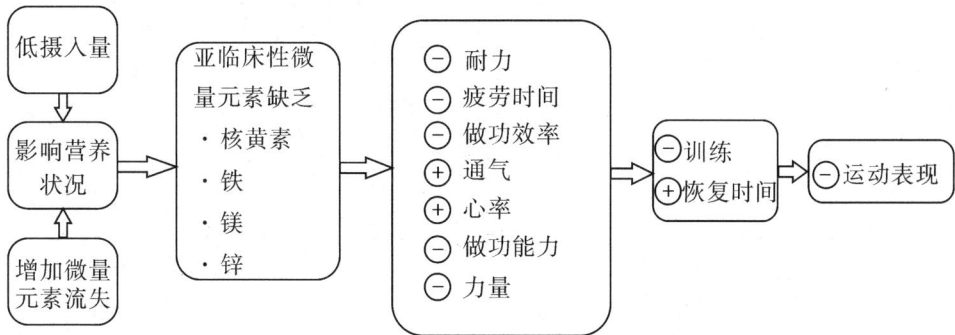

图 7 – 1　微量营养素不足对运动表现的影响

（1）维生素。维生素是机体维持健康、生长繁殖和预防疾病所必需的微量有机化合物。维生素的一个显著特征是人体自身不能合成。人体需要 13 种维生素，分为水溶性维生素（B 族维生素、β 胡萝卜素和维生素 C）和脂溶性维生素（A、D、E 和 K）。

大多数维生素均参与肌肉收缩和能量消耗有关的代谢过程。例如维生素 B 能够确保最佳的能量供应，促进红细胞生成，参与蛋白质合成和组织修复或维护（包括中枢神经系统）。一些维生素（维生素 E 和维生素 C）可能通过减少氧化性损伤来帮助运动员承受更高强度的训练，帮助运动员在高强度运动中保持健康的免疫系统（维生素 C），或两者兼备。

（2）矿物质。矿物质是以固体形式存在的无机元素，人体内矿物质的含量大约占据人体体重总量的 4%。矿物质分为宏量元素和微量元素，宏量元素每日推荐摄入量超过 100 毫克/天，主要包括钠、钾、氯、钙、磷、镁和硫等，主要由体内的激素来控制其含量。微量元素包括铁、铜、铬、硒和锌等，这一部分的元素的每日推荐摄入量低于 100 毫克/天，还有一部分超微量元素是氟、硼、锰和钼等，这些元素的每日推荐摄入量低于 5 毫克/天。人体中宏量元素的含量高于微量元素的含量。

矿物质对运动员是重要的，因为它们与很多生命活动或功能相关，包括肌肉收缩、正常心率、神经冲动传导、氧气运输、氧化磷酸化、酶的活性、免疫功能、抗氧化、骨骼健康和血液酸碱度平衡等。这些过程大部分在运动期间会加速，所以人体需要摄入充足的矿物质才能发挥最佳功能。运动员应该在饮食中获得足量的矿物质，否则可能损害

健康并对运动表现带来不利影响。

（3）其他物质。其他物质主要指的是超微量矿物质元素及抗氧化物质。超微量元素具有一定的生物功能，如果这些矿物质的摄入量没有达到最佳剂量，会影响运动表现。另外，天然（内源性）和饮食来源的抗氧化物协同作用可抑制能量代谢过程中分子氧还原产生的氧自由基所造成的潜在性损害。自由基生成过多与细胞和线粒体膜损伤，以及功能障碍、免疫防御系统功能低下、老化、癌症、心血管疾病和糖尿病有关。

### （二）能量

新陈代谢是一切生命活动的基本特征。人体所需要的能量和营养素主要是从食物中获得。能量本身不是一种营养素，却是机体生命过程中不可缺少的营养因素。它在营养学中的地位极其重要，从人体需要的角度，能量供给是否充足是首先要考虑的。成年人的能量消耗包括基础代谢、体力活动和食物热效应三个方面。对于特殊生理时期的人群还应考虑他们的额外需要，如孕妇、乳母、儿童及青少年等。

正常成人能量消耗主要包括基础代谢、体力活动、食物热效应及其他方面。

（1）基础代谢。基础代谢指维持生命的最低能量消耗。即人体在安静和恒温（一般18℃~25℃）条件下禁食12小时后，静卧、放松而又清醒时的能量消耗。此时能量仅用于维持心脏跳动、肺脏呼吸、体温、血液循环及腺体的分泌等基本的生理需要。

（2）体力活动。体力活动是影响人体能量消耗的主要因素，在人体的整个能量消耗中，肌肉活动占较大比例。这是人体能量消耗变化最大，也是人体控制能量消耗、保持能量平衡、维持健康最重要的部分。

（3）食物热效应。食物热效应是指因摄食而引起的能量额外消耗，也称为食物特殊动力作用（Specific Dynamic Action，SDA）。因为人体在摄食过程中，由于对食物中营养素进行消化、吸收、代谢转化等，需要额外消耗能量，同时引起体温升高和散发能量。

（4）生长发育的能量消耗。处于正常发育过程的婴幼儿、儿童及青少年，一日的能量消耗还包括生长发育所需要的能量。成年人也可能有类似状况如孕妇母体组织（子宫、乳房、胎盘）生长发育和体脂储备以及胎儿生长发育；乳母合成乳汁与泌乳等。

除上述能量消耗因素外，情绪和精神状态亦影响能量消耗。脑的重量只占体重的2%，但脑组织的代谢水平却很高，如精神紧张地工作，可使大脑的活动加剧，能量代谢约增

加3%～4%，但与体力活动比较，脑力劳动的消耗仍然相对较少。

大学生在校期间，属于人生的黄金时期。此阶段，人体的基础代谢、生长发育、食物热消耗以及肌肉的活动均处于巅峰阶段。在进行体育锻炼的过程中，能量消耗巨大，能量的来源与食物的摄取类型与方式，决定了体育锻炼的效果。因此，关注能量平衡是大学生在参与体育锻炼中的一个重要指标。

### 三、 合理膳食

合理营养是健康的基础，达到合理营养的唯一途径是平衡膳食，通过科学饮食、平衡膳食，可获得人体生理所需的能量和营养素。平衡膳食是指能量及各种营养素能够满足机体每日需要的膳食，且膳食中各种营养素之间的比例合适，有利于人体的吸收利用。

#### （一）膳食结构模式

不同的种族、区域，人群的膳食结构各有所不同。膳食结构是指膳食中各类食物的数量所占膳食的比重，以及各类食物所能提供能量及各种营养素的数量和比例。膳食结构的形成与社会经济文化、宗教信仰、营养知识水平等因素有关。通过膳食结构的分析与评价，可了解人们的膳食质量、饮食习惯、生活水平、环境资源等多方面情况，以及膳食结构与人体健康间的关系。

根据动物和植物性食物在膳食构成中的比例划分，总体上可将世界各国的膳食结构模式归纳为四种类型：东方膳食模式、西方膳食模式、日本膳食模式和地中海膳食模式。

（1）东方膳食模式。该膳食模式主要以植物性食物为主，动物性食物偏少。这类膳食模式容易造成蛋白质、能量营养不良，体质较弱，健康状况不良，劳动能力降低，但有利于血脂异常和冠心病等慢性病的预防。

（2）西方膳食模式。该膳食模式以动物性食物为主，此膳食模式容易造成肥胖、高血压、冠心病、糖尿病等营养过剩性慢性病。

（3）日本膳食模式。以日本为代表的动、植物食物较为平衡的膳食模式，其特点是动物性食物与植物性食物比例比较适当，该膳食模式既保留了东方膳食的特点，又吸取

了西方膳食的长处，食物清淡，蛋白质、脂肪和碳水化合物的供能较合适，膳食结构相对合理，有利于预防营养缺乏病和营养过剩性疾病。

（4）地中海膳食模式。为意大利和希腊等地中海地区居民所特有的膳食模式，其特点以植物性食物为主，每月食用红肉（猪、牛和羊肉及其产品）的频率低，地中海地区居民心脑血管疾病发病率很低与他们的膳食结构密切相关。

### （二）我国居民的膳食结构

人体对能量和营养素的需要量，因不同的人群、性别、年龄和劳动强度而有所不同。研究结果表明，膳食构成与某些慢性病的发生具有密切的关系。为了更好地指导人们合理营养，1988 年中国营养学会制订了我国膳食营养素供给量（Recommended Dietary Allowance，RDA）标准。随着中国居民膳食模式和生活方式的改变，中国营养学会在通过大量调查研究的基础上，对 RDA 进行了修订，并于 2000 年颁布了中国居民膳食营养素参考摄入量（Dietary Reference Intakes，DRI）标准。DRI 主要包括四个营养水平指标，即平均需要量（Estimated Average Requirement，EAR）、参考摄入量（Recommended Nutrient Intake，RNI）、适宜摄入量（Adequate Intake，AI）和可耐受最高摄入量（Tolerable Upper Intake Level，UL）。2014 年又重新进行了修订，并颁布了《中国居民膳食营养素参考摄入量标准 2015—2020》（见表 7 - 3）。

（1）平均需要量（EAR）。EAR 是指某一特定性别、年龄及生理状况的群体对某营养素需要量的平均值。当营养素摄入量达到 EAR 的水平时，即可满足人群中 50% 个体的营养需要，但不能满足另外半数个体的需要。通过分析摄入量低于 EAR 个体的百分比，可用于评估群体中摄入不足的发生率。针对个体可以检查其摄入不足的可能性，如某个体的摄入量低于 EAR 两个标准差（Standard Deviation，SD），可断定未能达到该个体的需要量。

表7-3 18~49岁中国居民膳食营养素参考摄入量标准

| 能量或营养素 | RNI 男 | RNI 女 | AMDR | 营养素 | RNI 男 | RNI 女 | PI | UL | 营养素 | RNI 男 | RNI 女 | PI | UL |
|---|---|---|---|---|---|---|---|---|---|---|---|---|---|
| 能量(MJ/d) | | | | 钙(mg/d) | 800 | | — | 2000 | 维生素 A (μgRAE/d) | 800 | 700 | — | 3000 |
| PAL(I) | 9.41 | 7.53 | | 磷(mg/d) | 720 | | — | 3500 | 维生素 D (μg/d) | 10 | | — | 50 |
| PAL(II) | 10.88 | 8.79 | | 钾(mg/d) | 2000 | | 3600 | — | 维生素 E (mgα-TE/d) | 14 | | — | 700 |
| PAL(III) | 12.55 | 10.04 | | 钠(mg/d) | 1500 | | 2000 | — | 维生素 K (μg/d) | 80 | | — | |
| 蛋白质(g/d) | 65 | 55 | | 镁(mg/d) | 330 | | — | — | 维生素 B$_1$ (mg/d) | 1.4 | 1.2 | — | |
| 总碳水化合物(%E) | | | 50~65 | 氯(mg/d) | 2300 | | — | — | 维生素 B$_2$ (mg/d) | 1.4 | 1.2 | — | |
| —添加糖(%E) | | | <10 | 铁(mg/d) | 12 | 20 | — | 42 | 维生素 B$_6$ (mg/d) | 1.4 | | — | 60 |
| 总脂肪(%E) | | | 20~30 | 碘(μg/d) | 120 | | — | 600 | 维生素 B$_{12}$ (μg/d) | 2.4 | | — | |
| —饱和脂肪酸(%E) | | | <10 | 锌(mg/d) | 12.5 | 7.5 | — | 40 | 泛酸(mg/d) | 5.0 | | — | |

续表

| 能量或营养素 | RNI 男 | RNI 女 | AMDR | 营养素 | RNI 男 | RNI 女 | PI | UL | 营养素 | RNI 男 | RNI 女 | PI | UL |
|---|---|---|---|---|---|---|---|---|---|---|---|---|---|
| —n-6多不饱和脂肪酸（%E） | | — | 2.5~9.0 | 硒（μg/d） | 60 | 60 | — | 400 | 叶酸（μgDFE/d） | 400 | 400 | — | 1000 |
| —亚油酸（%E） | 4.0 | 4.0 | — | 铜（mg/d） | 0.8 | 0.8 | — | 8 | 烟酸（mgNE/d） | 15 | 12 | — | 35/310 |
| —n-3多不饱和脂肪酸（%E） | | — | 0.5~2.0 | 氟（mg/d） | 1.5 | 1.5 | — | 3.5 | 胆碱（mg/d） | 500 | 400 | — | 3000 |
| —α-亚麻酸（%E） | 0.60(AI) | 0.60(AI) | | 铬（μg/d） | 30 | 30 | — | — | 生物素（μg/d） | 40 | 40 | — | |
| —DHA+EPA（g/d） | — | — | 0.25~2.0 | 锰（mg/d） | 4.5 | 4.5 | — | 11 | 维生素C（mg/d） | 100 | 100 | 200 | 2000 |
| | | | | 钼（μg/d） | 100 | 100 | — | 900 | | | | | |

（2）推荐摄入量（RNI）。RNI是指可满足某一特定性别、年龄及生理状况群体中绝大多数个体97%~98%的需要量水平，可作为个体每日摄入该营养素的目标值。长期摄入量达到RNI水平，可满足机体对该营养素的需要，保持健康和维持组织中有适当的营养素储备。制订RNI是以EAR为基础，如果已知EAR的标准差，RNI则为EAR加两个标准差，即RNI = EAR + 2SD，如果资料不充分，不能计算标准差时，一般设EAR的变异系数为10%，RNI = 1.2 × EAR。

（3）适宜摄入量（AI）。AI是通过观察或实验获得的健康人群某种营养素的摄入量。当个体需要量的研究资料不足，不能计算EAR而求得RNI时，可设定AI来代替RNI。AI和RNI的相似之处是两者都能满足目标人群中几乎所有个体的需要，但AI的准确性远不如RNI，可能高于RNI。

（4）可耐受最高摄入量（UL）。UL是指平均每日可摄入某营养素的最高量，UL是几乎对所有个体健康不产生危害的上限剂量。UL一般包括膳食、强化食品和添加剂等各种来源的营养素之和，当个体摄入量超过UL时，即增加发生毒副作用的危险性。但应注意不能以UL来评估人群发生毒副作用的危险性。

我国传统的膳食结构以植物性食物为主，谷类、薯类和蔬菜摄入量较高，肉类摄入量较低，奶类食物消费较少。其特点为高碳水化合物、高膳食纤维、低脂肪，属东方膳食模式，有利于预防血脂异常和冠心病等慢性病，但容易出现营养不良。

## （三）大学生不良膳食行为

目前大学生存在学业压力大，部分学生失眠，又长期缺乏科学的身体锻炼。在膳食方面，对科学饮食重视程度不够，身体不能得到全面的营养。许多同学存在挑食、偏食、厌食或对某些食物不良饮食习惯现象。同时对合理膳食缺乏认知等。研究表明，大学生在校期间，存在以下膳食行为，形成了特有的一些膳食结构特点，导致了一些健康问题或健康隐患，如肥胖、心肺功能退化，慢性病的产生，以及免疫系统的功能退化等。

（1）不吃早餐或者早餐质量偏低。很多大学生在校期间不重视早餐，或者早餐质量低下。造成了身体营养无法得到满足，营养素需求下移至中餐或者晚餐，导致身体在代谢功能处于下降期时，吸纳过多的营养物质，造成能量过剩，这也是形成肥胖的原因之

一。有研究表明，不吃早餐或者早餐质量不高，其在数字运算、创造性想象力以及身体发育等方面均会受到影响。

（2）偏爱零食。目前在大学生中，喜欢吃零食的现象普遍存在，尤其是女大学生更加偏爱零食。一些营养价值很高的零食，在某种程度上可以转移注意力，舒缓压力，起到增进健康的效应。但是，以零食代替主食，或者嗜好某一类零食，抑或经常吃一些经过深加工的零食，极易造成摄入糖分、盐分过高，色素等添加剂过多等问题，造成肝功能负担过重，产生一些疾病的隐患。同时，可能造成营养素匮乏，人体的内平衡被打破，免疫力下降。

（3）偏爱洋快餐。洋快餐，被誉为"能量炸弹"，其特点是肉多、菜少、高能量、高脂肪、低膳食纤维、低维生素、低矿物质。例如薯条，其原材料马铃薯，具有较高的营养价值，但经过油炸后，吸收了大量的油脂，能量在增加的同时，维生素也被破坏。因此，洋快餐满足了人口感变化的需求，却将大量的能量储存在食物中，给人体带来了巨大的代谢压力。

（4）白开水摄入量偏少。目前，很多大学生没有主动饮用白开水的习惯，只有在感觉到饥渴的时候，才会暴饮或者用饮料替代白开水解决，每日的白开水摄入量严重不足。目前，市面上出现越来越多的瓶装水和饮料，许多饮料富含糖分，一些果汁中添加各类添加剂，其质量无法保证。人体每日需要一定量的水分，如果水分缺乏，血液流动变缓，脏器功能负荷加大，长此以往，身体会出现一些脏器损伤或病变。白开水是人体最好的补充剂，其中富含矿物质和微量元素，不是各类饮料、果汁等可以替代的。

（5）蔬菜、水果摄入量不足。据研究表明，目前在校大学生摄入主食量偏多，水果、蔬菜等摄入量不足。蔬菜和水果能够为人体提供每日以及长期健康所必需的多种维生素和钙、磷、铁等矿物质，并保证人体膳食纤维的需求。各种营养素的充足供给，使得人体酸碱度平衡得以保持，机体内平衡得到维护，杜绝了慢性病的产生。

（6）偏爱校外就餐。目前，很多大学生喜欢校外就餐。校外就餐的优势是价格适中，口感较之校内食堂要好，并且校外就餐不受时间、地点的限制。但就安全性来讲，校外餐馆的饮食卫生、消毒措施、食材把关等方面都无法保证，极易出现食品安全问题，造成胃肠疾病等。

（7）饮食不规律。目前，大学生中有相当一部分学生，一日三餐进餐时间和进餐间

隔无规律，随意性很大。饮食不规律，是造成消化系统功能紊乱的主要原因，长期的饮食不规律，会造成一些疾病的产生，如胃肠病，脾肾病等。

### 四、膳食指南

近 20 多年来，我国居民的营养状况虽然有了明显的改善，但由于人们膳食结构和生活方式的改变，造成某些慢性病的发病率增高，而在一些贫困地区，仍然存在营养不良的问题，目前我国正面临着营养不良和营养过剩的双重挑战。

#### （一）我国居民膳食指南要点

（1）食物多样，谷类为主，粗细搭配。各种食物所含的营养成分不完全相同，每种食物都至少可提供一种营养物质，但不能提供人体所需的全部营养素，平衡膳食必须由多种食物组成，才能满足人体各种营养需求，所以提倡食物多样化。谷类食物是中国传统膳食的主食，也是人体能量的主要来源。粗细搭配是指多吃一些粗粮，如小米、高粱、玉米、荞麦、燕麦等。稻米、小麦不要研磨得太精，以免表层所含的维生素、矿物质等营养素和膳食纤维大部分流失。坚持谷类为主，粗细搭配，可避免高能量、高脂肪和低碳水化合物膳食的弊端。对营养过剩引起的心脑血管疾病、糖尿病等慢性疾病具有预防作用。

（2）多吃蔬菜水果和薯类。蔬菜和水果的能量低，主要提供维生素、矿物质、膳食纤维和植物化学物。深色蔬菜（深绿色、红色、橘红色、紫红色）富含β-胡萝卜素，是我国居民维生素 A 的主要来源。水果中还含果酸、柠檬酸、苹果酸等有机酸，能刺激人体消化液分泌，增进食欲，有利于消化。丰富的膳食纤维，有利于促进肠道蠕动，降低血糖和胆固醇等作用。多吃蔬菜、水果和薯类，可预防便秘、血脂异常、糖尿病、动脉粥样硬化等疾病。

（3）每日吃奶类、大豆或其制品。奶类营养成分齐全，容易消化吸收，属优质蛋白质。奶类的碳水化合物主要为乳糖，能促进钙、铁、锌等矿物质的吸收。牛奶中钙含量丰富，是钙的良好来源。儿童青少年每日饮奶有利于生长发育，中老年人饮奶可以减少骨质流失，预防骨质疏松症。大豆是植物类优质蛋白质的重要来源，大豆营养丰富，富

含必需脂肪酸、B族维生素、维生素E、磷脂和膳食纤维等营养素，还含有异黄酮等多种植物化学成分，要求每日摄取大豆或其制品。

（4）常吃适量的鱼、禽、蛋和瘦肉。鱼、禽、蛋和瘦肉均属于动物性食物，也是优质蛋白、脂类、脂溶性维生素、B族维生素和矿物质的良好来源。但动物性食物一般含有较多的饱和脂肪和胆固醇，摄入过多可能增加患心血管病的危险性。鱼类脂肪含量相对较低，且含有较多的不饱和脂肪酸，对血脂异常和心脑血管病等有预防作用。蛋类富含优质蛋白质，各种营养成分比较齐全，是理想的优质蛋白质来源。畜肉类一般含脂肪较多，能量高，但瘦肉脂肪含量较低，铁含量高且吸收利用好。肥肉和荤油为高能量和高脂肪食物，摄入过多会引起肥胖，血脂水平升高，增加动脉粥样硬化等慢性病发生的风险，所以应当少吃肥肉和荤油。

（5）减少烹调油用量，吃清淡少盐膳食。烹调油是提供脂肪的重要来源。脂类是构成大脑、神经系统的主要成分。脂溶性维生素A、维生素D、维生素E、维生素K的吸收利用也离不开脂肪。同时也是必需脂肪酸亚油酸和亚麻酸的主要来源。经烹调油烹制的食物不仅可改善口味，还能促进食欲和增加饱腹感，但摄入过多的烹调油和动物脂肪，是发生肥胖、高脂血症的主要原因。过多摄入食盐，可增加高血压的风险。因此，建议居民应吃清淡少盐的膳食。

（6）食不过量，天天运动，保持健康体重。随着人们经济条件的改善和生活方式的改变，身体活动逐渐减少，进食量相对增加，较难控制健康的体重。我国超重和肥胖的发生率正在逐年增加，也是导致慢性病发病率增高的主要原因，所以保持健康体重，首先要合理控制饮食。运动不仅有助于保持健康体重，还能够降低冠心病、糖尿病、骨质疏松等慢性疾病及某些癌症的风险。同时，运动有助于调节心理平衡，有效消除压力，缓解抑郁和焦虑症状，改善睡眠。要养成天天运动的习惯，坚持每日多做一些消耗能量的活动。

（7）三餐分配要合理，零食要适当。合理安排一日三餐的时间和食量。早餐提供的能量应占全日总能量的25%~30%，午餐应占30%~40%，晚餐应占30%~40%，可根据劳动强度进行适当调整。坚持每日吃早餐并保证其营养充足，午餐要吃好，晚餐要适量。零食可作为一日三餐之外的营养补充，但要注意适量和合理选择零食。

（8）每日足量饮水，合理选择饮料。水是一切生命必需的物质，它参与体内物质代谢、调节体温及润滑组织等。当失水达到体重的 2% 时，会感到口渴，出现尿少；失水 10% 时出现烦躁、全身无力、血压下降、皮肤失去弹性；失水超过体重的 20% 时会引起死亡。健康成人每日约需水 2500 毫升，每日饮水至少 1200 毫升，高温或强体力劳动者，应适当增加。饮料品种繁多，合理选择饮料对健康很重要。饮料的主要功能是补充人体所需的水分，但是很多饮料产品含糖量高，过多饮用将增加能量的摄入，造成体内能量过剩，应该合理选择饮料。

（9）饮酒应限量。酒含有能量，特别是高度白酒能量较高。无节制的饮酒会使食物摄入量减少，并发生急、慢性乙醇中毒、酒精性脂肪肝，严重时造成酒精性肝硬化。过量饮酒还增加患高血压、脑卒中等疾病的危险性，也是导致发生意外事故和暴力的主要原因，应该严禁酗酒。若饮酒应饮用低度酒，并适当地限量，建议成年男性一日饮用酒的乙醇量不超过 25 克，成年女性一天饮用酒的乙醇量不超过 15 克。孕妇和儿童青少年应忌酒。

（10）吃新鲜、卫生的食物。食物放置时间过长就会变质，可能产生对人体有毒有害的物质。吃新鲜、卫生的食物是防止食源性疾病，确保食品安全的根本措施。为保持食物新鲜，应合理储藏，冷藏温度 4℃~8℃ 适于短期储藏，当温度低达 −12℃ ~ −23℃，适于较长时间储藏。

### （二）我国居民平衡膳食宝塔

中国居民平衡膳食宝塔共分 5 层，包含每日应吃的主要食物种类，一定程度上反映出各类食物在膳食中的地位和应占的比重。谷类食物位居底层，建议每人每日吃 250~400 克；蔬菜和水果居第 2 层，每日分别为 300 ~ 500 克和 200 ~ 400 克；鱼、禽、肉、蛋等动物性食物位于第 3 层，每日吃 125 ~ 225 克；奶类和豆类食物合居第 4 层，每日应吃相当于鲜奶 300 克的奶类及奶制品和相当于干豆 30 ~ 50 克的大豆及制品；第 5 层塔顶是烹调油和食盐，每日烹调油不超过 25 克或 30 克，食盐不超过 6 克。（见图 7－2）

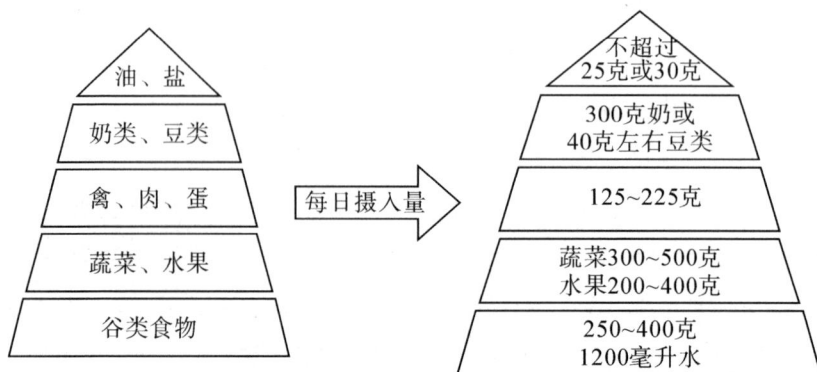

图7－2 中国居民平衡膳食宝塔

### （三）食谱编制方法

制订食谱是有计划地调配膳食，保证膳食多样化和合理膳食制度的重要手段。编制食谱的目的是为了保证机体对能量和各种营养素的需要，并将食物原料配制成可口的饭菜，适当地分配在一日的各个餐次中去。

（1）按用膳者的年龄、性别、运动项目及运动强度、身体状况和其他有关因素，定出每人每日所需的总能量及三大营养素的合适比例。三大营养素的计算方法为：

$$某营养素每日所需量（g）= \frac{人体每日所需总能量（kcal）×某营养素人体所需含量}{每克食物中所含某营养素的能量数（cal/g）}$$

如某一普通饮食的人每日所需总能量为9204.8 kJ（2200 kcal），假定蛋白质占12%，脂肪占20%～30%，碳水化合物占58%～68%。则每日所需的蛋白质为2200×（12／100）÷4＝66（g）；脂肪重量为2200×（20或30／100）÷9 ＝ 49～73（g）；碳水化合物重量为2200×（58或68／100）÷4 ＝ 319～374（g）。

注：kcal、kJ、MJ均为热量单位，kcal 千卡；kJ 千焦；MJ 兆焦；1kcal ＝ 4.186kJ；1MJ ＝ 1000kJ

（2）计算主食的重量。主食的计算公式为：

$$每日主食所需量（g）=每日所需主食总量×每克能量数×\frac{每100克粮食}{所产生的能量}$$

一般主食即粮食每100克约产能量350千卡（1464兆焦），故主食重量的换算方式为：319×4×100／350 ＝ 365（g）或374×4×100／350 ＝ 427（g）。

（3）计算每日副食数量。参考我国居民膳食指南及平衡膳食宝塔以及用膳者的情况，初步决定每人每日可以供应的肉、鱼、禽、蛋、豆类及其制品的数量，并计算其中蛋白质、脂肪、碳水化合物含量，然后加以调整。如条件许可，动物性食物和豆类所提供的蛋白质应达一日蛋白总量的 1 /3，其余由粮食供给。每人每日进食蔬菜量中绿叶菜类占 50％。由于各种蔬菜各有其不同的营养特点，故以少量多品种的方式进行配制。

（4）主食和菜肴的配制。要求既要符合营养原则，又要有良好的感官形状和符合多样化的原则。主食要粗细搭配、粮豆混合，有米有面；副食要有菜有汤，荤素兼备。全日各餐食物的配比，一般情况下最好午餐最多，早餐和晚餐较少。通常早餐应占全日热能的 25％~30％，午餐占 40％，晚餐占 30％~35％。按时按质足量供应。在一日食谱的基础上进一步制订一周或一旬的食谱时，应使每日的菜肴有变化，尽量不重复。食物数量不必按每日食谱计算，只要先确定一个食品消费的基本数字进行调配。主要方法是以粮换粮，以豆抵豆，以蔬菜顶蔬菜，同时经常改变烹调方法。

### （四）大学生平衡膳食指南

大学生是一个特殊的群体，在校学习期间刚刚进入成人阶段，没有完全达到独立自主能力，对于学习、生活、工作、社交等方面的适应性及自我调控都有待提高。研究表明，大学生是一个经济尚未独立、学习负担又很重的群体，要进行大量的脑力劳动和体力劳动，能量消耗大，他们的膳食营养能否满足其健康成长，直接影响着他们今后的学习、工作与生活。因此在大学期间的营养均衡对该人群的身体健康有非常重要的意义。

1. 注意事项

（1）大学生要在思想上引起重视，加强营养与健康方面的知识。中国营养学会提出平衡膳食、合理营养，对照自身状况，拓展营养与健康知识，有效提升自我健康水平。

（2）大学生在进行体育锻炼时，要理清科学膳食与身体素质的关系。科学的膳食结构对体育锻炼起到事半功倍的效果。科学膳食是指膳食中所含的营养素种类齐全、数量充足、比例恰当，膳食中所供给的营养与有机体的需要能保持平衡。大学生科学膳食是对膳食结构的合理调整，即平衡膳食。只有平衡的膳食才能保证大学生的身体健康，才能提高大学生的身体素质。

（3）大学生应注重良好习惯的养成。培养良好的饮食、营养及运动习惯。不暴饮暴

食，不盲目节食，不挑食、不偏食、不醉酒，重视早餐，适当补充钙，并能制订长期有效并能持之以恒的运动锻炼计划。

（4）从学校层面保障学生的膳食多样化。学校餐饮队伍知识化、专业化、市场化已是教育的不时之需。教育部门在深入落实观念时，要进一步提高餐饮人员的业务素质，大学生年龄、性别、学习阶段以及季节、市场等存在差异性，科学合理调整饮食结构，全面、深层次地解决大学生膳食结构。

2. 基本要求

当代大学生应学习掌握有关营养卫生知识，养成良好的生活方式，保持健康行为。注重平衡膳食，运用营养知识改善膳食习惯，保证膳食质量。

（1）食物多样，谷类为主，粗细搭配。保证和坚持每天摄入一定量的粮食，多样搭配，保证健康。

（2）多吃蔬菜水果。多种蔬菜与水果要摄取足量，蔬菜和水果的功效不同，不能完全替代。

（3）常吃适量鱼、禽、蛋和瘦肉。在总量控制的情况下，适当多食鱼虾、禽蛋类，减少猪肉的摄取量，利于身体营养素的平衡。

（4）减少多油食物，宜食清淡少盐食物。减少食物中的烹调油含量，尽量清淡少盐食物，减轻人体代谢负担。

（5）合理并有规律地安排一日三餐。要处理好进餐与学习，进餐与体育锻炼之间的关系，使自己的生活、学习要有规律，保证身体健康。

## 第 二 节
## 体育锻炼与营养补充

事实表明，参与有规律的锻炼可提高机体免疫水平，降低高血压、心血管病、肥胖等疾病的患病危险，而营养素的吸收、利用与机体健康、运动能力、体力适应与恢复、运动性疾病有着密切的关系，只有给机体足够的营养物质，身体才能正常工作，以抵抗外来的细菌或其他致病微生物的侵袭。如果将两者合理结合起来，对健康是非常有益的。如果只注重运动而不补充合理的营养，则会影响机体的恢复和生长发育，甚至导致运动损伤，危害健康；如果只注重营养而不进行体育运动，摄入的营养不能很好地代谢转化，会存在因营养过剩而导致肥胖或各种疾病发生的潜在危险。因此，运动和营养都是维持健康和促进健康不可缺少的因素。

### 一、 运动能力与营养

运动能力是人们在体育运动中所表现出的一种能力，是在身体素质的基础上，通过后天的学习、生活和社会实践中形成和发展起来的。人体运动能力是多因素的综合，锻炼是提高运动能力的首要因素，运动能力提高的本质是在科学锻炼的基础上心理、生物学、健康与机能状态等各种因素在新的水平达到平衡，表现为身体适应，从而再训练再提高适应，即运动能力不仅取决于科学的锻炼，优秀的身体素质和心理素质，而且取决于良好的健康状态和合理的营养，营养物质补充不足或补充不当会损害健康水平和运动能力。与运动能力下降有关的营养因素如下。

（一）能源物质消耗

运动中最直接的和最迅速的能源物质是三磷酸腺苷（ATP），它能够实现化学能向机械能的转化，人体内 ATP 储存量极少，维持时间仅几秒。运动中需要体内三个能量代谢系统不断合成来补充，即磷酸原供能系统（ATP‑CP）、糖酵解供能系统和有氧氧化供能系统。短时间高强度无氧运动的能量来自体内储存的 ATP‑PC（三磷酸腺苷‑磷酸肌酸）和可经糖酵解供能的碳水化合物。能量物质的含量出现明显的下降，肌肉的工作能力下降，进而导致运动性疲劳的发生。在长时间运动过程中，主要依靠糖的有氧氧化供能，可使血糖浓度下降。脑细胞对血糖浓度变化非常敏感，血糖含量下降，直接影响脑细胞的能量供应。血糖下降，机体会动用肝糖原、肌糖原来维持血糖浓度，长时间运动可使体内糖原大量消耗，能源物质不足，引起运动能力的下降。

（二）代谢产物增加

运动过程中代谢产物在体内大量堆积而不能及时清除，将影响体内的正常代谢，造成运动能力下降，主要的代谢产物包括以下两项：

1. 乳酸

乳酸是体内糖原（或葡萄糖）在缺氧条件下氧化分解的代谢产物。安静状态下，肌肉内的乳酸较少，有氧运动也很少产生乳酸；只有在缺氧条件下，糖原进行无氧分解时，才会有大量的乳酸生成，而且随着运动强度的增加而增多。运动时血乳酸含量升高，降低血 pH 值，脑细胞对血压酸碱度的变化非常敏感，血压 pH 值下降，可造成脑细胞工作能力下降。运动时体内氨含量升高可促发糖酵解过程，使乳酸含量增加，$H^+$ 浓度升高，pH 值下降。由于氨、乳酸之间的密切关系，两者共同作用，使整个身体机能下降。

2. 氨

氨的主要 pH 值来源于一磷酸腺苷（AMP）。AMP 经脱氨酶催化可产生次黄嘌呤核苷酸（IMP）和氨，这一反应过程在生理条件下不可逆，骨骼肌中的各种氨基酸经脱氨作用也可产生少量的氨。在安静状态下，体内生成氨的量很少，运动过程中，ATP 大量水解，当 ATP 水解速度大于二磷酸腺苷（ADP）再合成 ATP 的速度时，肌肉组织中 ADP、AMP 浓度的增加可强烈地激活 AMP 的分解代谢途径，AMP 脱氨，使血中的氨含量升高。血氨增加是中枢产生疲劳的因素之一。较严重的高血氨症明显影响中枢神经系统，使运动的控制能力下降，思维连贯性差，最后失去意识。

（三）脱水

人体的肌肉收缩时，肌肉内能源物质糖、脂肪、蛋白质燃烧时所提供的是化学能，机体要将这些化学能转化为机械能，转化率为 25%，意味着其余的 75% 转化为热能积蓄在体内，使体温升高。肌肉中的热能由血液带到体表，再通过汗液蒸发的方式将热散去，所以，运动时出汗是体温调控的重要方式。运动前没有充分饮水，运动中再不注意补水，机体就可能脱水，脱水程度也会随运动时间的延长而加重。尤其是长时间在热环境中运动，会使人体丢失大量水分，大量出汗导致体液（细胞内液和细胞外液）和电解质的丢失，使体内正常的水平衡和电解质平衡被破坏，脱水的症状也随之而来。

脱水后，机体的循环血量减少，每次搏出的血量减少，心脏必须通过增加心率维持心输出量，满足机体代谢的需要，因此心脏的负担加重。机体循环血量减少，使皮肤血流供应减少，通过蒸发散热减少，肌肉收缩时产生的热量散不出去在体内蓄积，热存储量提高，机体就会发生热损伤。同时，肌肉内所需要的氧气和营养物质供应不足；机体代谢废物排出受阻。在长时间大量出汗时，电解质也会随汗液丢失，导致机体内环境的失调。脱水造成的这些危害最终导致运动中疲劳的过早出现，运动能力的下降和运动后疲劳难以消除，更加剧了对运动能力的影响。

（四）离子代谢紊乱

体育活动，体内的电解质随着汗液排出而丢失，导致体内电解质浓度下降，影响了其正常生理功能，从而降低运动能力。运动时离子代谢紊乱可导致运动性骨骼肌疲劳，与运动性疲劳有关的离子有钙、钾和镁。

1. 钙（$Ca^{2+}$）

体内钙主要存在细胞外，细胞内 $Ca^{2+}$ 含量甚微，细胞内 $Ca^{2+}$ 代谢异常会引起细胞结构破坏、功能异常。$Ca^{2+}$ 浓度升高是激发骨骼肌收缩的重要条件，$Ca^{2+}$ 浓度过多增加或持续性升高，将会造成细胞代谢紊乱，过度增加的 $Ca^{2+}$ 可以通过激活磷脂酶、中性蛋白水解酶及溶酶体酶等多种途径造成骨骼肌结构、功能破坏，从而导致运动性疲劳。线粒体又是细胞重要的 $Ca^{2+}$ 储存库，大量钙聚集于线粒体，又会抑制线粒体的氧化磷酸化过程 ATP 生成减少，造成运动能力下降。

2. 钾（$K^+$）

钾是细胞内重要的阳离子，参与形成静息电位、维持细胞内外离子平衡。在运动过

程中，钾离子对调节骨骼肌糖代谢具有重要意义。由于糖原是肌肉活动的重要能量物质，钾含量下降可造成体内葡萄糖利用减少，抑制胰岛素分泌，减少骨骼肌糖原储备等作用，所以钾离子代谢紊乱可导致运动能力下降。

### 3. 镁（$Mg^{2+}$）

镁主要存在于细胞内。细胞内 $Mg^{2+}$ 是许多关键酶的辅助因子，在糖、脂肪、蛋白质代谢中发挥至关重要的作用。$Mg^{2+}$ 可以激活磷酸酶，在能量的生成、转移、储存和利用中起着必不可少的作用。细胞内 $Mg^{2+}$ 离子还参与细胞 $Ca^{2+}$ 浓度的调节，抑制线粒体钙摄取，防止过多 $Ca^{2+}$ 进入线粒体抑制氧化磷酸化过程。运动过程中细胞内镁含量下降，一方面由于降低许多关键酶活性导致细胞代谢障碍；另一方面酶含量的变化又可引起 $Ca^{2+}$ 代谢紊乱，两者共同作用，降低运动能力。

### （五）维生素不足

维生素是机体维持健康、生长繁殖和预防疾病所必需的微量有机化合物。维生素的一个显著特征是人体自身不能合成。大多数维生素均参与肌肉收缩和能量消耗有关的代谢过程。由于运动使胃肠道对维生素吸收功能下降，排出量增加、体内维生素的周转率加速以及能量代谢增加等原因导致维生素的需要量比日常增大，如果饮食中维生素补充不足就会导致体内维生素缺乏，会导致人体代谢紊乱，酶活力降低，氧化过程延迟，运动效率降低，活动能力减弱，抵抗力下降。尤其是长时间大强度运动，体内自由基大量地生成，如果维生素缺乏，导致生物膜（细胞膜、线粒体膜）的结构异常及功能障碍。如红细胞膜，会使其脆性增加，变形，降低其携氧能力；骨骼肌细胞膜，导致细胞膜结构变异，细胞内物质漏出，影响膜的内外物质转运，降低骨骼肌工作能力。

## 二、　运动与水

### （一）水的代谢

#### 1. 水在体内的分布

水是人体中含量最多的成分。总体水（体液总量）可因年龄、性别和体型的胖瘦而存在明显的个体差异。新生儿总体水最多，约占体重的80%；幼儿次之，约占体重的70%；随着年龄的增长，总体水逐渐减少，10～16岁以后，减至成人水平；成年男子总

体水约为体重的60%，女子为50%~55%；40岁以后随肌肉组织含量的减少，总体水也逐渐减少，一般60岁以上男性为体重的51.5%，女性为45.5%。总体水还随机体脂肪含量的增多而减少，因为脂肪组织含水量较少，仅10%~30%，而肌肉组织含水量较多，可达75%~80%。

2. 水的平衡与调节

正常人每日水的来源和排出处于动态平衡。水的来源和排出量每日维持在2500毫升左右。体内水的来源包括饮水和食物中的水及内生水三大部分。通常每人每日饮水约1200毫升，食物中含水约1000毫升，内生水约300毫升。内生水主要来源于蛋白质、脂肪和碳水化合物代谢时产生的水。体内水的排出以肾脏为主，约占60%，其次是肺、皮肤和粪便。一般成人每日尿量介于500~4000毫升，最低量为300~500毫升，低于此量，可引起代谢产生的废物在体内堆积，影响细胞的功能。皮肤以出汗的形式排出体内的水，出汗分为非显性和显性两种，前者为不自觉出汗，很少通过汗腺活动产生；后者是汗腺活动的结果。

体内水的正常平衡受中枢神经核、垂体分泌的抗利尿激素及肾脏调节。中枢神经核是调节体内水来源的重要环节，当血浆渗透压过高时，可引起中枢神经核兴奋，激发饮水行为；抗利尿激素可通过改变肾脏远端小管和集合小管对水的通透性影响水分的重吸收调节水的排出，抗利尿激素的分泌也受血浆渗透压、循环血量和血压等调节；肾脏则是水分排出的主要器官，通过排尿多少和对尿液的稀释和浓缩功能，调节体内水平衡，当机体失水时，肾脏排出浓缩性尿，使水保留在体内，防止循环功能衰竭，体内水过多时，则排尿增加，减少体内水量。

（二）水的生理功能

（1）机体的重要成分。血液中含水量占80%以上，广泛分布在组织细胞内外，构成人体的内环境。

（2）参与物质代谢过程。水是良好的溶剂，能使物质溶解，加速化学反应。从物质的消化、吸收、生物氧化以及排泄，都需要水参与，否则不能正常进行。

（3）调节体温。水的比热高，使血液流经体表部位时，不会因环境温度的差异，导致血液温度发生大的改变，有利于体温保持稳定。此外，水的蒸发散热（排汗），有利于人体在炎热季节或环境温度较高时，通过蒸发来维持体温的正常。

（4）体内物质的运输。水的流动性大，在体内形成体液循环运输物质。

（5）保持腺体的正常分泌，起到润滑的作用。各种腺体分泌是液体，若缺乏水，其分泌受影响。水作为关节、肌肉和脏器的润滑剂，维护其正常功能，如泪液防止眼球干燥，关节液可减少运动时关节之间的摩擦。

### （三）运动性脱水

运动性脱水是指人们由于运动而引起的体内水分和电解质丢失过多。通常由于在高温高湿环境下进行大负荷运动，人体大量出汗而未及时补充所造成。根据脱水的程度可以分为3类：轻度脱水、中度脱水和重度脱水。

当失水量占体重的2%时，为轻度脱水，表现为口渴、尿少、尿比重增高及工作效率降低等；失水量占体重的4%时，为中度脱水，除上述症状外，可见皮肤干燥、口舌干裂、声音嘶哑及全身软弱等表现；如果失水量超过体重的6%，为重度脱水，可见皮肤黏膜干燥、高热、烦躁、精神恍惚等。若达10%以上，可危及生命。

### （四）运动中的合理补水

脱水不仅影响锻炼者的运动能力，还威胁锻炼者的健康，运动中怎样补水才能保证合理的水营养呢？最关键的原则是：积极主动地补水，方式为少量多次，可根据不同项目，在运动前、中、后及时补水。

1. 运动前补水

结合个人身体情况，运动项目和天气等具体情况，在运动前适量补水，运动前2小时最好摄入400～500毫升水，对维持体温恒定，延缓脱水发生有益。运动前15～20分钟补水400～700毫升水，可分多次饮用。因为口渴的发生落后于机体的实际需要情况，不能在感到口渴时再喝水。

2. 运动中补水

运动中补水的目的在于防止过度脱水及过热引起的运动能力下降。运动中每15～30分钟补充100～300毫升运动饮料或水。运动中最好采用含糖和无机盐的运动饮料来补充水分和电解质。因为在热环境下，运动饮料可以迅速地被组织吸收。在剧烈运动中，水分的最大吸收量是每小时800毫升。

3. 运动后补水

因为锻炼者在运动中补水量往往小于丢失量，所以运动后应及时补水，以保持体内的水分平衡。水分补充量应与汗液丢失量大体一致。补水不应过度集中，若短时间内大量暴饮，虽然可解一时的口渴感，但尿量和汗量的增加，会加重体内电解质的进一步丢失。所以合理补水应以少量多次为原则。

### 三、 运动与维生素

大多数维生素均参与肌肉收缩和能量消耗有关的代谢过程（表7-4）。维生素在运动中的作用请参见本章第一节内容，这里仅对各类维生素对相关的机体功能的影响进行简述。

表7-4 维生素对与运动能力相关的机体功能的重要影响

| 维生素 | 能量代谢的辅助因子和激活因子 | 神经功能 肌肉收缩 | 血红素合成 | 免疫功能 | 抗氧化功能 | 骨代谢 |
|---|---|---|---|---|---|---|
| 水溶性维生素 | | | | | | |
| 维生素 $B_1$ | √ | √ | | | | |
| 维生素 $B_2$ | √ | √ | | | √ | |
| 维生素 $B_6$ | √ | √ | √ | √ | | |
| 叶酸 | √ | √ | | | | |
| 维生素 $B_{12}$ | √ | √ | | | | |
| 烟酸 | √ | √ | | | | |
| 泛酸 | √ | | | | | |
| 生物素 | √ | | | | | |
| 维生素 C | | | √ | √ | | |
| 维生素 A（β胡萝卜素） | | | | √ | | |
| 脂溶性维生素 | | | | | | |
| 维生素 A | | | | √ | √ | |
| 维生素 D | | | | | | √ |
| 维生素 E | | | | √ | √ | |

√代表维生素对机体功能具有影响。

（一）脂溶性维生素与运动

（1）维生素 A 与运动。维生素 A 对视觉非常重要，缺少维生素 A 会出现眼睛容易疲劳、暗处视物不清，严重的还可能出现夜盲症；造成皮肤老化和增生，造血机能下降、生长发育迟缓等。维生素 A 会影响细胞分化，促进生长和发育；改善铁吸收并促进储存铁转运，增强造血功能；增加外周淋巴细胞数目并增强其吞噬能力，增强免疫力。

（2）维生素 D 与运动。维生素 D 与运动的关系表现在骨骼的发育，神经肌肉兴奋性以及肌肉收缩能力等多个方面；最主要功能是调节钙和骨的代谢，影响骨骼发育，骨骼的健康状况以及身体的生长发育。

（3）维生素 E 和运动。维生素 E 对人体的作用是多方面的：促进蛋白质的合成；改善肌肉的血液供应和营养，提高肌肉质量；有抗疲劳作用，提高运动能力；提高抗氧化还原反应和维持生殖功能的作用，并使人体组织细胞获得较多的氧气供应，能有效地提高肌肉中氧的利用率，减少氧债，增强耐力，对耐力项目尤为重要；和 β - 胡萝卜素等是自由基清除剂，可保护细胞膜的完整性；作为抗氧化剂还可对酶的活性起到保护作用。

（二）水溶性维生素与运动

（1）维生素 $B_1$ 与运动。缺少维生素 $B_1$ 会在持续性的高强度有氧运动中影响糖的代谢，糖代谢是主要能量来源；还会导致血红蛋白生成量减少。运动负荷越大，维生素 $B_1$ 的消耗量也就随之增加，耐力性运动和神经系统负担较重的运动，特别是有氧运动如游泳，健身操等都需要较多的维生素 $B_1$。我国正常成年男女维生素 $B_1$ 的每日推荐摄入量分别是 1.4 毫克和 1.3 毫克，长期口服维生素 $B_1$ 的安全量可以达到 100 毫克以上。

（2）维生素 $B_2$ 与运动。维生素 $B_2$ 与线粒体中发生的氧化反应关系最大，而且对于有氧性耐力运动也很重要。维生素 $B_2$ 缺乏主要发生在吃素食的锻炼者身上，如果膳食里未含奶类食品或其他动物脂肪的话，那么锻炼者膳食中就有可能缺少维生素 $B_2$。维生素 $B_2$ 存在于蛋、奶、肉、谷物、蔬菜和水果里。我国正常成年男女维生素 $B_2$ 的每日推荐摄入量分别是 1.4 毫克和 1.2 毫克。

（3）维生素 $B_6$ 与运动。维生素 $B_6$ 是 60 多种酶系统的组成成分，主要参与氨基酸和脂肪酸的代谢，并且在蛋白质合成中起着重要作用，对肌肉的生长关系重大；维生素 $B_6$ 与血红蛋白（Hb）、肌红蛋白（Mb）细胞色素的生成有关；还能促进运动时糖异生作用，防止

运动性低血糖的发生；还能提高人体的有氧耐力。我国正常成年男女每日维生素 $B_6$ 的参考摄入量分别是 2.0 毫克和 1.6 毫克，当膳食中超过 100 克时，维生素 $B_6$ 的参考摄入量应为 2.0 毫克/天以上。肉类、鱼类、谷物、花生、大豆等食物中维生素 $B_6$ 含量较多。

（4）维生素 $B_3$ 与运动。维生素 $B_3$ 是两种辅酶 NAD 和 NADP 的组成成分，NAD 的主要功能是在糖酵解及有氧氧化中参与脱氧反应，生成 NADH，其携带的氢经呼吸链氧化释放能量生成 ATP。NADPH 的主要功能是与脂肪酸和胆固醇合成有关。从理论上讲，增加维生素 $B_3$ 摄入量能增强无氧能力并能抑制脂肪酸代谢，从而促进糖的利用。

（5）维生素 C 与运动。维生素 C 可以促进胶原蛋白、肾上腺素以及肾上腺皮质激素合成；在氢离子转移系统中发挥作用，维生素 C 是体内化学反应效力很大的抗氧化剂；能促使机体对铁的吸收；可以减少负氧债量。维生素 C 对运动能力可产生多方面的影响，在运动过程中维生素 C 会被大量消耗，同时流汗也会丢失一部分维生素 C。我国居民维生素 C 的推荐摄入量为 100 毫克/天。

## 四、 运动与矿物质

一些矿物质和微量元素在糖酵解、氧化磷酸化过程及机体酸－碱平衡系统稳态维持过程中发挥重要作用（表7-5）。矿物质在运动中的作用请参见本章第一节内容，这里仅对各类矿物质对相关的机体功能的影响进行简述。

表7-5　矿物质对与运动能力相关的机体功能的重要影响

| 矿物质 | 能量代谢的辅助因子和激活因子 | 神经功能，肌肉收缩 | 血红素合成 | 免疫功能 | 抗氧化功能 | 骨代谢 |
|---|---|---|---|---|---|---|
| 钠 | | √ | | | | |
| 钾 | | √ | | | | |
| 钙 | | √ | | | | √ |
| 镁 | √ | √ | | √ | | √ |
| 微量元素 | | | | | | |
| 铁 | √ | | √ | √ | √ | |
| 锌 | √ | | | √ | √ | |

续表

| 矿物质 | 能量代谢的辅助因子和激活因子 | 神经功能，肌肉收缩 | 血红素合成 | 免疫功能 | 抗氧化功能 | 骨代谢 |
|---|---|---|---|---|---|---|
| 铜 | √ | | | √ | √ | |
| 铬 | √ | | | | | |
| 硒 | | | | √ | √ | |

√代表矿物质对机体功能具有影响。

（一）运动与钠营养

1. 钠的缺乏与过量

（1）钠缺乏的危害：人体内的钠在一般情况下不易缺乏。但禁食、少食，膳食摄入量非常低时；或在高温、重体力劳动、过量出汗、胃肠疾病、反复呕吐、腹泻使钠过量排出丢失时；或某些疾病引起肾不能有效保留钠时；胃肠外营养缺钠或低钠时；利尿剂的使用而抑制肾小管重吸收钠时均可引起钠缺乏。钠的缺乏在早期症状不明显，失钠达0.5克/千克体重以上时，可出现恶心、呕吐、血压下降、痛性肌肉痉挛、尿中无氯化物检出；当失钠达0.75~1.2克/千克体重时，可出现恶心、呕吐、视力模糊、心率加速、脉搏细弱、血压下降、肌肉痉挛、疼痛反射消失、甚至淡漠、木僵、昏迷、外周循环衰竭、休克、终因急性肾功能衰竭而死亡。

（2）钠过量的危害与毒性：钠摄入量过多、尿中 $Na^+/K^+$ 比值增高，是引起高血压的重要因素。

2. 钠与运动的关系

（1）在维持机体酸碱平衡方面起着重要作用。

（2）维持神经肌肉的正常兴奋性。

（3）维持细胞膜的通透性，保证了细胞与外界进行物质交换。

（4）在高气温环境下进行大强度训练时，可随汗液丢失大量氯化钠，机体缺乏钠时肌肉会软弱无力、食欲减退、恶心、呕吐、头痛、腿痛和肌肉痉挛等症状，因此，在高气温环境下进行运动时，必须注意及时补充盐分和水。

（二）运动与钾营养

1. 钾的缺乏与过量

（1）钾缺乏的危害。人体内钾总量减少可引起钾缺乏症，可在神经肌肉、消化、心血管、泌尿、中枢神经等系统发生功能性或病理性改变，主要表现为肌肉无力或瘫痪、心律失常、横纹肌肉裂解症及肾功能障碍等。

（2）钾过量危害与毒性：体内钾过多，可出现毒性反应，称高钾血症。钾过多主要表现在神经肌肉和心血管方面，神经肌肉表现为极度疲乏软弱，四肢无力，下肢沉重，心血管系统可见心率缓慢，心音减弱。

2. 钾与运动的关系

（1）钾可以调节体液的电解质和酸碱平衡，维持神经肌肉的兴奋性，并参与调节过程。

（2）参与体内糖和蛋白质的合成代谢。

（3）在大运动量和高气温环境下练习时，如：锻炼者在29℃～30℃环境下跑步，体内钾的丢失量可高达6克/天，锻炼人群钾的每日需要量应为3～5克。因此，钾的实际需要量还取决于运动强度和环境温度。

（三）运动与铁营养

1. 铁缺乏、缺铁性贫血及铁过量危害

（1）铁缺乏和缺铁性贫血。当体内缺铁时，引起含铁酶减少或铁依赖酶活性降低，使细胞呼吸障碍，从而影响组织器官功能，出现食欲低下，严重者可有渗出性肠病变及吸收不良综合征等。铁缺乏的儿童易烦躁，对周围不感兴趣，成人则冷漠呆板。当血红蛋白继续降低，则出现面色苍白，口唇黏膜和眼结膜苍白，有疲劳乏力、头晕、心悸、指甲脆薄、反甲等。儿童少年身体发育受阻，体力下降注意力与记忆力调节过程障碍，学习能力降低现象。铁缺乏可出现抵抗感染的能力降低，已有研究表明，缺铁可使T淋巴细胞数量减少，造成免疫反应缺陷，淋巴细胞转化不良，中性粒细胞功能异常，杀菌能力减弱等，经铁治疗能恢复正常反应。

（2）铁过量的危害与毒性。肝脏是铁储存的主要部位，铁过量也常累及肝脏，成为铁过多诱导损伤的主要靶器官。肝铁过载导致肝纤维化甚至肝硬化。肝纤维化可能是铁

直接刺激肝细胞和肝内其他细胞合成胶原，或铁降低胶原的降解，引起胶原堆积；肝细胞瘤。

2. 铁与运动的关系

铁与运动能力有密切关系，主要因为铁在机体中参与氧的转运、交换和组织呼吸过程。具体表现为以下三个方面：较多量存在于血红蛋白（Hb），运输氧气；较少量存在于肌红蛋白（Mb），贮存氧气，供肌细胞利用；更少量以其他化合物形式存在，包括细胞色素氧化酶、过氧化氢酶和过氧化物酶等在内。

（四）运动与钙营养

1. 钙缺乏与过量

（1）钙缺乏的危害。我国现有膳食结构的营养调查表明，居民钙摄入量普遍偏低，仅达推荐摄入量的50%左右。因此钙缺乏症是较常见的营养性疾病，主要表现为骨骼的病变，即儿童时期的佝偻病，成年人的骨质疏松症。

（2）钙过量的危害。钙摄入量增多，与肾结石患病率增加有直接关系。肾结石病多见于西方社会居民，美国人约12%的人患有肾结石，可能与钙摄入过多有关；钙过量还会造成奶碱综合征，奶碱综合征的典型症候群包括高血钙症、碱中毒和肾功能障碍。

（3）钙和其他矿物质有相互干扰作用。高钙摄入能影响以下必需矿物质的生物利用率。

铁：钙可明显抑制铁的吸收，只要增加过量的钙，就会对膳食铁的吸收产生很大的抑制作用。

锌：高钙膳食对锌的吸收率和锌平衡有影响。

镁：膳食的钙/镁克比大于3.5（毫克比大于5），会导致镁缺乏，试验表明，高钙摄入时，镁吸收低，而尿镁显著增加。

磷：醋酸钙和碳酸钙在肠腔中是有效的磷结合剂，高钙可减少膳食中磷的吸收，但尚未见有高钙引起磷耗竭或影响磷营养状况的证据。

2. 钙与运动的关系

（1）参与骨骼的构成，调节神经、肌肉组织的能量代谢，触发肌肉收缩和神经兴奋以及参与多种酶类的激活作用。锻炼者在运动中有时发生肌肉抽筋现象，可能与钙、镁

离子代谢紊乱有关。

（2）体育锻炼改善了骨代谢，骨质和矿物质含量增加，这就说明了经常锻炼者与较少锻炼者相比，需要更多的钙。

（3）一般锻炼情况下，钙的需要量每日 1000 毫克，大运动量练习时，钙的需要每日可增到 1000～1500 毫克。

（4）对于正处骨骼发育的锻炼者，给予足够的钙更为重要。

（5）锻炼者在高温环境中训练时，由于出汗，钙的丢失也可使钙的需要量增加。

### （五）运动与锌营养

1. 锌的缺乏及过量危害

（1）锌缺乏。人类锌缺乏体征是一种或多种锌的生物学功能降低的结果，严重的先天性锌吸收不良在人类证明为肠病性肢端性皮炎。人类锌缺乏的常见体征是生长缓慢、皮肤伤口愈合不良、味觉障碍、胃肠道疾患、免疫功能减退等。

（2）锌过量。锌在正常摄入量和产生有害作用剂量之间，存在一个较宽的范围，加之人体有效的体内平衡机制，所以一般说来人体不易发生锌中毒。锌中毒的主要特征之一是对胃肠道的直接作用，导致上腹疼痛、腹泻、恶心、呕吐。在长期补充非常大量锌时可发生其他的慢性影响包括贫血，免疫功能下降和高密度脂蛋白（HDL）胆固醇降低。

2. 锌与运动的关系

（1）影响骨骼肌蛋白质和 DNA 合成，影响骨骼肌的生长和重量，影响能量代谢及酸碱平衡等，从而对运动产生直接影响。

（2）通过锌酶系统影响雄性激素的合成与分泌，进而通过促进骨骼肌蛋白质合成，肌纤维增大，维持竞争性意识等影响运动的能力。

（3）是超氧化物歧化酶（SOD）的重要组成成分。SOD 是生物体内消除自由基的防御性酶，该酶可有效解除超氧阴离子自由基的毒性，可保护细胞，尤其是红细胞免遭伤害，可维持巯基酶的活性，从而对运动能力产生影响。

（4）在运动期间给锻炼者补充锌可以提高无氧糖酵解能力，对发展肌力和速度耐力有良好作用。

### 五、不同运动的营养补充

合理的营养摄入是保持身体健康的根本条件，有利于维持适宜的体重和体脂比例，有利于提高运动能力和运动成绩。运动中能源物质的消耗是疲劳产生的原因之一，因此消除疲劳的前提是使消耗的能源物质及时补充。不同的体育锻炼形式补充的能源不同，因此不同运动项目的营养需要也就各有其特点。一般来讲，耐力练习后补充淀粉和糖类，力量练习后补充蛋白质，而水果和蔬菜是各种体育锻炼后都应补充的"家常便饭"。

#### （一）耐力性项目的营养需要特点

耐力性运动项目，具有运动时间长、无间歇、运动强度小、以有氧代谢供能为主等特点。锻炼者在运动过程中，消耗大量的能量和营养素，在运动后期，往往由于肌糖原耗竭、血糖下降、代谢平衡状态被破坏等引起运动性疲劳。

（1）充足的碳水化合物摄取。耐力性项目的运动时间一般较长，主要以糖和脂肪的有氧代谢提供能量，能量消耗很大。碳水化合物是耐力运动时最主要的能源物质，一般应占总热量的60%~70%。碳水化合物在人体内主要以肌糖原的方式储存，而肌糖原的积累需要体育锻炼与摄入的糖相结合，因此，在平时的练习期间锻炼者应注意碳水化合物的摄取，从而进一步提高糖储备。锻炼者应在耐力练习后补充淀粉和糖类，膳食中应多选择一些含碳水化合物丰富的食物，如谷物、馒头、面包、麦片、蔬菜和米饭等。如果一日三餐所摄取的能量不能满足需要，可在三餐外安排1~2次加餐，加餐食物如含糖饮料、点心、水果、蛋糕等，在选择加餐食物时应考虑营养素的平衡和营养密度。

（2）增加糖原储备量。糖原储备量对耐力运动极为重要，一般认为，适量补糖有利于提高运动能力，但过量补糖却会延长胃的排空时间，影响运动能力，建议在长于一小时的运动中补糖的意义更大。

（3）及时和适量的液体补充。耐力性运动过程中出汗量很大，容易发生脱水症状，在运动前、中、后期适量补液有利于维持体内环境的稳定。在运动前或运动后，补充含糖量较低的饮料（如运动饮料）有利于胃的排空和提高运动能力并补充丢失的电解质。在夏季或高温环境中进行耐力训练或比赛时，膳食中应增加含盐较高的食品。合理补

液，维持良好的水平衡，从而有利于预防脱水，延缓运动性疲劳并加快运动后的恢复。

（4）铁和钙的补充。耐力性项目缺铁性贫血的发生率较高，特别是女性体内铁储备较低，由于月经失血再加上不良的饮食习惯（三餐时间不固定、不吃早餐、爱吃零食等），更容易发生缺铁性贫血，为改善铁营养状况，应加强铁含量丰富的食物摄入，如猪肝、绿叶蔬菜等。在大运动量期间，钙的需求量和流失量增加，应注意观察钙的水平，并养成良好的饮食习惯，加强钙的营养（牛奶等），避免运动性骨量减少的发生。

### （二）力量性项目的营养需要特点

力量性运动项目需要肌肉有较强的力量和爆发力，还要求有较好的神经系统协调性以及良好的心理素质等。这类项目具有强度大、产生的氧债大、运动有间歇及无氧供能等特点，主要依靠磷酸原和糖无氧酵解供能。一般力量性项目在运动中可能发生外伤，高温下剧烈运动时皮肤出汗也可丢失大量氮。而在运动前后充足的蛋白质营养可补足运动中的消耗，促进肌肉、血液等蛋白质的合成和组织的修复，蛋白质营养还有助于增加神经系统的兴奋性，加强神经反射活动，提高激素效应，增加肌肉爆发力。补充蛋白质时的主要来源是植物性蛋白质和动物性蛋白质两大类。在植物性蛋白质中，谷类由于是人们的主食，所以仍然是膳食蛋白质的主要来源。豆类含有丰富的蛋白质，在体内利用率较高，是植物性蛋白质中非常好的蛋白质来源。

因此，对于力量性项目，畜肉、家禽、海鲜、蛋类和乳制品等可提供大约2/3的蛋白质摄入量；其他来源比如谷类食物，包括面包等面食、大米、豆类和早餐全谷物等，可提供大约1/3的日常蛋白质及其他重要营养素。在量方面，所有食物都含有蛋白质，每天摄入推荐用量（1.5～2.0克/千克体重）在日常饮食中很容易实现，同时要注意膳食平衡，应当含有丰富的碳水化合物、维生素和无机盐，并要适当增加蔬菜和水果的摄入量。

### （三）球类项目的营养需要特点

球类运动包括篮球、足球、排球、冰球等，此类运动具有运动强度大、能量消耗多、运动时间长等特点，对力量、灵敏、速度、技巧等多方面的素质要求较高。

（1）膳食能量供应充足。这类项目的能量消耗很大，其膳食供给量应根据运动量的

大小，保证充足的能量，大部分团体项目运动的主要能量来自人体内碳水化合物和脂肪的氧化。膳食能量成分一般为：碳水化合物 60%～65%，蛋白质 10%～15%，脂肪 20%～30%，应保证以高碳水化合物为中心，尤其在运动前的 3～4 小时采用高碳水化合物饮食。我国建议的能量摄入水平是 4200 千卡～4700 千卡或更多。

由于球类项目多在神经高度紧张的情况下进行，应注意蛋白质的供给。建议蛋白质供给量占总能量的 12%～15%，还要注意选择含优质蛋白质的食物，牛肉、家禽、海鲜、蛋类和乳制品等。另外，对于足球、篮球等容易造成肌肉损伤的项目在运动后迅速补充蛋白质有助于修复受伤的肌肉和组织。

（2）及时补液，合理补糖。对于球类项目，补液可以减轻疲劳感，提高运动员的耐力。脱水是间歇性运动引起疲劳并导致运动能力下降的主要原因，所以要注意在运动前、中、后期及时补液。补液时宜选用低糖的运动饮料，以免引起胃不适和延长胃排空时间，运动前应充分补液，补液量应大于仅仅满足口渴感觉；运动中补液应遵循积极主动、少量多次的原则。环境是影响补液的重要因素，实际的补液量往往低于汗液丢失量，所以应加强对水的补充。球类运动一般运动时间较长，能量消耗和水分丢失较多，运动前补充含糖饮料，延迟疲劳产生时间。运动后为了加快糖原储备的恢复应尽快补糖，一般运动结束后补充 50 克，以后每隔 1～2 小时补充一次，直至下一餐。恢复期的 24 小时内，补糖总量应达到每千克体重 10 克，并采用高糖膳食。

### （四）游泳项目的营养需要特点

游泳运动由于水的密度和导热性与空气不同，水的阻力大、温度低，所以游泳运动员在水中的散热量增加，能量消耗多。

（1）能量消耗与补糖。游泳运动不同于跑步运动，由于低水温对食欲的刺激，能量摄入量较高，但因游泳运动消耗能量高，膳食摄入能量仍不能满足需求，且能量来源存在脂肪摄入过多和碳水化合物摄入较少的问题。由于游泳运动的高能耗，膳食中碳水化合物的供能应占总能量的 60% 以上，肌糖原的再合成与摄糖量呈正比，摄糖量达到每天 600 克后，肌糖原的再合成不一定继续升高。运动后补糖可促进肌糖原的恢复，运动结束后应尽快补糖，并采用高糖膳食进行补充。

（2）其他营养素的补充。保持瘦体重和肌肉力量对游泳运动的比赛能力极为重要。

蛋白质的分解会因慢性肌糖原耗竭和膳食能量不足而加速，而蛋白质的含量降低会使瘦体重减少，因此应增加蛋白质的摄入量至每天 1.5 克~2.0 克。游泳运动需要较多的脂肪和维生素 A，因为它们有利于在水中保持体温和保护皮肤。

## 六、 运动与肥胖

### （一）肥胖概念及分类

肥胖是身体脂肪过多使体重超出正常范围的一种状态，是由于机体能量摄入大于消耗的一种慢性能量平衡失调状况。肥胖的分类、分级标准较多。

根据起因可将肥胖分为单纯性肥胖和病理性肥胖。单纯性肥胖约占总肥胖者90%以上，其原因是过食和消化吸收能力强，饮食习惯不良，运动不足，环境因素与遗传因素的影响；病理性肥胖约占总肥胖者5%左右，多因内分泌异常，先天异常，药物副作用，下丘脑异常等引起。

根据脂肪在体内的分布部位可将肥胖分为中心性肥胖和外周性肥胖。中心性肥胖也称恶性肥胖、男性肥胖，脂肪主要堆积在腹部，这种类型的肥胖容易合并糖尿病、高血脂、高血压、心脏病等疾病；外周性肥胖也称良性肥胖、女性肥胖，脂肪主要堆积在臀部和大腿。

### （二）肥胖判断方法

有关肥胖的判断方法在第四章第五节已经讲过，这里不再累赘述。

### （三）运动与减肥

1. 运动减肥的机理

运动对增加代谢率，消耗过多热量，维持体形和增加生活乐趣都是非常有益的，运动是维持减肥效果最行之有效的方法之一。

（1）运动增加能量消耗。运动增加能量消耗是由于运动本身所需能量增加，和运动后一段时间安静代谢率增加所致。一次性运动后 24 小时~48 小时内安静代谢率可增加 5%~15%。与那些长期静坐的人相比，锻炼者安静代谢率要高出 5%~20%。对于一个

70 千克的人来讲，安静代谢率增加10%，即意味着每天多消耗160 千卡热量，也就是大约20 天可减掉0.45 千克脂肪。

（2）运动调节代谢功能，促进脂肪分解。肌肉运动时需要大量的能量，肌肉对血液内游离脂肪酸和葡萄糖的摄取与利用增多，一方面使脂肪细胞释放出大量的游离脂肪酸，使脂肪细胞缩小变瘦；另一方面使多余的血糖被消耗而不被转变成脂肪，结果使体内脂肪减少、体重下降。

（3）运动可降低血脂。运动时，肾上腺素、去甲肾上腺素分泌增加，可提高脂蛋白酯酶的活性，加速富含甘油三酯的乳糜和极低密度脂蛋白的分解，降低血脂而使高密度脂蛋白量升高。

（4）运动可以通过调节机体能量平衡，导致身体成分发生变化。

（5）耐力运动使胰岛素受体功能增强。胰岛素与肥胖的关系密切，肥胖者常出现胰岛素抵抗，使大量葡萄糖进入脂肪组织转变成脂肪储存，系统的有氧训练可改善胰岛素受体的敏感性，减轻胰岛素抵抗，从而减少血糖进入脂肪细胞的量，抑制脂肪的合成，达到减体脂的目的。

（6）改善心肺功能，提高体力耐受性。运动加强了心肌的收缩力量，增加了血管的弹性并发展血液循环的心外因素，从而提高对体力劳动的耐受性，这种作用比减肥更为重要。

### （四）肥胖人群体育锻炼的合理营养安排

肥胖虽然与遗传基因缺陷、过食、运动不足、不良生活习惯等因素有关，但归根结底是能量（摄入与消耗的平衡）问题。肥胖者往往是摄入的能量超过身体消耗的能量，过多的能量转变成脂肪导致肥胖。减肥就是生活习惯的改变过程，尤其是饮食习惯，通过控制饮食、减少热量摄入达到减肥目的。适当的运动结合科学的饮食控制是目前公认的行之有效防治肥胖的措施和健康的生活方式。减重膳食构成的基本原则为低能量、低脂肪、适量优质蛋白质、含复杂碳水化合物（如谷类），增加新鲜蔬菜和水果在膳食中的比重。合理的减重膳食应在膳食营养素平衡的基础上减少每天摄入的总热量；既要满足人体对营养素的需要，又要使热量的摄入低于机体的能量消耗，让身体中的一部分脂肪氧化以供机体能量消耗所需。注意饮食的能量密度，比如，1 两煮鸡块要比1 两炸鸡

块的能量低很多。蔬菜和水果的体积大而能量密度较低，又富含人体必需的维生素和矿物质，因此以蔬菜和水果替代部分其他食物能给人以饱腹感，而且不致摄入过多能量。在平衡膳食中，蛋白质、碳水化合物和脂肪提供的能量比，应分别占总能量的15%~20%，60%~65%和25%左右。

　　不要认为限食就是单纯限制谷类等主食的量，不吃或少吃谷类等主食的观点和做法是不可取的。谷类中的淀粉是复杂的碳水化合物，有维持血糖水平的作用，不至于进食后使血糖升高得太快，也不至于会很快出现低血糖。低血糖会导致饥饿感，而使进食的食物量加大。富含淀粉的谷类食物也富含膳食纤维，对降低血脂和预防癌症有一定好处。减少总的食物摄取量时，也要相应减少谷类主食的量，但不要减少谷类食物占食物总量的比例。限制和减少能量摄入应以减少脂肪为主。血脂异常者应限制摄入富含饱和脂肪酸和胆固醇的食物（如肥肉、内脏、蛋黄），适当注意选择一些富含优质蛋白质（如瘦肉、鱼、蛋白和豆类）的食物。优质蛋白质含必需氨基酸较多，适量的优质蛋白质可以与谷类等植物蛋白质的氨基酸起互补作用，提高植物蛋白质的营养价值。

　　对于饮食的控制应该循序渐进、逐步降低、不可骤然猛降。对成年轻度肥胖者，可按每月稳步减肥0.5千克~1.0千克的标准来确定一日三餐膳食的供能量。而对成年中度以上的肥胖者，当以每周减肥0.5千克~1.0千克为宜，并应适当从严控制；但尽量勿使每人每天膳食的供能量低于1000千卡，因为这是可在较长时间内坚持的最低安全水平。在饮食总能量摄入减少的情况下，应注意各营养素的均衡。正常情况下，碳水化合物、脂肪和蛋白质三大供能物质的供能比例分别是60%~70%、20%~25%、12%~15%，作为肥胖病人的膳食能量的分配应较正常要求适当降低碳水化合物的比值，提高蛋白质的比值，而脂肪的比值以控制在正常要求的上限为妥。故有人推荐三大供能物质的供能比例依次为40%~55%、25%~30%和20%~30%。但是膳食纤维不在限制之列，膳食纤维是一类食物中不被人体胃肠消化酶所分解的、不可消化的成分，已成为继碳水化合物、蛋白质、脂肪、无机盐和微量元素、维生素、水之后的第七营养素。由于其能够吸水膨胀，增加饱腹感，减少食欲，因而对于减肥能起到很好的作用。但减肥期间仅仅通过饮食增加膳食纤维摄入量对于减肥作用不大，这是由于：①生活水平提高，粗粮、蔬菜摄入减少，即使增加饮食量也不会增加膳食纤维摄入量；②即使食用膳食纤维含量多的食物，往往也会造成总热量摄入增多，对减肥不利，所以有必要进行膳食纤维

类制剂的补充。

### （五）减肥过程中的一些错误认识

1. 快速减肥

研究发现，快速减肥一般是通过腹泻（脱水）的方式来达到目的，所减轻的只是身体的水分，对已存在的脂肪组织本身并无真正的作用，进食和饮水后体重会很快反弹。另外，脱水减肥也是一种危险的减肥方式，水分是人体重要的组成部分，具有保持人体内环境平衡的作用。脱水后，身体内环境遭到破坏，人体失去与外界保持平衡的功能，导致代谢紊乱和毒素在体内蓄积，这又进一步加重内环境紊乱，形成恶性循环。同时，腹泻可导致胃肠道功能失调、皮肤失去弹性、营养物质大量丢失，这种减肥者往往有头晕、乏力厌食、抵抗力下降、精神萎靡、虚脱等表现，严重者甚至导致死亡。快速减肥和反弹的反复进行，给肥胖者带来的不仅仅是身体上的危害，更多的肥胖者则是对减肥丧失信心，从而造成更大的心理压力。因此，世界卫生组织规定：减肥应遵循0.5千克/周~1千克/周和持续减重的匀速减肥原则。

2. 多吃主食会发胖

主食是指我们平常所说的"饭"，包括米饭、馒头、面条等，在营养学上将其称之为碳水化合物，俗称"糖"，它是人体最主要的也是最直接、最经济的能量来源物质。现在许多人认为主食是引起肥胖的元凶之一，因此想通过不吃主食达到减肥或保持体形的目的。当然，过多的糖摄入尤其是精制糖会在体内转变成脂肪蓄积起来，但这也是由于总能量摄入超过了能量消耗造成的。想想人们还在为解决温饱问题而发愁的年代不是天天吃馒头、米饭这些主食吗，可那时候有多少人肥胖？而且脂肪在体内分解的过程中，需要有糖的一些代谢中间产物的参与，脂肪酸在体内分解代谢时产生的乙酰基需要与碳水化合物代谢产生的草酰乙酸结合才能进入三羧酸循环而最终被彻底氧化。当碳水化合物不足时，因草酰乙酸不足使得脂肪酸不能被彻底氧化分解，反而对减肥不利。因此，在减肥节食的过程中要控制食物的总摄入量，尤其是减少一些高脂肪的食物，而不可过分阻止主食的摄入。

3. 减肥过程中吃得越少越好

适当地控制饮食对于减肥是有很大帮助的，但节食必须有限度，并不是吃得越少越

好。过度节食，一方面容易引起胃肠道功能失调，影响身体健康，严重者会导致神经性厌食症；另一方面，会引起安静时代谢率降低，机体安静时能量消耗减少，并不利于减肥。

4. 只要多运动就能减肥

机体活动，尤其是体力活动是人体热能消耗的主要因素，在激烈运动时机体的能量消耗比安静时提高 10～20 倍。因此，就能量消耗而言，运动减肥对所有人都有效，这是毋庸置疑的。但为什么有些人参加锻炼后体重不仅没减反而增加了呢？众所周知，减肥最基本的原理是能量的负平衡，即热能的消耗要大于热能的摄入，锻炼后体重不仅没减反而增加，不外乎两种情况：一是运动中消耗的热能不足；二是运动后摄入的热能物质过多（如用零食、夜宵替代正餐等），有些人认为，只要参加了锻炼就能减肥，不管能量消耗多少，运动后便大吃大喝，补充的热能远远超出了消耗掉的能量，这岂能不胖？由此可见，既坚持体育锻炼，又适当节食，才是正确的减肥之路。

5. 减肥应进行针对性的练习

腹部堆积着赘肉确实影响美观，而且脂肪在身体内均匀分布比集中在腹部对身体要好，这是因为腹部过多的脂肪会妨碍内脏器官的功能。所以，腹部肥胖的人有着强烈的减肥欲望，于是刻苦地进行腹部锻炼，希望能够减掉腹部脂肪。有人每天做上百次仰卧起坐，动作已做了几个星期，可是还不能缩小突出的腹部。为什么呢？这是因为不是练哪儿就能减掉哪儿的脂肪，局部减肥几乎是不可能实现的。当机体要动用脂肪的时候，脂肪来自遍布全身的脂类物质，并非来自某运动部位的脂肪。仰卧起坐对增强腹部肌肉是很好的运动，但是不能使局部脂肪有效地消失。那么，怎样才能使脂肪消失呢？这一点似乎比较简单，只要使运动消耗的热量大于从食物中摄取的热量就行了。因此，要想减少局部脂肪，必须在全身锻炼的基础上，再进行局部运动，才会达到良好的效果，并且还要注意控制饮食。

总之，肥胖的原因是多方面的、综合性的，但根本的一点是热量在体内的蓄积超过了消耗。防治肥胖的最基本原则是人体长期持续地处于能量摄取与消耗的负平衡状态，控制饮食和积极运动仍然是防治肥胖的主要手段，一句话：减肥就是管住自己的嘴，迈开自己的腿。

**思考题**

1. 营养的定义是什么？

2. 宏量营养素有哪些？微量营养素有哪些？简述二者之间的关系。

3. 运动性脱水的类型有哪些及其表现？如何预防运动性脱水？

4. 简述肥胖的概念与分类。

5. 根据自身情况，制订一个运动后营养补充食谱。

6. 根据自身体质状况以及身体上出现的问题，制定日常饮食中的营养均衡方案。

# 参考文献

[1] 庄静，段全伟，王佳，等. 大学体育教程 [M]. 北京：清华大学出版社，2018.

[2] 黄延春，梁汉平. 体育概论 [M]. 重庆：重庆大学出版社，2018.

[3] 何仲恺. 体质与健康关系的理论与实证研究 [M]. 北京：北京体育大学出版社，2009．3.

[4] 尤洋，王海燕，史海鹏. 学生体质测量评价与 SPSS 操作 [M]. 广州：世界图书出版社，2013.

[5] 教育部. 教育部关于印发《国家学生体质健康标准（2014 年修订）》的通知 [Z]. 北京：教体艺 [2014] 5 号.

[6] 邓树勋，王健，乔德才，等. 运动生理学（第三版）[M]. 北京：高等教育出版社，2015.

[7] 尹军. 身体运动功能诊断与训练 [M]. 北京：高等教育出版社，2015.

[8] 赵斌，姚鸿恩. 体育保健学 [M]. 北京：高等教育出版社，2011.

[9] 杨忠伟，李豪杰. 运动伤害防护与急救 [M]. 北京：高等教育出版社，2015.

[10] BURKE L，DEAKIN V. 实用运动营养学 [M]. 常翠青，艾华主译. 北京：科学出版社，2019.

[11] 宋应华. 运动营养的应用方法与指导 [M]. 郑州：郑州大学出版社，2010.